修学院離宮図屏風（個人蔵）

中公文庫

後水尾天皇

熊倉功夫

中央公論新社

目次

1 下剋上の終焉 9
1 誕生 9
2 官女密通事件 19
3 父子葛藤 30
4 禁中并公家中諸法度 46

2 徳川将軍と天皇 62
1 徳川和子の入内 62
2 禁中の生活 74
3 寛永行幸記 84

3 寛永六年十一月八日譲位 93
1 紫衣事件 93
2 譲位 103
3 女帝誕生 115

4 寛永のサロン――132
1 板倉京都所司代 132
2 鹿苑寺のサロン 145
3 寛永大立花 163

5 学問する上皇――178
1 後光明天皇 178
2 学問の人 194
3 歌の道・法の道 206

6 修学院造営――229
1 洛北御幸 229
2 修学院造営 246
3 山荘の風流 264

7 法皇登霞――277
1 東福門院 277
2 後水尾院葬送記 290

後水尾天皇年譜 299
後水尾天皇の略系譜 302
参考文献 304
寛永文化論と私
——あとがきにかえて—— 308
同時代ライブラリー版に寄せて 315
中公文庫版あとがき 319

凡例

一、後水尾天皇のよみ方は「ゴミノオテンノウ」と「ゴミズノオテンノウ」の二様がある。江戸時代中期の故実家伊勢貞丈によれば「ゴミノオ」が正しいよみくせであるという。しかし、現在の宮内庁では「ゴミズノオ」を正式に採用している。どちらでなくてはならない、ということもないので、宮内庁のよみに従った。最近の辞書類も後者のよみをとることが多いようである。公家の場合、人名のよみ方はよく分らないものが多い。先人のよみ方に従うようにしたが、間違いも少なくないだろう。御叱正をいただきたい。

一、本文中の史料の引用は、ごく短い引用を除いて、なるべく手を加えて読みやすくしている。史料に送り仮名を補い、訓み下しに改め、現代文に訳すなどしているので、原文のままという例はほとんどない。

後水尾天皇

1　下剋上の終焉

1　誕生

文禄五年（一五九六）六月四日、後陽成《ごようぜい》天皇の第三皇子が誕生した。三宮、のちの後水尾《ごみずのお》天皇である。公家の山科言経《やましなときつね》は日記に「禁裏女御々腹若宮降誕也云々」と短く記している。母の女御《にょうご》は、近衛前久《このえさきひさ》の娘で、前子《さきこ》といい、中和門院《ちゅうかもんいん》と称された。

三宮が生まれて四ケ月余りのち、十月二十七日、文禄の年号は慶長と改められた。こうして三宮は、慶長の年号とともに年齢を重ねることになる。

慶長（一五九六―一六一五）という時代は、戦国時代の終焉と江戸時代の開幕をつげる大きな転換期であった。なるほど政治史のうえからいえば、織田信長の上洛した永禄十一年（一五六八）に戦国時代は終っていたともいえよう。しかし、戦国の時代をつき動かしていた下剋上《げこくじょう》の精神は、一朝にして失なわれることはなかった。信長に上洛をうながし天下統一を志向させたのも、その信長が明智光秀のクー・デタに倒れるや、光秀を破って天下人として豊臣秀吉が登場してくるのも、時代の相に、その行動を正当化する下剋上の精神が働いていたからだ。とすれば政治的に天下統一が完成したとき、統一者にとっての次の課題は、この下剋上の精神の凍結でなければならない。天正十九年（一五九一）二月二十八日、千利休の切腹は、「下剋上の精神」凍結の冷酷な宣言であった。

秀吉が利休に切腹を命じた理由は諸説あって明らかでない。しかしその根本には、秀吉の心に利休が創った茶の湯を否定しようとする気持があった。秀吉にとって利休の茶の湯は魅力と危険を含んだ数寄《すき》であった。利休の高弟山上宗二《やまのうえそうじ》の筆記（『山上宗二記』）によれば、利休の茶とは「山ヲ谷、西ヲ東ト、茶ノ湯ノ法ヲ破」るものであった。常識を破り、既成の法にとらわれぬ自由なふるまい——。利休は茶の湯において下剋上の精神をつらぬこうとする。その自由なふるまいは、利休の高弟山上宗二の目からみれば、「名人」という稀有な存在においてはじめて許されるものであった。しかし「天下人」としての豊臣秀吉の立場からすれば、名人たりといえども利休のこうしたふるまいは許容しがたいものであったろう。なぜならば、利休のこうした創造的な美の発見が、茶の湯の上でも絶対者であろうとする秀吉の権威をたえず危うくするからである。

利休の死を聞いて、奈良興福寺多聞院《たもんいん》の僧英俊《えいしゅん》が、「売僧《まいす》ノ頂上」（暴利をむさぼる偽せ坊主）と利休の世評を記録したように（『多聞院日記』）、一般に、利休に対する批判として、茶道具をめぐる利休の権威がやり玉にあげられている。利休がその道具を賞玩したという

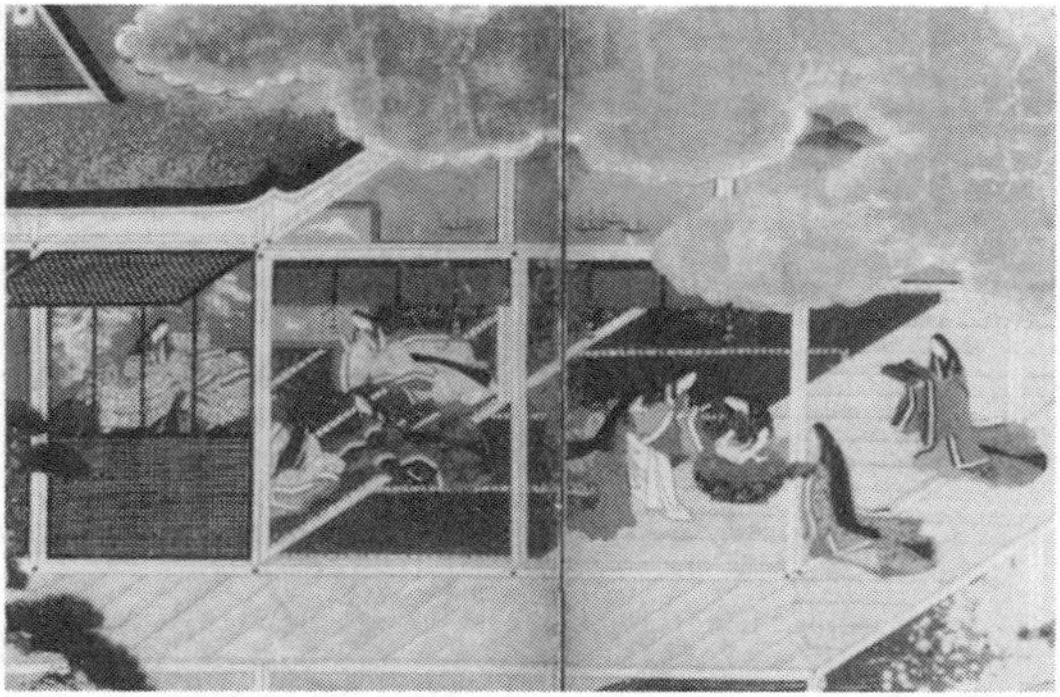

誕生（後水尾天皇縁起絵屏風より，尾山神社蔵）

だけで、しばしば無名の道具が天下の名物に変身し、驚くべき値段で売買された。それは、名人利休にとっては当然のことであったが、既成の名物の秩序と体系を突きくずし、不安定なものにしていったという点では不愉快に感じる人びとも少なくなかったであろう。

織田信長は、上洛の後、茶道具の名物狩りを行なった。それは世間のありとあらゆる名物を集め、天下の名物の所持者として、おのれを、旧足利将軍にかわる新しい文化の権威者として誇示したものであった。その権威は、「東山名物」（足利義教、義政によって集められた足利幕府の唐物の名物）以来の安定した秩序ある名物の体系に支えられ、その体系のなかで、絶対的優位を占めることによってはたされた。とすれば、その体系が、利休という下剋上の精神の持主によって破壊され、動揺させられることは、絶対者たる「天下人」秀吉に許せることではない。ここに下剋上の思想と、これを凍結させようとする権力との衝突が生まれる。利休の切腹という、衝突を象徴する事件は、後水尾天皇が生まれる五年前の出来事であった。

慶長三年（一五九八）五月五日、天下人秀吉は端午の礼を諸大名から受けたあと体調をくずした。その寿命の長くないことを悟ったのであろう、七月になると徳川家康・前田利家らの五大老と前田玄以《げんい》・増田長盛《ましたながもり》らの五奉行との間に誓紙を交させ、息子秀頼の将来の保障を求めた。下剋上の輪廻を断ちきることによって、豊臣家の永続性を願った秀吉であったが、二世紀以上にわたって社会をおおってきた下剋上の動きを止めることはできなかった。慶長三年八月十八日、六十三年を一期に秀吉が歿するや、ただちに熾烈《しれつ》な下剋上の権力闘争がはじまった。秀吉が歿した翌日には、石田三成が徳川家康の暗殺を企てるという噂が流れた。

後水尾天皇の父、後陽成天皇はこのとき二十八歳。在位は十三年を数えた。天皇はこうした権勢のせめぎ合いが精神的に耐えられなかったのだろうか、このころからしきりに体の不調を訴え、秀吉が歿した二ケ月後の十月には譲位を希望している。禁中の女官が書いた『お湯殿の上の日記』によれば、この年、十月十八日に、「御ふれい《（不例）》に御ゐんきよ《（隠居）》ありたきよし、三てんそう《（伝奏）》して、とくせんゐん《（徳善院）》におほせいださる、」とあり、病気を理由に勧《か》修寺《じゅうじ》晴豊《はれとよ》、久我《こが》敦通《あつみち》、中山親綱《ちかつな》の三人の武家伝奏《ぶけてんそう》（武家に対して朝廷の窓口となる職）を通じて徳善院前田玄以に譲位の意志が伝えられた。あまりに急なことで、前田玄以も困惑したが、とにかく「叡慮《えいりょ》次第」(天皇のお考え次第)と答えて宮家、摂家、清華《せいが》以下公卿を招集、譲位のことを伝えることにした。早速、集まった後陽成天皇の弟八条宮智仁《としひと》親王や伏見宮邦房《くにのぶ》親王たちもいかにしたものか決めがたく、弱り果てたようだ。

側近たちも、天皇の意志とはいえ、譲位の理由が納得しかねたのであろう。前《さき》の関白の九条兼孝は、その日記に「其の故は、御脳(ママ)といへども、先《まず》もつて御無用」と、はっきりと譲位の必要がないことを主張している。

ここで、後陽成天皇を中心に系図を示しておこう。

正親町《おおぎまち》天皇―誠仁《さねひと》親王(陽光院)
　　新上東門院(勧修寺晴子)
　　　├後陽成天皇
　　　│　中和門院(近衛前子)
　　　│　　├良仁親王
　　　│　　├幸勝親王
　　　│　　├政仁親王(後水尾天皇)
　　　│　　└……
　　　└智仁親王(八条宮)

つづいて十月二十一日、天皇は譲位にあたって、位を八条宮智仁親王に譲りたいといいだしたため、ことは紛糾の度を深める。大坂にあった徳川家康のもとにも、いち早く天皇譲位のことが伝えられたのであろう。二十四日には、かねて禁中の情報を家康に伝えることのあった山科言経を招いて様子を尋ねた。翌二十五日、言経の日記に、八条宮への譲位について家康と談合したことがみえる。

家康は譲位に反対だった。しかし単独で行動するのは避けた。まず五大老の意志を確認しておく必要がある。家康は十月二十六日付で安国寺《あんこくじ》恵瓊《えけい》に書状を出している。それは譲位反対について恵瓊を通じて、五大老の一人毛利輝元の同意を得たことの礼状で、その中で家康は、五奉行の増田右衛門佐長盛、長束《なつか》大蔵大輔正家《まさいえ》の二人から禁裏（宮中）の事情もよくきいたうえで事を処理したいと述べている（『島井文書』）。十月二十六日のこの段階で、ほぼ家康の意向は固まっていた。もちろん譲位阻止の考えである。『お湯殿の上の日記』十一月十八日の条に、「内府《ないふ》より御ゐんきよの事、まづ御むやう《（無用）》のよしいろ〳〵申さる、」とあるのは、内府すなわち内大臣徳川家康が、正式に譲位反対の意を述べ、理由をいろいろ挙げたことを指しているのであろう。

これまで、歴史家は、家康が後陽成天皇譲位に反対したことを、家康による皇位継承への容喙《ようかい》として問題にすることが多かった。が、はたしてそういえるかどうか。もちろん、ここで八条宮智仁親王に皇位が譲られていたら、三宮、のちの後水尾天皇の即位もあり得なかったであろう。しかしここは、家康が一人あえて八条宮への譲位に反対したのではなく、むしろ内外の総意が譲位反対にあったので、これに乗じた、とみるべきだろう。禁裏内部も含めて八条宮への譲位が理不尽《りふじん》だという雰囲気を、前関白九条兼孝の日記はよく伝えている。日記によると、摂家以下の考えとしては、譲位そのものが根拠薄弱であるが、もしどうしても譲位というのであれば、長男である一宮（良仁親王）が儲君《ちょくん》（皇太子として認められた皇子の称）と定められ、年頭の礼なども、すでに行なわれているのだから、一宮を差しおいて、弟の八条宮への譲位は理が通らぬ、という。家康以下五大老側も、これに反対する理由はない。五奉行の増田、長束の二人だけは八条宮への譲位に賛成した。また前田利家と前田玄以は良仁親王をおし、家康自身は後陽成天皇次第と、表面は答えたようだ（波多野幸彦氏旧蔵文書）。仮に、家康の後陽成天皇への説得が最終的に功を奏して譲位がとりやめになったとしても、それは、家康の個人的な意向で、というものではなかったろう。

後陽成天皇は不満だった。が、慶長三年（一五九八）の譲位は沙汰止みとなった。しかし後陽成天皇に譲位の意志がなくなったわけではない。譲位のきっかけは病気であったが、その背景に譲位後に院政の復活というもくろみが後陽成天皇にはあったと思われる。秀吉の死という武家政治の変り目を機敏にとらえ、院政による天皇の権威の復興が狙われていたからこそ、後陽成天皇はそれ以後も執拗《しつよう》に譲位を主張したのだった。

徳川家康を中心として、秀吉後の権力闘争は相変らず激しくつづいていた。しかし、秀吉の出兵命令から足かけ八年、朝鮮半島からの撤退が決定され、さらに翌慶長四年（一五九九）閏《うるう》三月三日、家康に対抗しうる唯一の人物前田利家が歿すると、家康の優位は、もはや動かしがたいものとなった。利家が歿したその夜、かねて利家の手中にあって家康攻撃に暗躍してきた石田三成は、家康側の諸将から追及され、こともあろうに政敵の家康の邸へ逃げこむという奇策をとる。このとき、家康は三成を保護し、無事に居城佐和山（現滋賀県犬上郡）まで送りとどけた。将来、三成ら政敵を一網打尽にする構想がすでにできていたのかどうか、家康の側に余裕が感じられる。多聞院英俊が「家康が天下殿《てんかどの》になられた」と記したのも、この事件の直後のことだ（『多聞院日記』）。

慶長五年（一六〇〇）、三宮はかぞえ年で五歳になった。

四月に入って、奥州上杉家の動静を軸に、政局が大きく変化しそうなきざしが見えた。家康の要請を拒んで上洛しない上杉景勝《かげかつ》を攻めることで、石田三成一派の反徳川勢を挑発し、一気に中央政権の樹立にもってゆこうというのが家康の作戦であった。六月十六日、家康は大坂を出発し、七月二日、江戸に到着、二十一日を会津上杉家攻略への進発の日と定めた。そのころ、石田三成は、西国の雄、毛利輝元を主将とし、北方の上杉家と呼応して家康を夾撃する策をたてていた。七月十七日に三成挙兵。この日、細川忠興《ただおき》の妻、ガラシヤ夫人が大坂方の人質となることを拒否して自殺。家康側の拠点伏見城も、約半月の籠城ののち八月一日に陥落する。しかし、そのころには江戸にあった家康軍も勢力をたてなおして、西上の途についていた。ここに東西両軍が激突する関ケ原の合戦への発端が開かれた。九月十五日、天下分け目の戦いは小早川《こばやかわ》秀秋軍の西軍離反を機に東軍の大勝利となって、合戦は一日でおわる。

家康は文字通りの天下殿になった。次の目標は幕府を開き、下剋上のない安定した中央集権的な国家をつくりだすことであった。

もちろん朝廷にとっても下剋上は望ましいことではない。しかし、その反面、徳川氏による強力な武家支配が貫徹することも望みはしなかった。戦国時代に衰微した朝廷もしだいに復興し天下人信長・秀吉の時代には天皇の権威は急速に高められた。下剋上に乗じて成りあがってきた覇者にとって天皇の権威を上に持つことはぜひとも必要なことだったから、機を得ては天皇と自らの密着ぶりを誇示する政策をとった。それが結果として天皇権威の復興を生みだしてきたといえよう。後陽成天皇が徳川氏に抗して院政を開きたいと考えたのも武家たちが抗争をくりかえしているうちに、朝廷の権威を有効に使いわけて天皇の復権を狙っていたからである。

五歳の幼い三宮の心に、関ケ原の合戦や、京童《きょうわらべ》（口さがない京都の町衆）をふるえあがらせた石田三成ら西軍諸将の処刑が、どんな記憶を残したものか、知るよしもない。丹後田辺城に拠る細川幽斎（藤孝）の死によって古今伝授（古今集に関する秘密の伝授）が断絶することを恐れた朝廷から、勅使がたち、幽斎を救出したことなど、幼いながら女房たちの口から聞いていたことであろう。

この年の十二月十四日、三宮の深曾木《ふかそぎ》の儀が行なわれた。深曾木とは五歳になった子供の髪の先をそぐ儀式である。二ケ月前の十月には、儀式に用いる衣裳を調進することが山科言経に命ぜられた。山科家は公家のなかでも装束を家業とする家だったからである。注文された半尻《はんじり》（狩衣のうしろを短くした童体の服）は薄紅梅の織で作られ、これに前張（半尻を着る時につける袴）を添えて十二月一日に禁中長橋局《ながはしのつぼね》へ納められている。長橋局とは禁中の経済・事務を司る女官である。儀式は母親の女御方で十四日に行なわれた。髪に鋏をいれる役は三宮の伯父前左大臣近衛信尹《のぶただ》であった。

つづいて十二月二十一日には、いよいよ三宮に親王宣下《せんげ》があった。上卿《しょうけい》は関白の九条兼孝である。吉書《きっしょ》がひらかれ烏丸光広《からすまみつひろ》が奉行となって宣下ののち、小御所で関白以下公卿が参列して、祝いの盃である三献の儀があった（『言経卿記』）。これで、三宮、政仁《ただひと》親王（即位のとき、訓みを「ただひと」から「ことひと」に改めた）は皇位継承者としての資格を確実なものとした。

2　官女密通事件

関ケ原の合戦の報が京都に伝わった日、『お湯殿の上の日記』は「せ（世）上、なにとやらんさう〳〵（騒々）しきにつきて、大かく（覚）寺殿、八でう（条）殿、御みまひになる」と記している。東軍勝利の報をうけて善後策を詮議するために宮廷の主だった人々が集合したのであろう。

その後の二百六十年に及ぶ徳川の世を知るわれわれから見れば、関ケ原の合戦は決定的な家康の勝利にみえるけれど、当時の人々が、ここで、さしもの戦国の時代が完全に幕をおろしたと考えたとは思えない。しかし、ようやく干戈《かんか》の響きが遠のきつつあることは予感しただろう。それは下剋上の時代が終ろうとしていることを意味している。

一方に、豊臣秀吉から徳川家康へと主役こそかわれ、政策としては一貫して下剋上の根をたちきるための政策がとられ秩序安定の道が確実にたどられ、他方では、戦乱のなかに下剋上実現の夢をみようとする若者たちがひしめく、という状況が、関ケ原以後の慶長という時代相であった。下剋上が終焉し、〝成りあがる〟可能性を現実の社会のなかで断ち切られたとき、社会変動の論理であった下剋上は風俗化する。身分秩序の整備の進行に、あたかも背を向けるように、ことさら無秩序なアンバランスを好み、異風異体を誇示する風尚があらわれる。それは、新しい権力によって否定された下剋上の運動を、現実のわず

かぶき者の喧嘩（豊国祭図屏風より，徳川美術館蔵）

か残された隙間である〝風俗〟のなかに実現しようとする若者たちの、きわどい抵抗の姿であったといえよう。

アンバランスを好む美意識とは、まさに〝傾奇《かぶき》〟（傾いた）精神であった。まともでない、ことさらに〝異〟であって、他の秩序化された世界と自らを峻別しようとする人々を〝かぶき者〟と世の人々は呼んだ。彼らの異風異体とは、長くした鬢髪《びんぱつ》、異様な紋所の衣服、身のたけほどの長太刀、長ぎせるなどによって特徴づけられる。こうしたかぶき者の姿は、江戸時代初期の風俗画のなかにいくらでも見いだすことができる。たとえば、慶長九年（一六〇四）、豊臣秀吉七回忌にあたってくりひろげられた豊国《ほうこく》大明神臨時祭礼を描いた屏風には、多分やくたいもないことから争いをおこしたであろうかぶき者の喧嘩が見える。ところが、このかぶき者の一人がもつ長太刀の朱鞘《しゅざや》に興味深い文言が書きつけてあった。

いきすぎたりや、廿三、八まん（幡）、ひけはとるまい。

戦国の時代であれば、実力本位で下剋上のチャンスをつかむことも可能であった。が、もはやその夢も断たれ、何の存念あって生きながらえるのか。二十三歳にしてもはや生き過ぎてしまった。八幡の神に誓って、他人にひけをとるようなことはあってはならぬ、という文言は下剋上の時代に遅れてきた若者たちの痛切な心情の表現であった。時代の閉塞状況のなかで、目的を失ないながらも生きつづける自己嫌悪と、下剋上にかわる生きがいとしての〝男伊達〟に命をかけようとするかぶき者たちの精神を、ここに見ることができるだろう。

慶長十七年（一六一二）七月、江戸で徳川幕閣を驚かせる事件がおこった。いわゆる大鳥逸兵衛（逸平）の事件である。ことは旗本柴山権左衛門が自分の小姓を故あって殺したことにはじまる。この柴山の処断を見た、かの小姓の同輩が、にわかに刀を抜いて主君たある柴山に切りかかり、殺害し、逐電してしまったのである。主殺しという、封建社会にあって、もっとも忌むべき大罪である。ことのなりゆきを重視した幕府は、手をつくして犯人の小姓を捕え、調べると、驚くべき事実が明らかになった。この小姓たちは徒党を組み、たとえ主君であろうと、理不尽のことがあったら、互いに復讐することを約していたのである。さらに拷問を加えて党類を白状させてみれば、これがいわゆるかぶき者の一党で、つぎつぎと七十余名が逮捕され、五、六十人が逃亡するという空前の事態となった(『駿《すん》府《ぷ》記《き》』)。

幕府がことを重く見たのは、一つに彼らかぶき者の論理が、封建的な主従道徳にまっこうから反し、一党の盟約を最優先させる、言ってみれば秘密結社であったこと。第二に、かぶき者が、幕府の直属である江戸の旗本のなかから大量にあらわれたことであった。

幕府の追及によって、かぶき者が大量に捕縛され、その頭領が大鳥逸兵衛という牢人《ろうにん》であることがわかった。その党類は大鳥をはじめ大風嵐之介、大橋摺之助、風吹散右衛門、天狗魔右衛門などの異名を称する者に率いられ、全国に三千人以上の仲間がいたという。捕えられた大鳥逸兵衛は、姿は仁王に似てたくましく、司直のいかなる拷問によっても、その党類の名を白状しなかった。業をにやした役人が、駿河問《するがどい》といわれる新手の拷問で逸兵衛を苦しめると、ついに息はてたようにみえ、拷問の手をゆるめて白状をすすめると、逸兵衛は紙と筆を持ってくるように、という。やがて逸兵衛が党類の名を書きたてたものを見れば、なんと、それはすべて諸国の大名の名であった。

大鳥逸兵衛はかつて幕臣の小者《こもの》であり、のちに牢人としてかぶき者一党の領袖となった。戦国の動乱のなかで、主家の敗戦によってそのたびにはきだされる厖大《ぼうだい》な牢人群こそ、かぶき者を生みだす温床であった。彼らは一様に下剋上を望み、それゆえにまた幕藩体制の秩序が着々と整えられてゆくことに強いいらだちを感じていたにちがいない。しかし、「かぶき」という風俗が一つの時代相となったとき、もはやかぶき者は社会のあらゆる階層からあらわれてくる。公家社会もまた例外ではなかった。

慶長四年（一五九九）八月、関ケ原の合戦の前年のことだが、にわかに禁中の小番衆（輪番で禁中に詰める公家の役）に対して法度《はっと》がだされ、特別の理由がないかぎり、奥向き、すなわち内裏の中の女性の居住区に入ってはいけないと厳命された（『言経卿記』）。この法度がだされたのは、実はその前々月の六月に、前述した三伝奏の一人久我大納言敦通と宮中の女房勾当内侍《こうとうのないし》との密通事件が露顕したからであった。その結果、勾当内侍は出奔し、久我敦通は当座は許されたものの、その後、禁中への出仕を止められている。はたして三十五歳の久我敦通がかぶき者であったかどうかは明らかでない。が、官女と密通するような公家の異様なふるまいは、この一事にはとどまらなかった。

徳川家康は、慶長八年（一六〇三）二月、征夷大将軍に任ぜられ、江戸に幕府を開いた。同年九月に、家康は武家伝奏をとおして公家の行動に規制を加え、公家はこの法度に各自が請書《うけしょ》を呈出するということがあった。法度の文言をみると、まさしく、かぶき者は公家衆のなかにもはっきりと登場していたことがわかる。たとえばその第二条に、

一、青侍共、かたぎぬ袴をき《(着)》、あしなか《(足半)》(下士のはく草履)をはくべし。皮きぬ《(衣)》、かは《(皮)》袴、だうふく《(道服)》禁制事。

とある。青侍とは公家が供廻りに連れて歩く侍で、いわば公家の遊び相手でもある。その青侍の中には、人目に立つような皮衣や皮袴をつける派手な姿をしたものがいたのであろう。このような「各《おのおの》、似合ざる侍、中間《ちゅうげん》などをめしつか《(召使)》はるゝ事」のないように、と幕府は命じたのである。

このころ、京都の町で名を売っていたかぶき者の集団に〝皮袴組〟というのがあった。

此比《このごろ》、荊《いばら》組、皮袴組とて、徒 者《いたずらもの》京都充満。五月、これを搦《からめ》取り七十余り籠舎《ろうしゃ》に行はれ、糺明せしむ。(中略)組頭四五人成敗あり。残る者共、させる科《とが》にあらず。ただ一組の知音《ちいん》(知人)までの儀たる間、これを寛《ゆる》さる。組頭の名は左門と云ふ者也。荊組とは人に喧嘩をかくるに依て也。皮袴組とは荊にも劣らざるとの儀也。この儀によりたばこ法度也。右之徒者もたばこより組になると云々《うんぬん》。　(『当代記』)

かぶき者といえば人々に忌み嫌われる厄介者であったから、人を傷つける荊のごとし、と荊組というかぶき者の仲間があり、これに対抗する別のかぶき者が、荊に刺されても痛くない、と皮袴組を称したのである。事実、皮を身にまとってその異風を誇示するところ

があったことはさきの公家法度にみえるとおりだ。

慶長八年の公家法度は、公家の従者である青侍のなかのかぶき者を取り締まっただけではない。公家についても、第六条、第七条で、「大なるわきざし《（脇差）》停止」を命じ、すべてにわたって「異類異形の出たち」を禁じ、公家がそんな恰好で「夜に入り、町ありき《（歩）》」などせぬように命じた。

まさに、この法度の記すような実態があった。

かぶいた若公家たちの乱痴気騒ぎが、思いがけぬところで三宮、のちの後水尾天皇の運命にかかわることになる。

公家のかぶき者のなかに、天下一の評判をとっていた猪熊教利《いのくまのりとし》という若公家がいた。在原業平にたとえられるほどの美男で、姿を絵に写したり、髪型や帯の結びかたまで〝猪熊様《よう》〟として巷《ちまた》に流行するといった人気者である（『校合雑記』）。猪熊教利はかぶき者の例にたがわず好色者であった。禁裏に仕える女たちとトラブルをおこし、慶長十二年（一六〇七）にも勅勘《ちょっかん》（天皇の命で勘当されること）をこうむって京を追放されていた。が、いつしかまた京都に舞い戻ってきて、次の事件の中心人物になったのである。

事件の真相はよくわからない。明らかな事実だけを記せば、慶長十四年（一六〇九）七月四日、後陽成天皇に仕える新大典侍《しんたいすけ》（広橋氏）、権典侍《ごんのすけ》（中院氏）、中内侍《なかのないし》（水無瀬《みなせ》氏）、菅内侍《かんのないし》（唐橋氏）、命婦《みょうぶ》の讃岐《さぬき》（兼保《かねやす》氏）の五人の官女が禁裏から追放され、それぞれ親元へあずけられた。これにつづいて、烏丸光広（当時三十二歳）、大炊御門《おおいみかど》頼国（三十三歳）、徳大寺実久《さねひさ》（二十八歳）、花山院《かざのいん》忠長（二十二歳）、飛鳥井《あすかい》雅賢《まさかた》（二十六歳）、中御門《なかみかど》宗信（三十二歳）、難波《なんば》宗勝（二十三歳）の七人の公家が同様に天皇の逆鱗《げきりん》（帝王が立腹すること）にふれて官位を解かれた。天皇の寵愛をうける官女と、公家たちの密通が露顕したのである。さらに、この事件の中心人物が、さきの猪熊教利とその仲間の兼保《かねやす》（安）備後《びんご》（頼継）と判明。二人は九州まで逃げたところを捕えられて、十月十七日に処刑された。

醜聞は、人々の興味の的となった。当時すでに八十四歳になっていた『信長公記』の著者太田牛一《ぎゅういち》まで好奇心をかきたてられたとみえ、早速に記録作者らしく事件のあらましを短い文章に記している（角田文書、『大日本史料』所収）。そのニュース・ソースは榊原大納言の妻としているものの、「禁中之御事なれば、淵底《えんてい》尽し難し」と、まだうかがい知れぬ点があることを匂わせている。その意味で、この事件にもっとも詳しいのは、事件後、まもなく書かれたと思われる『花山《かざん》物語』という作者不詳の仮名草子である。作者はだれかわからない。が、禁裏の事情に詳しい者であったに相違ない。時代を一つずらせて、正親町《おおぎまち》天皇の時代（一五五七—八六）とするなど、適当にフィクションをまじえながら、ことの次第を記している。

　追放された七人の公家のなかに花山院忠長がいたので、これを主人公に『花山物語』としているのだが、事件のそもそものきっかけは、美貌の新大典侍、すなわち広橋大納言の女《むすめ》が宿下りで禁中から実家へ帰るとき、一陣の風が輿《こし》の簾《すだれ》をはらい、その姿が、ちょうど通りかかった花山の少将、飛鳥井、難波たちの目にとまったことにあった。花山の少将は新大典侍の美しさが忘れられず、典薬《てんやく》として奥へ出入りする兼安備後に、間をとりもつことを頼む。やがて、思いかなって兼安の宿所で二人の逢瀬が実現した。さて残念なのは他の公家たちである。この噂をききつけた、かの猪熊教利は、ことに花山院に出し抜かれたと悔しがる。猪熊がいうには、残る四人の官女を誘いだそうではないか。権典侍は二十歳、掌侍は十六、命婦讃岐、菅内侍はいずれも十八歳、魅力あふれる女性たちである。くだんの兼安の妹である讃岐を通じて手紙を渡して……と。官女たちも誘惑に弱かったのであろう。宮中を訪れるかぶき踊りの騒ぎに乗じて、踊り子に扮した官女たちは禁裏を抜けだし、かねての約束通り兼安の宿所で公家たちとの逢引を楽しんだ。誘いだす猪熊も「天下のかぶき者」なら、禁裏を抜けだす官女たちも「たけの御ぐし（髪）を、中ほどよりをしきり（押し切り）、ふきかへしといふ物に、ゆひ給」う「かぶきの出《いで》たち」であったところが面白い。

密会はほどなく露顕する。かぶき者の公家の一人飛鳥井雅賢に恨みを含む女性がいたのだ。飛鳥井家は、代々、蹴鞠《けまり》の家として知られていたのだが、当時、賀茂の松下家が実力のうえで飛鳥井家をしのぎ、蹴鞠の許状《きょじょう》等を松下家でも発行していた。公家の家業がしだいに有力な収入になろうという時代であれば、飛鳥井家としては松下家の蹴鞠を容認するわけにはゆかず、幕府に訴えて松下家の権利を奪おうとした。幕府の裁可は慶長十三年七月に出て、全面的な飛鳥井家の勝ちとなった。官女密通事件のちょうど一年前のことである。

『花山物語』の作者はここに密通露顕の遠因をみる。すなわち、松下家の息女が宮中に出仕していて、新大典侍たちの密談を立聞きすることがあった。さらにおりあしく、後陽成天皇の二宮が密会の手紙を拾ってしまったのである。手紙は天皇のもとにとどけられ、官女は一人ずつ呼びだされ糾明される。松下の息女は憎い当面の敵飛鳥井家が醜聞の一員であるから、もちろん、立聞きした内容を逐一言上する。もはや事件の全貌が知れるのは時間の問題となった。

『花山物語』の前半はこういう話になっている。いかにもありそうなことだ。蹴鞠の争論があったのも事実だ。しかし、事件は一挙に露《あら》われるのではなく、徐々に、それでなくても神経質な後陽成天皇の神経を逆なでするかたちで進行したようだ。すでにこの年の正月十二日には、猪熊と噂のあった長橋局が禁裏から追放されており、その半年後のあらたな醜聞露顕と処分決定は、苦悩の果てのことだったろう。ことに寵愛濃やかであった唐橋氏等がその中に含まれていた。天皇としては厳しい処置を下したかったのだろうが、検断権（逮捕、処罰権）のない朝廷としては、措置を幕府に委せるほかない。京都所司代板倉伊賀守勝重《かつしげ》から報告をうけた徳川家康は板倉伊賀守の息子重昌《しげまさ》を派遣して真相を調査させる一方、天皇の怒りを宥《なだ》めることにつとめたようだ。

八月四日には家康の使として板倉重昌と大沢基宿《もといえ》が禁中に伺候《しこう》し、天皇の逆鱗《げきりん》はもっともであるので、仰せ次第に処分すると言上、しかし、後顧の憂なきように、糾明すべきことをかさねて述べた。そこで摂家衆が集められ、清涼殿で天皇自ら「こんどやうたい（様態）のさた（沙汰）のかぎりに覚しめし候まゝ、きつと仰つけられ候はん」と厳命した（『お湯殿の上の日記』）。しかし、家康としては、禁裏のことでもあり、死刑の多くでることは望ましくない、また、天皇の母、新上東門院が寛大な処置を望んだこともあって、官女たちは伊豆の新島、さらに御蔵島に流し、公家たちもそれぞれ遠流《おんる》に処して、逃亡した猪熊教利と兼安備後のみが処刑と定まり一件は落着した。事件発覚以来三ケ月、慶長十四年十月一日のことである。

　後陽成天皇はこの幕府の処置に不満だったという。はたして、その不満が不逞の者の処置の問題だけだったのかどうか。唐橋氏ら愛する女たちには裏切られ、女院（勧修寺晴子、新上東門院）とも意思に疎隔を生じ、この事件が天皇自らを一層孤独のからにとじこめ、厭世的な気分にさせたことはまちがいない。のちに近衛信尹《のぶただ》はこう記している（『三藐院《さんみゃくいん》記《き》』）。

　　去年五人之女中流罪之様体、公家衆左遷之模様等、叡心（天皇の心）に叶はざる故やらん、当年、内々之公家衆にも終《つい》に御対面なく、又女院御所、女御へも御不足あるよし也。

側近の公家衆たちとも、母親とも、皇后とも誰とも逢うことの少なくなった、その後陽成天皇が、ひたすら願ったのは譲位であった。公的責任のある天皇位を離れ、より自由な院政をしきたかったのである。それは同時に幕府の掣肘《せいちゅう》をしりぞけやすい立場であった。しかし、当の譲位すべき三宮政仁《ただひと》親王は、この慶長十四年に十四歳。なお元服をすませていない。

3　父子葛藤

政仁親王、のちの後水尾天皇には二人の兄がいた。一宮良仁《かたひと》親王、そして二宮幸勝親王である。秀吉の歿した年、慶長三年（一五九八）に、後陽成天皇が譲位を望んだとき、一宮である良仁親王をさしおいて八条宮智仁《としひと》親王へ皇位を、と主張したのは、弟智仁親王への後陽成の親しみもさることながら、息子の良仁親王を好きになれなかったからではあるまいか。

皇族の系譜である『本朝皇胤紹運録《こういんじょううんろく》』で後水尾天皇の項をみると、仁和寺覚深法親王《かくしんほっしんのう》として兄の一宮が並べて載せられている。「一品《いっぽん》、俗名良仁」と記された文に続いて「天正十六年五月五日誕生。若宮を称す、文禄三年四月二十九日親王となる、七歳」とある。三宮政仁親王とは八つ違いであった。したがって慶長三年には十一歳。元服前とはいえ、

三宮，楽見物（後水尾天皇縁起絵屏風より，尾山神社蔵）

皇位を継ぐ位置にあった。その一宮を後陽成天皇が忌避したとしかおもえないのは、譲位の意志が貫けぬとみるや、八条宮への譲位反対の根拠となる二人の親王を門跡《もんぜき》寺院（親王、摂家の子が住持となる寺院）へ入室させているからである。入室が、二宮幸勝親王の方が、一宮より先となったのは、宮廷の内外にあまりにもあてつけがましく見えるのを避けるためであったろうか。

慶長三年の譲位の議が止んでまもなく、その年もおしつまった十二月二十九日に二宮幸勝親王は仁和寺に入り、承快《しょうかい》法親王を名乗った。そしてその後二年余り経て、一宮もまた仁和寺へ入室となった。二宮承快法親王を仁和寺から梶井宮門跡に移し、そのあとへの入室であるから、この入室にもいささかの無理が感じられる。一宮は、すでに十四歳。皇位継承者たる儲君《ちょくん》の位を廃されることは口惜しかったにちがいない。「親王御方、ただ御落涙あり」と大外記壬生孝亮《みぶたかすけ》はその日記に記した（『孝亮宿禰記《たかすけすくねき》』）。一宮は仁和寺に入ったあと、寺の者以外、誰とも逢おうとしなかった、とも孝亮は日記に書いている。

二人の兄が退いたあと、三宮である政仁親王（当時六歳）だけが残された。その事情こそ理解できなかったにせよ、二人の兄が次々と禁中を去ってゆくことに幼い三宮の心は傷つけられたであろう。『西山雑録』は、二人の兄を押しやって皇位についたことが、「後水尾」という諡号《しごう》を自ら選んだ理由であったとしている。水尾天皇とは京都の愛宕山ふもとの水尾《みずお》村に御陵をつくって葬られた清和天皇（八五八―八七六在位）のことである。清和天皇もまた、本意ならず兄をしりぞけて皇位についた天皇だった。すなわち、文徳天皇の第一皇子は惟高《これたか》（喬）親王であったが、やがて藤原良房の女《むすめ》明子が第四皇子惟仁《これひと》親王を産み、外戚の力で惟仁親王が皇位についた。清和天皇である。しりぞけられた惟高親王の悲劇は『伊勢物語』によって広く世に知られる。この説を記す『西山雑録』が水戸（徳川）光圀《みつくに》の随筆である点も暗合めいたところがある。つまり、光圀も晩年まで、しりぞけられた兄のことが心にわだかまっていたということになろう。

三宮を一人残して、二人の親王を廃したのは、将来、徳川家の娘を入内《じゅだい》させようとする徳川家康の深謀遠慮だった、とする説があった。『寛文三年癸卯記略《きぼうきりゃく》』という史料は、この措置を「大神君御はからひ」と記している。当時、家康の側に皇后にすべき適当な女子がいたわけではなく、これはにわかに信じるわけにゆかない。ただ、こののちの推移を見ると、いかにもそう思わせるところがあった、ということである。

さきの官女たちの密通事件がおこった慶長十四年（一六〇九）には、三宮政仁親王も、十四歳になっていた。今度の後陽成天皇の譲位を押し止める理由は見当らない。譲位の意志が正式に幕府へ伝えられたのは、猪熊教利が処刑されて間なしの慶長十四年の暮であった。はじめ家康へその旨を伝えたが、家康は江戸にいる二代将軍徳川秀忠《ひでただ》へ伝えるように答えた。すでに家康は、徳川家による幕府の継承を世に示すべく、四年前の慶長十年（一六〇五）に将軍職を息子の秀忠に譲り、慶長十二年には駿府《すんぷ》に移っていた。

この家康の返事を、武家伝奏の勧修寺光豊《かじゅうじみつとよ》が後陽成天皇に言上すると、あらためて天皇から、「譲位の儀は相延べざるように御馳走申さるべき旨」仰せがあり、十二月十七日、政仁親王の即位については徳川家康、秀忠の上洛を得たいとの希望が京都所司代板倉伊賀守勝重を通じて幕府に伝えられた（「勧修寺光豊公文案」）。幕府から「譲位の事、叡慮次第（天皇のお考えのままに）」という返事がきたのは年が明けて二ケ月も後の慶長十五年（一六一〇）二月十二日であった。ただちに博士家の舟橋秀賢に命じて譲位の先例を調べ、譲位記録を提出させるなど、譲位の準備がはじめられた。

ところが、譲位の準備は思いがけぬことから中断される。閏二月十二日徳川家康の第五女市姫《いちひめ》が四歳で急死。晩年の子供だけに、家康の悲嘆はただならず、十七日、譲位の延期を京都へ申し入れたのである。この四日後、二十一日付の後陽成天皇の書状（「松尾寺文書』）によれば、天皇は「持病再発」をたてにことの進行を武家伝奏に督促している。まだ江戸からの知らせに接していなかったのだろう。三月十八日か二十一日に譲位と予定もほぼ固まっていたところへ、突然の延期の要望であったから、とうてい天皇は納得できぬ。慶長三年以来、何度家康に譲位を妨げられたことか。壬生孝亮は日記に「逆鱗有り」（『孝亮宿禰記』）と記した。

しかし如何ともしがたい。幕府、家康の意にそむくことは後陽成天皇には不可能であった。なぜならば譲位とこれにつづく新帝の即位には巨額の費用がかかるし、譲位後の上皇が住む仙洞御所《せんとうごしょ》が建設されなければならない。幕府の援助なしには、とうていかなわぬことであった。

徳川家康から娘の死と譲位延期が伝えられた、その翌日には京都から譲位予定を伝える正式の使者が家康のいる駿府に向けて出立するはずであった。無論その出発は見合わされた。駿府にあらためて勅使がたてられたのは三月十一日である。武家伝奏の広橋兼勝、勧修寺光豊がその役にあたった。一ケ月半後、四月二十八日に帰洛した両伝奏は、家康の意外な返事をもちかえった。返事は七ケ条にわたり、まず第一条に、

一　御譲位の義仰出され候。父子の内、一人は上洛致し、何様にも御馳走申候はで叶はざる義に候。さりながら、御譲位諸事、御構ひなく、是非当年成さるべくと思召され候はば、その通りに申付くべく候。

とある。天皇の神経を逆なでするような文言である。譲位とあらば、徳川家康か息子の秀忠か、いずれか一人は上洛して万端用意し采配をふるわねばならぬところだが、といって、暗に二人とも上洛が不可能なことを示唆した。しかし、そのような諸事について幕府の準備が必要なく、是非とも今年中に済ませたいと思われるなら、その通りにおやりなさい、というのである。できるものなら、勝手にやってみよ、といわんばかりである。家康の考えでは、儲君の政仁親王の元服の方がさきで、これこそ今年中にすべきだ。その考えが第二条にある。以下は次のとおり。

第三条。後陽成天皇の母、新上東門院が聖護院《しょうごいん》の別院、岩倉の長谷坊《ながたにぼう》に隠退してしまっているが、女院御所に戻り、天皇の近くにいて、いろいろと天皇に意見するのが良いと思われる。

ところで新上東門院と天皇との間は、前年の官女密通事件の処分をめぐって意見が対立したまま、しっくりゆかなくなっていた。新上東門院がはじめから幕府の意をうけて行動したとも思えないが、何かにつけて幕府は、あの事件以来、新上東門院をたて、院を通して幕府の意を伝えようとした。すでにこのころから幕府と後陽成天皇との間の溝は深まってゆく。後陽成天皇が、孤立していったのは、このような女院と幕府の動きも関連していたのかもしれぬ。

第四条は、家康、秀忠が上洛するのはずっと先のことになるから、政仁親王元服の日程他については摂家衆で相談して新上東門院へ意見を申しいれるように。第五条は公家の規律、第六条は諸家の官位。ごく一般的注意というところか。第七条は、少し性質の異なることだが、花山院定好《さだよし》と中御門（松木）宗澄《むねずみ》の二人を天皇に近侍させてほしい、とある。

右の二人を後陽成天皇が求めていたのかどうかはわからない。ただ、二人とも、前年のあの事件で遠流の刑にあった花山院と中御門の兄弟であったから、この条は、二人を近侍させることで天皇の気持をやわらげようとした幕府の配慮かもしれない。その他、七ケ条以外に、口頭の伝言もあったが、そのなかに、さきの事件で流された烏丸光広と徳大寺実久の赦免と出仕を認める、という項目があった。これもさきの第七条と関連するのであろう。天皇は、過去の処分を今となっては取消したい気分だったようだ。

この徳川家康の返事が天皇のもとにもたらされたのは慶長十五年四月二十八日以降だが、何故か、この返事は天皇のもとで押えられて、相談せよ、とされた摂関家にも、その内容は知らされなかった。天皇は憤懣のあまり、家康の返事、七ケ条を直ちに臣下に公開する気持になれなかったのかもしれない。この七ケ条を拒否して譲位を強行すれば摂関家はじめ周囲が経済的な問題を含めて猛反対するのは目にみえている。だから天皇自身、この家康の返事に否とは答えられぬ。やむを得ず、家康には七ケ条を承諾の旨、返事したが、それを摂家衆に示すのも口惜しい。そんな動揺が後陽成天皇になかっただろうか。

ともあれ、摂家の一人、前関白近衛信尹がはじめてこの七ケ条の内容を知ったのは、天皇のもとへ返事が届けられてから四ケ月余り後の九月二日のことだった。

家康と禁裏との交渉にあたった武家方の代表は、京都所司代板倉勝重であった。板倉は慶長六年（一六〇一）に京都所司代就任以来、その信用と威勢には絶大なものがあり、幕閣の中でも家康に対して直言できる数少ない武将の一人であった。禁裏側としても板倉の意向は尊重しなければならない。板倉は、さきの七ケ条にさっぱり対応せぬ天皇の態度に業をにやし、家康の返事が天皇に届いてから二ケ月後の六月、駿府に下向して、家康と相談ののち上洛。十月に至って、あらためて家康から五摂家へ督促の手紙が伝達された。

四月に渡された七ケ条について、すでに天皇は同意の表明をしたのであるから、各々方も、そのつもりで意見を具申すべきである。もし具申しないならば、今後は自分の方から意見を申し述べることはないであろう。わしはもう知らぬ、と突き放したもの言いである。署名は家康。しかし、文案は金地院崇伝《こんちいんすうでん》の起草にかかる。崇伝は黒衣《こくえ》の宰相《さいしょう》とも後に称せられたように、家康の意をうけて、僧侶の身でありながら絶大な権勢を振るった。またこうした作文をしている。いかにも崇伝らしい意地悪い文章だ。宛名は九条忠栄《ただひで》、鷹司《たかつかさ》信房、近衛信尹、二条昭実、一条内基《うちもと》の五摂家の面々。この手紙に付属して三ケ条の新しい要求が伝えられる。第一は政仁親王の元服を急ぐこと、第二は後陽成天皇譲位までのあいだ、親王が政務を見習うこと、第三は摂家衆は女院（新上東門院）を通じて天皇に意見するように、という三ケ条であった。

後陽成院筆，鷹の図（国立歴史民俗博物館蔵）

十月二十五日、後陽成天皇の意向が示された。ここで家康と天皇との対立点が明らかになる。家康は政仁親王の元服、そのちやがて譲位としたのに対し、天皇は親王の元服と譲位とを同時にしたい、というのである。天皇がそう考えたのは、今度の譲位を延喜の例、すなわち醍醐天皇の例に倣《なら》いたいと望んでいたからであった。醍醐天皇は、寛平《かんぴょう》九年（八九七）七月三日、元服と同時に宇多天皇より譲位され、いわゆる延喜の治として天皇親政の手本とされる治政を展開した。武家政治の時代であってみれば天皇親政は現実にはあり得ぬことであったが、後陽成天皇の脳裏には、天皇の権威の再興が、延喜の例の再現をとおして意図されていたのである。この一事に限らず、後陽成天皇は、「殿上《てんじょう》の淵酔《えんずい》」（大礼に廷臣に賜わる酒宴）をはじめ、古来からのいろいろの朝廷の儀礼を復活していた。朝儀を整えようという天皇の計画の中に、譲位の儀も位置づけられていたといえる。しかも譲位となれば幕府も上洛し、天皇の「代替り」を承認し、臣下として新帝に拝礼しなければならない。いやがうえにも天皇の権威は誇示されよう。天皇は元服・譲位にこだわった。

摂家衆は困惑した。元服、譲位の大事が決まらぬために、家康から申し入れられた七ケ条のうち、ただの一条も実現していない。彼らは思いあまって、皇弟の八条宮に諫言《かんげん》を頼んだ。そのとき、八条宮から天皇に渡された諫言状ともいうべき書状が残されている（『三藐院記』）。

今度、駿河より御申事に付て、摂家衆へ仰せ出さるる御返事、内々伊賀守承り候て、最前七ケ条を以て申あげられ候事、何も御合点との御返事にて候故、当年中に御元服なされ候やうにとの事にて候間、急度あそばされ候はでは、駿河への御返事申す事なるまじき由申し候。其子細は今度之御返事により、御あひだ悪しく成り候はん事一定に存じ候故、せめて御元服之事一色にても、今年中に御心得なされ候て、御返事仰せ出され候やうにと、幾重も〳〵伊賀守御為を存じ、皆々にも達して申あげ候へのよし申し候間、此の如く申あげ候。

後陽成天皇がいったん七ケ条の要請を承諾しながら、半年のちに、それをくつがえしたので、駿府（家康）との間を仲介する板倉伊賀守勝重としては取りつぎのしようがなくなったのである。今年中に、といっても、この諫奏が十一月二十二日で、あといくらも日数がないだけに、是非、元服を実現してほしい。さもなくば駿府にいる家康へ返事ができぬばかりか、その返事の次第によっては禁裏と幕府の関係が悪化するにちがいない。それを避けるためにもせめて、元服だけでも今年中に。板倉勝重は、ただ単に自分の立場だけでものを言っているのではない。切々と、関係悪化の回避を説いたのである。勝重が、天皇の為を考えて是非ともそのように申しあげてほしいといくどもいくども摂家衆に説いたのである。天皇の返事は、ただ一言。

なに事もあしく候間、不苦《くるしからず》候。

何もかも悪い。八方ふさがりであれば、関係悪化もやむを得ない。ここまで天皇を追いこんでしまったことを知って、新上東門院、智仁親王以下摂関家の交渉にあたる人々は顔色を失なった。「やむを得ぬ」、それではどうしたらよいのか。近衛信尹も〝破綻〟を覚悟したのであろう。「お考えがあるならば何事でも仰せつけてもらおう。板倉伊賀守を駿府へ行かせて必ず実現するように努力させる」と何でも引きうける決意を人々の前で述べた。一同も信尹の言葉で元気づけられて、再び奏上の書面を作った。筆者は智仁親王。

御返事の様体おのおの拝見仕り候。伊賀守おくい(奥意カ)は、何事にても御存分の事候はゞ、罷下《まかりくだ》り申調ふべき由候。やぶれ申し候うへにては、何事も残らず仰せ出され、尤もに存じ候間、重ねて申し上げ候。

天皇はついに折れた。天皇の返事は、

たゞなきになき候。なにとなりとも、にて候。

涙に暮れる、とはこのことか。「なにとなりとも」とあれば、承諾の意なり、と最後の断を下したのは女院（新上東門院）である。ただちに元服の日程が調べられ、十二月二十三日と決まった。今年も、あますところ七日。ぎりぎりの「当年中」だった。

二十三日、無事、政仁親王の元服の儀は行なわれた。加冠の役は関白九条忠栄が勤めた。再三、譲位の意志が幕府によって拒否され、最後には幕府の定めたスケジュールで譲位せざるを得なかった後陽成天皇の絶望のなかで誕生した元服であった。元服した政仁親王に何の咎《とが》があったわけではないが、家康の力によってその位についた親王であることに、天皇は釈然としなかった。家康のイメージが親王に重なって、親王に対する憎悪の念が消しがたく後陽成天皇の心に残ることになった。

こえて、翌年の慶長十六年（一六一一）三月二十七日、元服の儀から約三ケ月後に無事譲位の儀が行なわれ、政仁親王は土御門《つちみかど》の里内裏（内裏の外に臨時に設けた御所）で受禅（位を譲り受けること）。そして二日後の二十九日には後陽成上皇に仙洞料（院の維持費）二千石が家康から寄進され、さらに四月七日には天皇から太上《だじょう》天皇の尊号が贈られている。その五日後四月十二日、後水尾天皇が即位したのである。天皇は十六歳、上皇四十三歳であった。かねての約束どおり、家康は即位の日参内し祝意を表した。

しかし、そういう待遇がなされても後陽成上皇と後水尾天皇との関係は修復しなかった。困ったことは禁裏の書物類を上皇が後水尾天皇に渡さぬという事態である。『当代記』には次のように記されている。

慶長十六年に即位されたのち、院（上皇）と天皇との間柄は常軌を逸した状態で、互いに人の出入りもなく断絶していた。その原因は、後水尾天皇が即位したのちも前帝から譲られるべき書物以下宝物を後陽成上皇が新帝に渡していないと、女院が家康に訴えたからであった。そしてこの女院の訴えをきいた家康は、上皇がよろしくないと答えた。その家康の返事をきいた上皇はますます怒って態度を硬化させた。

しかし『当代記』はいかにも現実主義の記録者らしい解釈を付け加えている。院と天皇が不和なのは、院が天皇よりも貧乏だからだ、というのである。譲位の二日後、徳川家康が仙洞料として二千石を寄進したことはさきにもふれた。それまでの禁裏御領（料）一万石にくらべれば五分の一にすぎない。ところが、後陽成院はまだ四十三歳の若き上皇で、子供も多い。男子だけで十人あまり、姫宮も少なくない。この養育費等を考えると、生活の不自由な点にこそ天皇と院との不和の原因がある、というのだ。なるほど、経済の面がなかったとはいえぬ。が、後水尾天皇誕生までの経過をみれば、経済的な事情より以上に後陽成院の心のわだかまりにその原因を感ずる。

後陽成院から後水尾天皇に御所の書物類の引き渡しがなく、それが表面化し、問題になったのは、すでに即位した年の内のことだった。即位のあったのは慶長十六年四月、十二月に京都所司代の板倉勝重はこの問題について駿府へ行き家康の裁可を仰いでいる。翌慶長十七年二月、家康はこう答えた。前代のものはすべて新帝に譲るように、院になってのちのものは仙洞へ置くべし（『駿府記』）、と。

結局、後水尾天皇に品物が渡されたのは、その年の七月八日であった。譲り渡しの目録には「一御ふく《（服）》の辛《（唐）》櫃二たゐ共に、但じやう《（錠）》なし、一ついたち障子花びらをたる、但十七枚不足、一御いかう《（衣桁）》一ツ、一手のこいかけ《（手拭い掛け）》一ツ、一御づし《（厨子）》の棚、一十二月の棚一ツ、一地蔵一体、一ちいさき愛染、一つり灯台、一から《（唐）》の皮籠一ツ、此内草紙百四拾八冊、連歌双紙拾一冊、連歌懐紙二百韵、太閤軍記補歴二冊、一長櫃九ツ、一箱三ツ、此内御会紙、短尺、ふるき書物、御文等有ㇾ之」（『言緒《ときお》卿記』）とある。おそろしく日常品らしきものもあれば、厖大な書物もある。

ことに『太閤記』が含まれているところが、反徳川的な後陽成院の心を反映しているようにも思える。

院と天皇の不和はこれで終らなかった。このときに、天皇に渡るべき道具類が、すべて渡ったわけでもなかった。翌慶長十八年（一六一三）に、さらに長持三棹《みさお》が天皇側に返されている。その裏に、新上東門院や板倉伊賀守がかなり強硬な態度で院に返還をせまった節がある（『時慶《ときよし》卿記』）。ここに天海僧正《てんかいそうじょう》が登場するのはいささか唐突だが、『慈眼大師伝記』の慶長十九年八月三日の項に、天海が院と天皇の和睦をすすめ、後陽成院年来の怒りがおさまったと記している。天海といえば、同じく黒衣の宰相的な金地院崇伝とともに活躍した怪僧。崇伝が悪役にされるのに対し、いつも善玉の役割をとりたがる人物で、この伝記の記事も、天海を持ちあげるための作為くさくて、あまり信用できない。確かに天海が将軍の意をうけて仲介役をかってでることはあったろうけれど、少なくともそれで院の怒りがおさまることはなかった。おさまるどころか臨終の場でも後水尾天皇との不和はついにとけなかったのである。

譲位から六年後、元和三年（一六一七）八月。後陽成院の体をむしばんでいた腫れ物は、急激に院の体力を弱め、命をも奪うに至った。若年より病気がちの天皇であった後陽成院が、譲位ののちに悩まされたのは癰《よう》という腫れ物であった。癰はうなじや背中にできる腫れ物で、根の深いのを、ことに癰疽《ようそ》といい、後陽成院の病も癰疽の方で難治の病であった。腫れ物がはじめてできたのは前年の元和二年夏であったという。そのときは、鍼《はり》が効果をあらわして小康を得た。しかし、元和三年六月、肩にできた腫れ物がひどく大きくなって、誰の目にも尋常ならざる様子に映った。名だたる医師が仙洞御所に集められた。曲直瀬玄《まなせげん》朔《さく》なども薬を出している。玄朔の薬を後陽成院は不安に感じたのか一度は服用を断わっている。しかし、重ねて将軍からの好意であると強いてすすめられたので、院も飲んではみたが効果はなかったという（『元和三年文月之記』）。

西洞院時直《にしのとういんときなお》が九州の島津家へ院の病状を知らせた手紙によると灸《きゅう》や鍼をして血を出しても病状は相変らず好転しない。ときとして気分のよいときは、葛の汁を茶碗に二、三杯、小豆飯を一杯食べた（八月十九日）。しかし、それもつかのま。八月二十五日には悪化、翌二十六日午刻《うまのこく》（十二時ごろ）に歿した。

後水尾天皇も、日頃の不和があればなおさらのこと、父を見舞って、できれば積年の葛藤を断ち切りたいと思っただろう。が、後陽成院はかたくなに、息子の見舞いを拒んだようだ。天皇からは側近の中院通村《なかのいんみちむら》をはじめ、こもごも見舞いの使を遣わされたが、「御不和たるにより女院（新上東門院）に申し入」れるにとどまった（『中院通村日記』）。

後水尾天皇は命じて禁中から院の仙洞御所へ仮の廊下をかけさせる。後陽成院の母である新上東門院の御殿から、さらにその北側に築地で隔てられている国母すなわち後陽成院女御の御殿へ廊下をつくり、急の場合に禁中から仙洞御所へ渡れるようにしたのである。仙洞といえども、表向き訪ねるということになれば内裏を出て仙洞御所へ行幸することになり、京都所司代へも届ける必要がある。廊下づたいに密々の行幸であればその厄介はなかった。

八月二十日には、早速行幸があった。土御門泰重が仙洞の御番から帰宅すると国母様より呼びにきた。今日、天皇が仙洞へ御成りになるが、日柄は良いか、という下問である。今日は吉日である旨を返事すると、まず天皇は国母すなわち仙洞女御の御所まで行き、ついで夜中の十二時ごろに後陽成院のもとにおもむいた。供は中御門宣衡《なかみかどのぶひろ》ただ一人という隠密の行動であった。父子の面会が、どんな様子であったかまではわからない。

二十五日夜、後陽成院は危篤状態となった。明け方、院は一度絶命したかに見えたが、しばらくして息をふきかえした。天皇はためらうことなく、おして行幸。院の枕もとにすわると院の手をとり、言葉もなくただ涙を流すばかりであった。天皇が気付薬を手にとり、院に飲ませる。しかし、院は天皇を正視することがなかったという。『元和三年文月之記』によれば、院は目があいているけれども、天皇が見えない、と語っている。院が天皇を無視したのか、見たくとも見えなかったのか、断定はできない。が、通村の日記に「御覧ぜしめ給はず」とあるのをみると、やはり後陽成院には後水尾天皇が最後まで疎ましかったように思える。天皇が近くの部屋に引きとったのち、後陽成院は他の子供たちの面会をうけ、常の御所へ移って歿した。四十七歳。辞世は、

憂き秋の虫の鳴く音のあはれをも今身の上に限《かぎる》とぞ思ふ

4　禁中幷公家中諸法度

幕府が後陽成天皇譲位引延しの口実にした新内裏《しんだいり》の造営は、結局、後水尾天皇の即位式

にも間にあわなかった。即位の儀式は豊臣秀吉によって天正十九年（一五九一）に建てられた古い内裏で行なわれた。

内裏の造営は徳川幕府にとってはじめてのことであり、幕府の威信をかける大がかりなものであった。すでに慶長十三年（一六〇八）ごろより新内裏造営の噂が流れ、新築となれば当然不用となる旧御殿の屋舎を下賜するよう願うものがあった。しかし、実際に幕府の意向が固まるのが、後陽成天皇譲位との関係で慶長十五年。翌十六年正月二十二日に大工頭中井大和守が内裏を見廻って設計にかかっている（『義演准后日記』）。

四月の後水尾天皇即位の前には、かろうじて内裏の築地の修理が諸大名に対して発せられただけで、工事はその夏にようやくはじまった。七月二十七日を吉日として、早朝三種の神器が仮殿の内侍所へ移され、つづいて後水尾天皇も渡御した。この仮内裏は、内裏の東北の隅にあったもとの新上東門院（後陽成天皇の母）の御殿に設けられた。工事はその後二年余の長期にわたり、天皇は正月の朝儀を二度もこの仮内裏でつとめることになった。

ところで、慶長十六年八月から旧内裏の取壊しがはじまったが、取壊しといっても紫宸《ししん》殿《でん》の建物が京都東山の泉涌寺《せんにゅうじ》へ移築されるなど、面倒なものだったらしい。取壊しに一年余かかった。新内裏造営の着工の儀式〝木作始《きづくりはじめ》〟が行なわれたのはそれより一年余ものちの慶長十七年（一六一二）十二月十一日のことであった。醍醐寺三宝院の義演准后《ぎえんじゅごう》の『義演准后日記』によれば、「比類なき」「前代未聞」の内裏を造ろうとする幕府の意気込

東

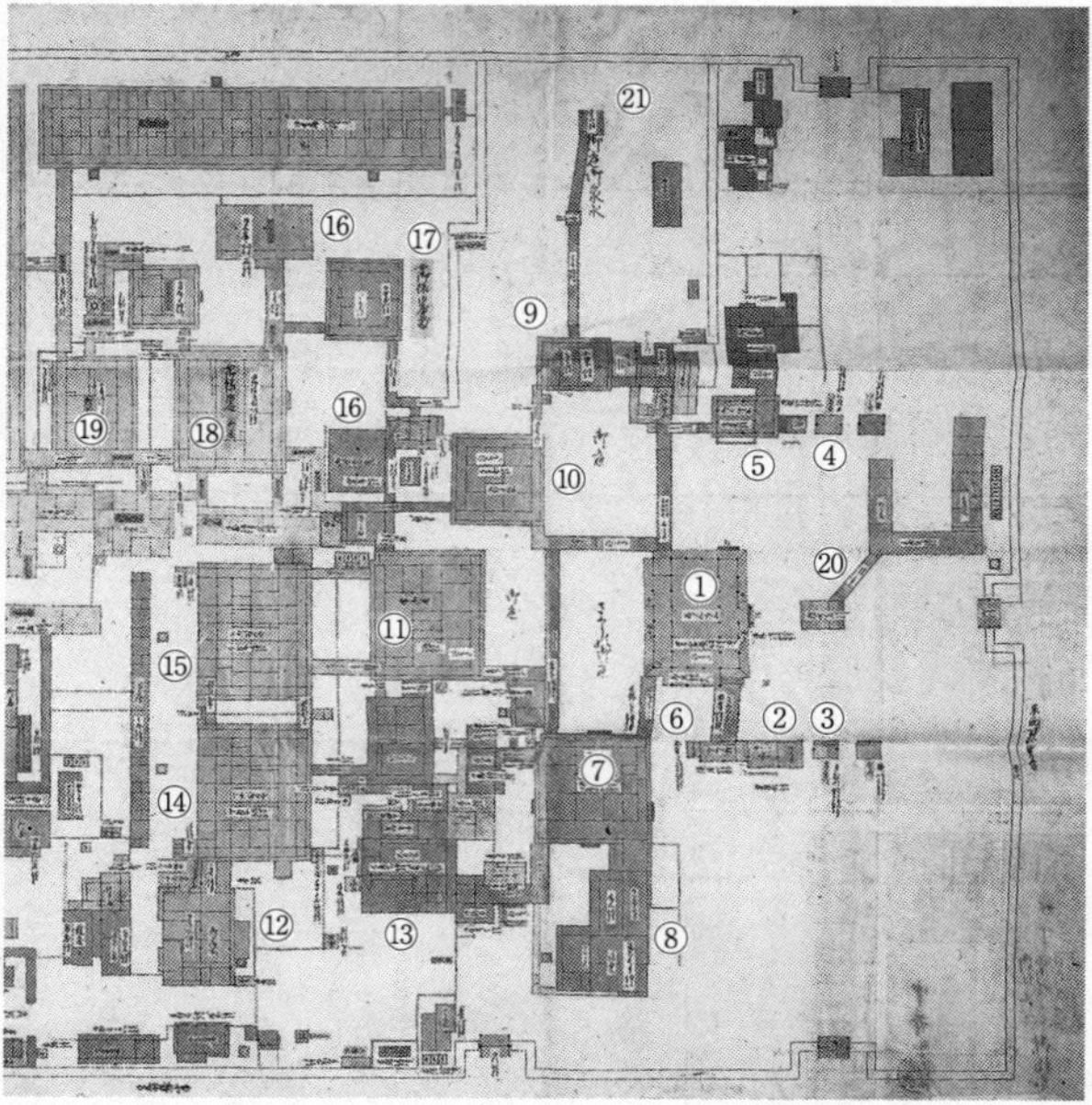

南

⑬御台所　　⑲御局
⑭一の対屋　⑳舞台
⑮二の対屋　㉑庭・泉水
⑯文庫
⑰休息所
⑱女御御殿

（元和年間改修後）

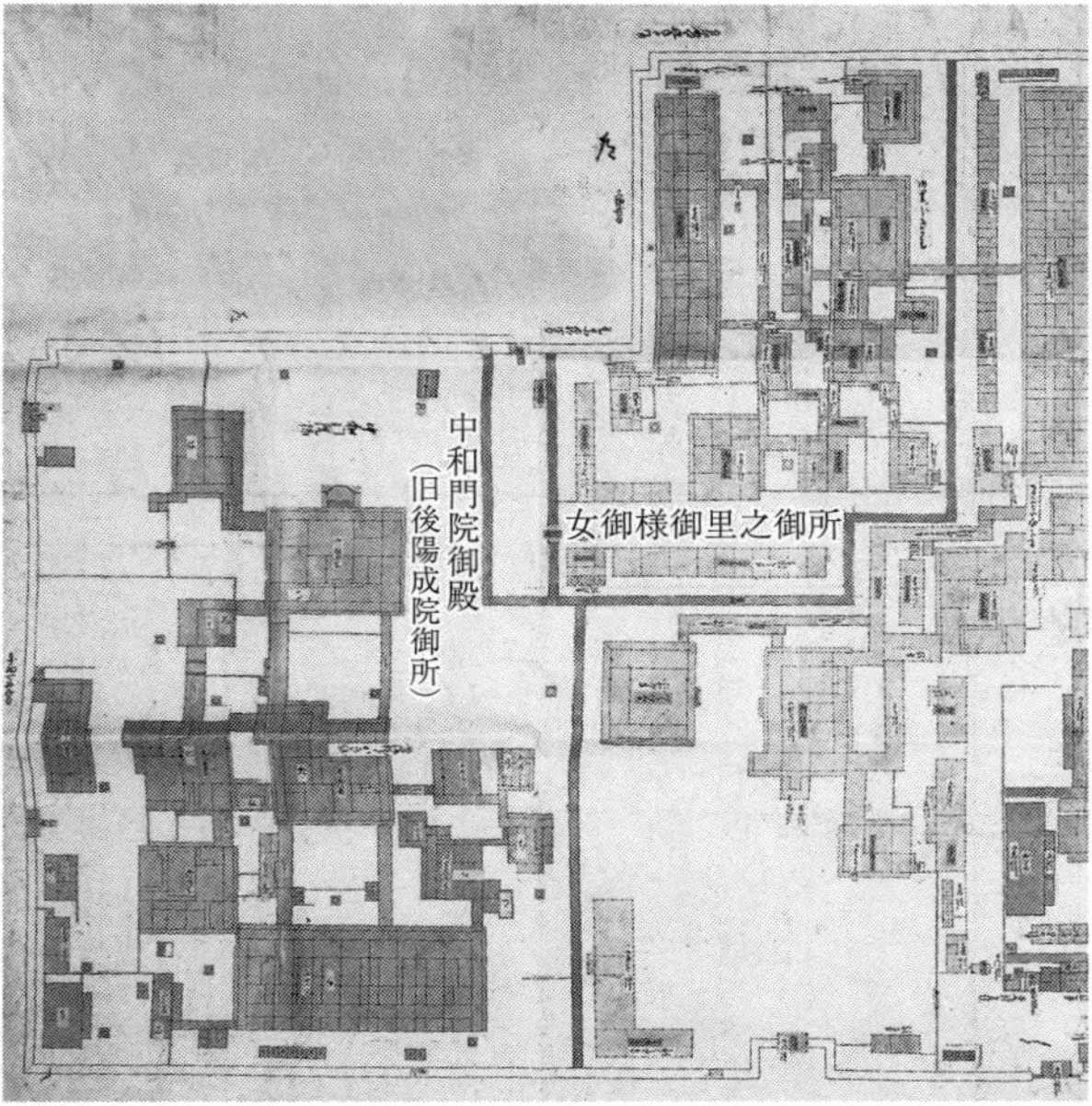

①紫宸殿　⑦清涼殿
②宜陽殿　⑧殿上・諸太夫間
③月華門　⑨小御所
④日華門　⑩御学問所
⑤内侍所　⑪常御殿
⑥長橋局　⑫御清所

慶長度内裏指図（中井家文書，宮内庁書陵部蔵）

みが、造営の規模を拡張させ、工事を長びかせた。約一年かけて、慶長十八年十一月十九日に新内裏の上棟《じょうとう》があり、後水尾天皇が新内裏に移ったのは十二月十九日であった。慶長度の造営の費用は明らかではないが、寛永十七年にはじまる禁裏造営には銀五〇五三貫一八一匁《もんめ》九分、米九万一七八七石六斗七升五合、大工のべ六八万八六八八人（『愚子見記』）の費用がかかった。寛永度の造営にくらべると、慶長度は約三分の二の規模であるが、それにしても厖大な費用であった。

新内裏は、手狭であった旧内裏にくらべて広く、しかも立派であったという。内裏の位置は、現在の御所とかわらないが敷地はもっと狭く、慶長度の内裏の図面には南側が東西一一五間《けん》半、東側が一〇三間、西側が一一九間とある。一間が六尺五寸の計算であるから概算すると、約四万五〇〇〇平方メートル、一万四〇〇〇坪内外であった。ここに建てられた紫宸殿以下の建坪が二七八三坪。これが新しい後水尾天皇の内裏であった。

内裏の中心に位置しているのは、天皇の日常の住居である常の御所である。その西南に清涼殿、また南側に庭をはさんで紫宸殿が、東側には御文庫、そして御学問所が配置されている。明けて慶長十九年の正月の年中行事は、すべて新内裏の紫宸殿でとりおこなわれた。

新内裏の造営には、即位祝賀の意ばかりでなく、その背景には幕府の種々の意図がこめられていた。第一に、幕府の実力の示威。第二に、新内裏造営を機に天皇の権限に対する掣肘である。目の前で旧殿が取り壊され、新宮殿の造営をみることは、禁裏の経済が幕府の支配下にあることを、事実として示す好機であったろう。徳川家康はすでに早くより禁裏御領の支配を通じて禁裏の経済を掌握しようとしていた。関ケ原の役後の慶長六年（一六〇一）五月十五日には禁裏・公家領の寄進を行ない、一万一五石四斗九升五合というのが御領の額として確定する。この約一万石という額は豊臣秀吉の時代とほとんど変らず、家康の寄進の実質はむしろ秀吉時代の領知《りょうち》の安堵《あんど》といったことだった。

ここで少し禁裏・公家の経済について触れておこう。さきの一万石余は禁裏御領だけで別に公家の家禄、宮家、宮門跡領等があり、江戸時代後期に一口に堂上《とうしょう》十万石、ともいわれたのはこれらをすべて集めての額であった。たとえば公家についてみると五摂家の禄高は（天保期ごろ）、

九条家　三〇〇〇石
近衛家　二八六〇石
一条家　二〇四四石
二条家　一七〇八石
鷹司家　一五〇〇石

である。日野、飛鳥井家のような武家昵懇《じっこん》の家は一〇〇〇石前後であるが、大多数の公家は二〇〇―三〇〇石の家禄で、微禄の場合は禁裏から合力米の援助をうけていた。

慶長六年の禁裏御領の寄進とともに徳川家康は公家家禄の加増を行なっていて十九家に対し総額一六一八石を加えている。

一方禁裏の収入は、

慶長六年（一六〇一）　一万一五石四斗九升五合　本御料
元和九年（一六二三）　一万石　新御料
宝永二年（一七〇五）　一万石一斗一升八合九勺　増御料

の約三万石を基本としており、後水尾院の時代には一万石から途中で二万石に倍増している。その他仙洞御領としてははじめに二〇〇〇石、後水尾院になって三〇〇〇石、さらに寛永十一年（一六三四）に七〇〇〇石加えられてこれも一万石となっている。東福門院《とうふくもんいん》すなわち徳川和子《まさこ》の女院の領もほぼこれに匹敵するものがあったといわれる。

後水尾院の時代にこれらの領知の実収入がどれほどあったか明らかではないが、宝永二年以降の御領三万石の時代をみると米による収納が約八〇〇〇石、現金による収納が銀約四〇〇貫とされる。実際の支出は行事費用、禁裏役人の飯米・役料が収入をうわまわり、米の支出が約八五〇〇石、現金の支出が七四五貫を超え、不足分は幕府から支出されていた。もちろん禁裏・公家の収入は表面に出ない贈答が巨額にのぼるから、こうした数字だけでは判断できないが、年間八〇〇〇石、銀四〇〇貫という収入からみて、寛永度の禁裏造営費、米九万一七八七石、銀五〇五三貫という額がいかに巨大かがうかがえよう。まだ二万石時代の寛永十七年（一六四〇）であるから概算しても十八年分の収入に相当する建設費であった。しかしまた一方よりみれば慶長六年（一六〇一）の一万石が御料、仙洞・女院料等を加算すると寛永期（一六二四―四四）にはほぼ四倍になったというわけで、和子《まさこ》入内《じゅだい》を契機に急速に禁裏の経済が豊かになったことも見逃してはならない。

しかし、問題は御領の支配や収入の運用のありかたが大きく変っていったことである。まず京都所司代板倉伊賀守勝重が「御料代官」とよばれるような（『言緒卿記』）、実質的な管理者の役目につき、禁裏はその収入を完全に板倉京都所司代に掌握されるに至った。財政の運用面ではどうか。のちには幕府は御附《おつき》武士とよばれる幕府派遣の武士を禁中に配し、よりその支配を徹底するが、まずその第一段階では既存の職制のなかにその意図を実現しようとした。

幕府がその手がかりとしたのは上御倉職《かみみくらしき》にあった立入《たてり》家である。御倉職というのは、長橋局とともに禁裏の経済にかかわる役職で、上下に分かれ、上御倉職に補せられていた立入家の史料によれば、「御下行方御賄《おんまかない》、肝煎《きもいり》仕《つかまつ》り来り候」とあって、禁裏からの下賜米など支払い方の経済を管掌する職であった。立入家の仕事が、このように禁裏と外部の接点になるところから、十六世紀末の動乱期には、立入家は禁裏と戦国武将との連絡役のような役目もはたしている。たとえば立入宗継《そうけい》は禁裏の意をうけて織田信長に上洛をすすめるなど政治的な活躍を見せた。ところが、その後継者立入卜斎《ぼくさい》は、関ケ原の合戦に際して、西軍犬山城主石川備前守光吉をかくまって家康より叱責をうけて自殺。立入家の御倉職は罷免された。その後、幕府が開かれた慶長八年（一六〇三）に至って、立入家は雑掌を勤める勧修寺家を通じて嘆願し、ふたたび御倉職に復した。そのときのことを当主の立入康善《こうぜん》は「公儀へ色々御理《ことわり》をなされ、御かげを以て親子三人還住致し候」（『立入家文書』）と述べ、勧修寺家のお蔭をもって御倉職に戻れたのは、公儀すなわち幕府のお許しによるものであるとし、本来は禁裏の役人である御倉職の任免権が、すでに幕府にあることが明らかにされている。その結果は、立入家では御倉職という職分のほかに、その任務を、「拙者の家をば昔より御料所《ごりょうしょ》方の目あかし」とし、また、「我等家は御料所方之よこめ（横目。監視人）にて候」と述べているように、自らを禁裏御領における幕府の目明しであり横目と位置づけることになった。

実務的に見ても立入家は板倉京都所司代の支配下にあった。

惣別《そうべつ》、我等之儀は、べつ（別）して板倉殿目をかけらるゝ子細にて（中略）何時も伊賀守殿へ入魂《じっこん》仕り候はゞ悪敷《あしくは》仕《つかまつり》間敷《まじく》候。（同前）

（大体において、われわれは特別に板倉殿から目をかけられているわけで、いつでも板倉伊賀守殿と親しくさせていただいていれば悪いことにはならない。）

という立入家の意識にそれは反映している。

さらに慶長度の内裏造営に相前後して、幕府は禁裏の権限を制限し、さらに幕府の支配力を強化する施策にでている。それらの点についてふれておこう。

権力の座から離れた天皇の権限といっても、もはや実質的な意味をもつものもなく、権威の象徴としての官名・位階・称号授与の権と年号制定の権が主たるものであった。幕府はそのうち、官位・称号授与について、まず制限を加えてきた。

たとえば「越中守」とか「和泉守」といった国司号は内容を伴わない称号に過ぎないが、戦国時代以来の新興武士にとって魅力ある官名だった。だから機を得ては、ときの権力者の許可を得て朝廷より授与されることを求めたのである。当然、こうした国司、あるいはその他の官職には、それぞれ対応する位階があるわけで、たとえば「従五位下《じゅごいのげ》信濃守」というように「従五位下」という位と「信濃守」という官が、一般の大名クラスに許される称号である。さらに大大名であれば『公卿補任《くぎょうぶにん》』(公卿とは三位、参議以上をいい、その任にあてられた人の記録)に載せられるような高い官位につく。早い話が徳川家康は従一位右大臣であった。

こうした官位の制について、徳川家康は公家と武家を分離し、武家の官位は朝廷とは別に幕府において定めることを、禁裏へ申し入れている。慶長十六年(一六一一)のことだ。理由は、公卿の員数には制限があり、大量に武士を登録するわけにはゆかないし、国司の官名でも、二人も三人も遠江守がいるのはおかしいが、大名の数が多いのだからやむをえない。その矛盾を解決するためだという。武家については自由に定め、公家方とは抵触しないように武家の官位を補任記等には書き載せないことにしたらよい。この申し入れは、一見、公家の官位を圧迫せぬから公家にとっても好都合のようにみえるが、実質は官位授与権が一部割譲されることになり、朝廷としては大きな譲歩だった。もっとも、実際に武家官位の分離が実現するのは、家康の歿したのちの元和《げんな》六年（一六二〇）以後であった。

これに似た問題は、慶長十八年（一六一三）六月十六日に発せられた公家衆法度に付随した勅許紫衣法度《しえはっと》にもうかがえる。この紫衣法度はのちに妙心寺、大徳寺の寺院法度とかかわって、いわゆる「紫衣事件」に展開するのだが、その内容は次のとおりである。それまで大徳寺、妙心寺他の寺院では自由に住職を定め、天皇の勅許により紫衣（鎌倉時代以後、高位の僧に与えられた特別の袈裟）を許されていた。ところがこの法度によって、勅許以前に幕府に申請して幕府の許可を得ることが必要となった。そのことは、とりもなおさず京都における寺社奉行的な存在であった金地院崇伝と京都所司代板倉勝重の支配をうけることを意味していたのである。

こうして天皇の権限を制限したのは、公家を含めた禁中公家社会全体のありかたに対して、幕府が新しい枠を設定してゆこうとしていたことに関連している。すでに見たように、公家の日常行動について幕府は再三、注意をうながしていた。しかし、それらの法度は公家が自発的に掟《おきて》を作る形式で、公家に対して直接に幕府が家康の朱印状をもって法を発布したことは、慶長十八年、紫衣法度と同時に出た公家衆法度までは見当らない。その点、公家衆法度は正式に公家の行動を規定した法として注目される。しかも、法度の末尾には、五摂家または武家伝奏よりの届けがあれば〝武家の沙汰〟として取り締まると明記していた。禁中といえども治外法権はあり得ない。

この公家衆法度が出された二年後、すなわち大坂夏の陣の直後の元和元年（一六一五）七月、徳川家康は対朝廷政策の仕上げとして、禁中并《ならびに》公家中諸法度を発した。

鎌倉幕府以来、武家政権の時代が約四百年つづいているが、禁裏に対して法制を発布した例はない。徳川幕府が元和元年に発した禁中并公家中諸法度は「本朝代々の将軍家に於て、前代未聞の御事」（『岩淵夜話』）といわれるように、画期的な法だった。その伏線は慶長十八年に発せられた公家衆法度で、二つの法について少し述べておこう。慶長十八年六月十六日の公家衆法度は五ケ条よりなり、第一条に公家のつとめとしての家々の学問をあげ、第二に法令に背いたなら流罪に処すことを明らかにし、第三条に禁裏の勤務励行を、第四、五条でかぶき者的な、公家に似合わぬ行動の禁止を令している。後半は、以前、公家に自己規制を要求した内容と重なるが、はじめの一、二条は、公家方の政治介入を禁じ、幕府の公家支配を明文化したものとして、まさに「前代未聞」の法の前提となるものであった。

幕府側には、この五ケ条では簡略にすぎるという反省があったようだ。以来、法令作成の準備をすすめ、大坂夏の陣終結後の元和元年七月十七日、京都二条城において発布したのが禁中幷公家中諸法度である。十七条の憲法にならって十七条よりなり、その内容をみると第一に天皇の任務、第二に三公（太政大臣、左・右大臣）、親王、大臣の席次とその任にあたる者の資格を論じ、第三に官位叙任、贈位贈官の規制と特別規定、第四に改元、天皇以下の服制などで、法度に背いた場合には流罪に処せらるべきことが定められている。天皇の任務を定め、あらためて幕府による処罰の権を明文化したのは、さきの公家衆法度の適用を天皇に拡大したものであるが、その他に重要な規定はさきにも述べた武家官位を公家官位から分離したこと、三公以下の任官について幕府が介入しうる道を確保したことなどがあげられる。

ところで慶長十八年公家衆法度の特徴は、禁止項目ばかりではなく、あらたに公家の仕事を規定した項目が冒頭に置かれている点にある。

一、公家衆、家々之学問、昼夜油断なき様、仰付けらるべき事。

公家衆のつとめを「家々之学問」と規定したことは、さきの天皇の権限の制限に対応している。天皇の任務もまた、この公家のつとめの延長線上に規定されたからである。元和元年の禁中幷公家中諸法度の第一条は天皇のつとめを次のように定めていた。

一、天子諸芸能之事。第一御学問也。学ばざれば、古道を明らかにして政《まつりごと》の太平に致すを能くせず、とは貞観《じょうがん》政要の明文也。寛平遺誡《かんぴょうゆいかい》に、経史は窮めずと雖《いえど》も、群書治要を誦習すべしと云々。和歌は光孝天皇より、いまだ絶ゑず。綺語《きぎょ》たると雖も、我国の習俗也。棄て置くべからずと云々。禁秘抄《きんぴしょう》に載せるところ、習学専要に候事。

天皇のつとめは芸能である、とまず規定した。さらに、そのなかでも学問を第一として、具体的に経史、『群書治要』といった漢籍を宇多天皇の遺誡を引いて勧めたあと、和歌の道こそ、天皇のもっともたしなむべき道としている。さらに『禁秘抄』（順徳天皇が著した禁中行事に関する書で、後世の有職の基準となった）をあげ、禁中の行事、有職《ゆうそく》の知識を学ぶように勧めた。

さきの公家のつとめの規定とこの天皇のつとめに対する規定は、学問こそその最大の任務とした点、ほとんど同様の内容であるが、それは、どのような意味をもっていたか。まず、天皇のつとめを芸能ととらえている。ここでいう芸能とは、現在の芸能界とか芸能人という使用法とは異なり、いわば教養として心得べき知識の総体を指す言葉で、中国の六芸《りくげい》（礼楽射御書数《れいがくしゃぎょしょすう》）をも含み、かつ、日常の室礼《しつらい》や芸道にまで及ぶ内容の言葉である。だから、それはいいかえれば狭義の文化一般を指す言葉といってもよいだろう。天皇が文化の面の最高権威であり、文化そのものの体現者である、ととらえられた。

では文化のなかでとくに何が要求されるかといえば学問である。天皇の場合と公家の場合と少し異なるのは、公家の場合、「家々の学問」という枠がはめられていることだ。この家々の学問というのは、のちに公家家業といわれる公家の家についた特殊な芸道を指し

ている。たとえば二条康道《やすみち》が著したと伝える『諸家々業』という書物によると、

〔神祇伯〕白川家。〔和歌〕二条家、冷泉家、飛鳥井家、三条西《さんじょうにし》家。〔文章博士〕高辻家、坊城家、五条家。〔明経〕舟橋《ふなはし》家。〔能書〕清水谷家、持明院《じみょういん》家。〔神楽〕綾小路家、持明院家、四辻《よつつじ》家、庭田家、五辻《いつつじ》家、鷲尾《わしのお》家、藪《やぶ》家、滋野井《しげのい》家。〔蹴鞠〕飛鳥井家、難《なん》波《ば》家、冷泉家、綾小路家。〔装束〕三条家、大炊御門《おおいみかど》家、高倉家、山科家。〔陰陽道〕土《つち》御門《みかど》家。（楽は省略）

といった家名があげられている。このなかには飛鳥井家の蹴鞠のごとく、激しい他家排斥の訴訟に勝って徳川幕府より朱印状をうけ、弟子に許状を発行する特権を確保した家もあり、一方ではたんなる名目に終っている家もある。

しかし、それまであまり明確でなかった家業という概念が幕府によって公的に認定されたことは重要であって、たんなる「家之学問」とか「家之道」（これは文禄四年〔一五九五〕の豊臣秀吉の発した法令にみえる言葉であるが）といわれていた技芸が、公家の特権と化する道が開かれたのである。公家衆法度によって幕府は公家の行動を規制した。と同時に、実はその権利を保護した側面があることを見のがしてはならない。

公家における学問がそれぞれの家業であったとすれば、天皇におけるそれは、第一学問、すなわち中国唐代の帝王学である『群書治要』であり、かつ歌学と有職学であった。『群書治要』ではなかったが、後水尾天皇も、十代にあたるこの時期に、熱心に漢学を学

んでいたことが記録にみえる。最初に学んだのは『孝経』で、これは十歳のとき。先生は公家の儒者として第一人者である舟橋秀賢《ひでかた》である。約半年かかって『孝経』がおわるとつづいて『大学』。これは約四ケ月で済み、翌慶長十一年（一六〇六）正月から『論語』がはじまっている。翌年には『孟子』に進んだ。その後しばらく漢学のことは記録にみえないが、慶長十七年にふたたび秀賢から『大学』の講釈をうけている。漢籍ではないが山科言緒《ときお》に命じて『日本書紀』に訓点をつけさせ、翌十八年には東福寺の聖澄に『古文真宝』の講釈をさせ、八ケ月余りかけて終了、同じく東福寺の清韓の蘇東坡《そとうば》講釈をきいている。禁中并公家中諸法度が発せられた元和元年（一六一五）にも『論語』を建仁寺の東鋭からきくといったぐあいで、かなり熱心に漢学を学んでいる様子がうかがえよう。

儒学を中心としたこのような漢学の素養のうえに後水尾天皇が生涯を通じて精進をかさねた歌学、そして最大の業績である『当時年中行事』の有職学を重ねて考えてみると、結果としては、後水尾天皇こそ歴代の天皇の中で禁中并公家中諸法度の規定をもっともよく体現した天皇であったといえるであろう。幕府の規定がなくとも、天皇の伝統的任務は歌学と有職であったにちがいないが、公的に定められ、その見事な開花が後水尾天皇にみられるとすれば、それは江戸時代を通じて、さらに近代における天皇像を形成するうえに大きな役割をはたしたといえよう。

2　徳川将軍と天皇

1　徳川和子の入内

　慶長二十年（一六一五）七月十三日をもって、年号は元和《げんな》と改められた。元和元年に前後する三年間は、幕府にとって正念場だったといえる。

　まず第一に、宿敵豊臣氏を倒すことができるかどうか。もはや一大名になり下がったとはいえ、やはり豊臣秀頼《ひでより》は反徳川勢のシンボルである。豊臣一族に止めを刺すことなしに徳川幕府の安泰はありえない。慶長十九年（一六一四）七月、方広寺鐘銘の文言に注文をつけてじりじりと秀頼を追いつめていったのは、周到な用意があってのことであった。十九年冬の陣。大坂城を一気に攻め落せぬとみるやいったん和を講じ、濠を埋めさせたのちに、あくる二十年四月、ふたたび戦端が開かれた。いわゆる大坂夏の陣である。

　完膚《かんぷ》なきまでに豊臣一族を滅した徳川幕府にとって、大きな試練が訪れたのは翌元和二年（一六一六）四月十七日である。信長よりも秀吉よりも長命を保ち、天下をとった徳川家康であったが、政権の安泰が確約されたその直後に、七十五歳をもって急死した。

この両三年の激動は、後水尾天皇をも揺り動かした。ことに大坂冬の陣、夏の陣の激戦によってかねて顔を見知っていた武将が、死者に数えられていることもあった。近衛信尹《のぶただ》（後水尾天皇の弟の二宮がその養子となった）が親しくしていた天下の数寄者《すきしゃ》古田織部《ふるたおりべ》が、家康の命で切腹した、という噂も入ってきた。夏の陣の翌年のことだが、狩野興以が描いた「大坂攻之図屏風」を天皇はみている。中院通村から説明をききながら、そのときのことが思い出されただろう。大坂落城のとき、板倉勝重はわざと「豊臣秀頼一族は生存」と嘘の報告をしたが、あれも一時の気休めのためだったのだろう……。

しかし、この騒がしさ故に、天皇の気の進まぬ懸案が、頓挫してそのままになっていることだけは幸いとしかいいようがない。将軍秀忠の娘和子《まさこ》を女御《にょうご》に迎えるという大事である。

そもそも徳川氏の女を入内《じゅだい》させるのは家康の宿願であった。源頼朝が鎌倉幕府を開いて以来、武家の世とはなっても、ついに武家が天皇になることはなかった。足利義満にはその意志があったというが実現はしていない。せめて、武家の娘が皇后となり、その皇子が天皇となって外戚の地位につく、というのが家康の願いである。

かつて後陽成天皇が弟八条宮智仁親王に譲位したいと申し入れたとき、諸家の反対にあった。もちろん家康も反対した。智仁親王は二十歳。仮にそのとき智仁親王が即位していたなら、家康の在世中に徳川氏の娘が入内するなどということは問題にもならなかったであろう。将来、徳川氏から入内のあり得ることを見通して譲位に反対した、とする見方があることは前にふれた。魅力ある考え方だが、家康がはっきりと「公武合体」の計画をもったのは、やはり、慶長十二年（一六〇七）十月四日、二代将軍秀忠とお江与《えよ》の方（崇源院）の間に第五女が生まれてのちのことだったとするのが自然だろう。姫は和子《まさこ》と名付けられた。

はやくも翌十三年には、入内の噂がたつ。醍醐寺の義演准后が日記に「親王御方へ将軍姫君后《きさき》に立たせられ御上洛と云々」と記したのは慶長十三年九月二十六日である。関東でもその噂は流れたとみえ、『石川正西《しょうさい》聞見集』にはすでに入内したかのように、慶長十三年の項に記している。これは噂と後年の本当の入内とをとり違えて書いてしまったのであろう。

和子が六歳となった慶長十七年には、噂の域を越えて、かなりつっこんだ入内の交渉が朝幕間で始められている。同年九月には、幕府から申し入れのあった入内について摂関家が関白の鷹司家に集まって行装のことを相談した（『孝亮宿禰記』）。入内の際の衣裳の相談など、もっと先のことでよさそうだが、公家の日記は、そのことを記すのみで、それ以上のことはわからない。

入内のことは既定の事実のごとく進められた。慶長十九年三月には正式に入内の宣旨が発せられ、武家伝奏広橋兼勝、三条西実条《さねえだ》らが勅使として駿府の家康のもとに派遣された。『駿府記』によれば、勅使下向の趣意は「女御入内あるべき由」が第一点、そして「家康に太政大臣か准三后従一位の位を給はる旨」が第二点であった。家康は入内宣旨をありがたく受け、太政大臣の一件は固く辞退したという。家康は何よりも和子入内を望んでいたのである。

直ちにとりかかるべき入内の用意は、さきに述べたとおり、入内宣旨の四ケ月後の方広寺鐘銘問題に端を発した大坂冬の陣がはじまり、つづく翌年四月からの夏の陣で延期された。さらにその翌年元和二年に家康の死を迎え、三年には後陽成院の崩御。入内がふたたびクローズアップされるのは元和四年（一六一八）夏であった。

元和四年六月二十一日、京都所司代板倉伊賀守勝重が武家伝奏の広橋兼勝を訪ねた。和子入内の儀の相談のためである。日時はともかく、入内は明年という線でまとまる。幕府は明年入内を前提に女御御殿の建築を企画し、九月には小堀遠江守政一《こぼりとおとうみのかみまさかず》と五味豊直《ごみとよなお》がその作事奉行に任じられた。

こうして、今度こそは無事に進行するかと思えた入内であったが、入内の相談があったその数ケ月後に、またまた頓挫してしまう。

公家の日記には元和四年九月九日の条に「女御入内事、来年無レ之由風説」が流れたと記されている（『時慶卿記』）。したがって、一件が露顕したのは六月から九月までの三ケ月の間であったろう。一件、というのは、後水尾天皇の側に仕える、およつ御寮人とよばれる女官が皇子を出産した事件である。名を賀茂宮という。それが何月何日であったか記録がない。もっとも権威ある皇室系譜である『本朝皇胤紹運録』には、この皇子を載せていない。幕府に遠慮したものか。安井算哲《さんてつ》は「賀茂宮の事、一々、神秘あるなり。三位申され候。然れども口外致されず候故、是非なきなり」と述べている（『新蘆面命《しんろめんめい》』）。秘話は闇から闇へ葬られてついに伝わらない。ただこの皇子は幼くしてなくなったことだけはわかっている。『資勝卿記《すけかつきょうき》』元和八年（一六二二）十月三日の条に「昨日巳刻斗《ばかり》ニ賀茂ノ若宮五歳遠行《おんこう》之由也。お四《よ》つ腹也」とある。元和八年に五歳といえば元和四年の誕生。急遽、入内の儀が延期されたのは、この皇子賀茂宮誕生の事実が幕府の知るところとなったからにちがいない。とすれば板倉勝重が広橋兼勝と談合した六月より延期の噂が流れた九月までの間に誕生したのではないか。ともあれ、これから娘を嫁がせようという矢先に、後水尾天皇の側室に子供が生まれ、しかも皇子であれば、これはもっとも有力な皇位継承者でもある、というわけで幕府は態度を硬化させた。ことに和子の母親お江与の方は激怒したことであろう。

お江与の方、のちの崇源院は織田信長の妹お市の方と浅井長政の間に生まれ、姉は淀君という戦国女性の激しさをもつ女性であった。こと女性関係に関しては厳格な夫人であったといわれる。そのために夫の将軍秀忠は正規の側室を一人も持つことができなかったし、秀忠が妾腹に生ませた保科正之《ほしなまさゆき》とは崇源院の在世中には対面することもできず、その後もしなかったというほどである。崇源院は秀忠より六歳も年上の妻であり、崇源院にとって秀忠は三番目の夫であった。そんな事情が秀忠をして恐妻家にしてしまったのだとも巷説では言われるが、秀忠が己れを持するに強い意志の持主だったとみる方がかえってあたっているかもしれない。いずれにしても秀忠・崇源院夫妻にとって、後水尾天皇に皇子誕生の報は意外中の意外であった。

皇子を出産したおよつ御寮人は公家の四辻公遠《きんとお》の娘で四辻の字をとっておよつとよばれたのである。後水尾天皇もすでに二十三歳。即位して七年のときがたった。側室がいて少しも不思議はない。およつは後水尾天皇の寵愛を得て、翌五年六月二十日には今度は女子を出産した。このしらせは重ねて幕府を刺激したことだろう。この皇女は梅宮とよばれ、十三歳で鷹司教平《のりひら》に嫁したが三年（五年ともいう）足らずで離縁。その後は、後水尾院のかたわらにあった。二十二歳で尼となり、晩年は奈良に円照寺を開き文智《ぶんち》女王と称せられた薄幸の女性である。梅宮については、いずれ述べることがあろう。

和子入内のことでは、後水尾天皇こそ悩みがもっとも深かったに相違ない。もとより心すすまぬ婚儀である。見たこともない十二、三の娘である。父後陽成天皇は死に臨んでも息子の後水尾天皇を許そうとしなかったけれど、それももとをただせば徳川氏の容喙《ようかい》の結果である。その徳川氏の娘をめとるのには当然抵抗があった。しかも、すでに天皇には愛するおよつがいる。入内は、およつと、二人の子供、賀茂宮と梅宮との離別さえ意味するであろう。後水尾天皇は懊悩し、解決策として考えつくのはまた譲位である。譲位よりほかにこの婚姻を逃れる道はない。

一通の後水尾天皇の書状が『宗国史』（藤堂藩の歴史書）のなかに収められている。それは弟の近衛信尋《のぶひろ》に宛てられた手紙で、朝幕間の斡旋に奔走している藤堂和泉守高虎《とうどういずみのかみたかとら》に信尋から渡されるのを期待して書かれている。日付は元和五年（一六一九）九月五日付。

今度は、藤堂和泉守種々懇切の義ども、謝しがたき次第に候。然《しかれ》ば入内先々《まずまず》当年はのべ（延）られ候様に粗《あらあら》承り候。さだめて我等行跡、秀忠公心にあひ候はぬ故とすいりやう（推量）申し候。さやうに候へば入内遅々候事、公家武家共、面目をもつて然るべからず候条、我等に弟もあまたこれ有る事に候へば、何にても即位させられ、我等は落髪をもして逼塞《ひっそく》申し候へば、相済む事に候間、必定《ひつじょう》入内当年中は延引せらるるにおいては、右の通り相調へ候様に藤堂和泉守肝煎《きもいり》候はば、生々世々わするまじき由、申しつたへられ候……

天皇としては思いきった手紙である。入内延期は自分の不行跡が原因と居直ったうえで、将軍秀忠の心にかなわぬことならば、自分には弟もたくさんいることだから、そのうち誰でも即位させて自分は法体《ほったい》になろうという。入内が当年中、延引されるようであれば、譲位できるように取りはからってほしい、と藤堂高虎に依頼している。しかし高虎も天皇の意のとおりに動くわけにはゆかない。外様大名でありながら、家康、秀忠、家光と三代にわたってもっとも信頼の厚かった藤堂高虎であれば、ここは何としても家康悲願の入内を成就させねばならない。

まず高虎のとった措置は後水尾天皇周辺の近臣および、およつ御寮人の関係者を排除し、公家衆に幕府の権威と力を示すことだった。幕府が直接手を下すかたちこそとらなかったが、武家伝奏広橋兼勝を通して、九月十八日、公家衆六人を処罰した。すなわち万里小路《までのこうじ》充房《あつふさ》は丹波篠山《ささやま》へ、四辻季継《すえつぐ》、高倉嗣良《たかくらつぐよし》は豊後へ流刑となり、中御門宣衡《なかみかどのぶひら》、堀河康胤《やすたね》、土御門久脩《ひさなが》は出仕停止の処分をうけた。処分の理由は定かでない。父親の久脩を処分された土御門泰重《やすしげ》はその日記に怒りを吐露している。

噂は前日に漏れていたが、流刑があるらしいというのみで氏名までは明らかでない。十八日になって、いったん久脩流罪の噂が流れ、「家の浮沈、只今之事」と驚きあわてた泰重は九条家の諸太夫を通じてことの真偽を確かめようとする。夜の十時ごろになってやっと板倉京都所司代から使者があって、秀忠の耳に久脩の悪評が入ったために知行と出仕が停止と定まった由、通知があった。迷惑なことにちがいないが流刑でなくて一安心である。それにしても一応の理非の審査もなくて処分されるとは「無道之制法、迷惑千万、無道第一之事」と怒りがわく。このように叡慮を軽んずることを行なえばいかなる天罰が下るか予測しがたい。ことに今回の処分を画策した広橋兼勝は「三百年以来之奸佞之残賊臣也」

たとえていえば「イルカ《（入鹿）》、守屋之臣（三）倍せる者也」と罵倒されている。

後水尾天皇が拱手傍観《きょうしゅぼうかん》するには、ことはあまりにも天皇の側《そば》近くにおこった。幕府の意図は露骨である。怒りを押えることはできない。土御門泰重を呼び、将軍の無道、広橋らの画策が原因であったと詰《なじ》り逆鱗《げきりん》の体であった。このとき天皇は何ごとか泰重に「密々儀」を語ったという。

ふたたび後水尾天皇は近衛信尋に書状を認《したた》めた。その内容は九月五日付の書状に重なるところもあるが、概要は次のとおり。

> 今度公家衆法度を申し付けられたりするのも、もとはといえば自分が不器用のためである。このようなことでは古き道も絶え、禁中もすたれることになる。このうえは是非とも兄弟に位を譲るのが良いであろう。自分は家康の配慮で即位し、早くも八年を過ぎることであるから、もう隠退して山居したい。

幕府に抵抗するといって譲位より方法がない天皇であるから、これが唯一の抗議らしい抗議といえよう。

これから藤堂高虎の活躍が倍加する。十一月二十九日、近衛信尋が高虎に送った書状には、高虎の斡旋を期待する旨が記され、さきに発せられた公家諸法度に照らしても公家衆の行儀に乱れがないことを強調し、処罰の嵐の静まるのをひたすら待つ様子がうかがえる。幕府の強行策は成功したかにみえたが、しかし、天皇の反発はけっしておさまってはいない。翌元和六年（一六二〇）二月、膠着状態の入内問題を一気に解決すべく、高虎は幕府の意をうけて上洛した。高虎の書状案集として紹介された『元和六年案紙』によると、二月二十四日に京都に到着した高虎は、二十五、二十六日に板倉父子を通じて禁中の動向を探り、天皇の翻意をうながしている。しかし、二十七日付と思われる広橋兼勝宛の書状では一転して、

……禁中方之儀に付きて、国母様（中和門院）迄、御使として罷上られ候処、何方へも相さはり申さず、無事に御機嫌もよくなをり申し間、上下共に目出度との御事に御座候。我等一人の大慶、老後の面目施し候……

と大喜びの体で、すべて解決した、という。その間にいかなる事情があったのだろうか。どうやら、二十六日に高虎が禁中にのりこみ強談判を仕掛けたことが解決をうながしたようだ。『藤堂家記』によれば高虎は五摂家以下の公家衆を相手に、

先例を仰せられ候ハゞ、そのかミ武家之指図に御背《おんそむき》候天子をバ、左遷之例これ有り候。我等関東より罷上り、事調ひ申さず候ハゞむなしく下るべき様これ無く候。弥《いよいよ》御同心御座なきに相究《きまり》候ハゞ、恐ながら天子へ左遷をすゝめ、此儀我等不調法に罷成り候ハゞ、切腹仕り候までにて候。

と言い捨てて席を蹴たてて帰ってしまったという。幕府のいうことがきけぬなら、天皇を配流し、自分は腹を切るまでだ。これは明らかに恫喝《どうかつ》である。高虎のいきおいに恐れをなし

徳川和子入内（東福門院入内図屏風より，三井文庫蔵）

た公家衆はたちまち軟化してその日のうちに六月入内の決定が下ったのである。まことに高虎にとって「老後の面目」を施すことができた難交渉であった。後水尾天皇、またおよつ御寮人がこの決定をどのようにうけとめたか、史料を欠いてわからない。しかし、もはや大勢に従うよりほかに道はなかっただろう。

元和六年（一六二〇）六月八日といったんは定められた入内の予定は、その直前に和子病気のため十日間延引された。六月十八日午刻（十二時ごろ）二条城を出発した行列は数百人の随行者をともなって郁芳門《いくほうもん》より内裏へと進んだ。入内の道具は一番長持百六十をはじめ二番行器《ほかい》十荷、三番屏風三十双、以下二十九番に分けられて、厖大な数にのぼった。「東福門院入内図屏風」（東京・三井記念美術館）には内裏の内外に葵紋の覆をした道具がならべられている様子や、この行列をみようと堀川に桟敷をたてて詰めかけた人々がみえる。『武野燭談《ぶやしょくだん》』には「七十万石を以て、此女院の御入用にあて置かれしとかや」とあるが、七十万石が入内費用だけのことか、入内後の費用を含めてのことか、わからない。とまれ、幕府としてはできるかぎりの贅《ぜい》を尽したというところであろう。しかしこの贅沢も、目をかえると、必ずしも十分には映らなかった。土御門泰重はその日記に幕府から天皇への献上が少ないことを非難して次のように記している。

　今度、女御より上へ御進上、御袷《おんあわせ》百、銀子千枚、些少千万、近頃おかしき事也。女院御所へ御袷五十、銀子五百枚也。近衛殿、一条殿帷子単物《かたびらひとえもの》廿づつ、銀子百枚づつ也。公家衆、去年将軍御参内之時御音信のごとし。

『元和年録』によれば泰重が記録した以外に銀子千枚が禁裏様惣中へ、銀子二百枚が女院惣中に進上されており、実際には決して少ない額ではなかったであろう。なお、ここにいう女院は天皇の生母近衛前子《さきこ》のことで、入内にさきだつ六月二日に女院号が贈られ中和《ちゅうか》門院《もんいん》と称している。ちなみに、あれほど朝幕間にあって苦労を重ねた後陽成院の生母、新上東門院は、和子入内の盛儀をみることなく、この年、二月十八日に歿していた。慶長から元和へ、徳川家康、後陽成天皇、新上東門院とつづいて歿し、世代の交替が感じられる、ここ数年の変化であった。

2　禁中の生活

和子入内一件は、後水尾天皇と二代将軍秀忠との緊張関係にとどまらず、朝廷全体と幕府との軋轢《あつれき》という構図を生んだ。緊張が最高潮に達したのは、さきにもふれたが元和五年（一六一九）九月十八日万里小路充房以下六名の公家が配流された事件である。十年前の官女密通事件の場合は処断されてもやむをえぬ理由があった。また苛烈な処罰を望んだのは後陽成天皇自身であり、幕府の容喙《ようかい》はあったが、基本的には禁裏内部での措置にとどまった。しかし、元和五年の事件は、禁裏としては処罰すべき理由が見当らない。処罰は将軍秀忠の奏請をうけて、いわば幕府が公家諸法度をたてに、公家に直接手を下したものである。公家たちは四年前に制定された禁中并公家中諸法度の威力をまざまざと見せつけられた思いであったにちがいない。

事件の直後、入内問題にゆれる朝幕間の斡旋に奔走していた近衛信尋《のぶひろ》が、幕府側の窓口である藤堂和泉守に宛てた手紙のなかで、交渉の状況を説明したのちに、交渉経過とは全く関係ない次のような事実をわざわざ記している。

一、昨日はくさりの間にて、八条どのふるまひ候て、夜入候てまで大酒候ひつる。さりながら我も人も、行儀あしき事はすこしも候はず候ひつるまま、御心安んずべく候。徳勝院、石川宗林なども参候ひつる。寄斎はちとわづらひ候て参候はず候。遠江かつて（勝手）へみまひ候て、一だんきも入り候ひつる。

この部分は手紙の全文のなかでなにか意味をもつというよりも、さきの事件のような幕府の処断を恐れる配慮から書き加えられたのであろう。右大臣信尋は昨日の自分の行動について、求められてもいないのに弁明しているのだ。鎖の間で八条宮智仁親王が心安い公家や茶人などを招いて酒をふるまった。酒宴は夜に及んだが、自分も他の者も〝行儀あしき事〟はなにもしなかった。どうか安心してほしい、という。勝手（奥向きの意味）へ小堀遠江守政一が見舞いに訪れていろいろと心遣いをしていった。おついでがあれば、くれぐれもよろしく礼をいってほしい、という信尋の言葉が、いささか気になる。小堀遠江守の妻は高虎の養女で、両者はごく近い親戚であった。とすると、遠江守が宴の最中に見舞いに訪れたのも、また、それゆえに高虎に信尋が弁明したのも、深いかかわりがあってのことかもしれない。つまり、八条宮とも親しい小堀遠江守が藤堂高虎の意をうけて公家衆の様子を見にいった、というのが実態ではないか。いずれ遠江守から話の様子が高虎に伝わることを見越して、信尋は会の様子を弁じたのであろう。

ことあらば公家の行動を規制しようと幕府が目を光らせれば、公家は戦々兢々《せんせんきょうきょう》とする。慶長十四年の官女密通事件のような弱みが公家の側にあったことは否めない。町衆たちの見方も、決して公家に同情はしていなかった。

たとえば京都の代表的な町人の一人である本阿弥光悦《ほんあみこうえつ》ですら、公家の常軌を逸したふるまいには眉をひそめていた。光悦はこう公家を非難している。

諸商人共も、十人が九人は、公家方と申し、鬼神のやうに心得、売かけも仕つらず、何卒《なにとぞ》成られやうも有り度き事どもに存じ奉り候。当時、関白殿下を始めとして、揚名《ようめい》の官にして政をいらひ給ふことはなく、明暮、歌をよみ、香車《きゃしゃ》風流ばかりを翫《もてあそ》びたまふゆゑ、至て小禄の公家衆は歌もよまず、大方強飲に酒をたし（な）み、身軽きゆゑ、密に勝負ごとの場所へ入り込み、あるひは貧しき売女やうの者に恥とも思はず馴れかよひ、果ては其の売女を本妻に直し申さる、類も内々相聞え候。これ貧敷《まずし》きより事発《おこ》り、さて〳〵御笑止なるものに御座候。（『本阿弥行状記』）

（諸商人どもの十人の内九人までが、公家方といえば鬼のように思って、掛けでものを売ることもしない。公家たちが何とかなるようにあってほしいものだ。今では関白殿下をはじめ高い位にある公家も、政治をするではなく、明暮歌を詠み、茶の湯などの風流な遊びごとばかりしているから、小禄の公家たちは歌も詠まず、大方は大酒を飲み、身軽なものだから賭場へ出入りし、あるいは貧しい売女のような者へ通い、果てはそれを妻にする類のことも聞こえている。これも貧しいからおこることで、さてもあきれたことである。）

この時代の公家の行動を非難する文献はほかにも多い。こうした世間の非難、幕府の規制をはねのけてゆくような公家のかぶき精神はすでに薄らいでいた。もちろんこの風潮は一朝一夕になくなるものではなく、時代は下るが、寛永八年（一六三一）に後水尾院自身が命じた「若公家之御法度」には、若き日の天皇が苦い思い出として経験したさまざまの行動が列挙されている（『資勝卿記』）。

一、群集する所へ物詣りすべからざる事。
一、芝居見物すべからざる事。
一、鞁《ママ》、太鼓の稽古すべからざる事。
一、鉄砲放つべからざる事。
一、兵法《ひょうほう》の稽古すべからざる事。
一、相撲見物すべからざる事。
一、三（味）線を弾《ひ》くべからざる事。
一、遊戯すべからざる事。
一、過差《かさ》を好むべからざる事。但し、永《（長）》刀、永脇差、青侍、雑色《ぞうしき》に至るまで停止たるべき事。
一、馬、鷹、畜養すべからざる事。
一、銭之風呂に入るべからざる事。
一、歯白にすべからざる事。

そして、最後の条に、

一、学問稽古の事。

とあった。公家に許されたのは学問稽古だけであった。しかし、学問稽古こそ、のちの後水尾院が命をかけたところであったことは、のちにもう一度思いおこすことにしよう。

元和四、五年の幕府と朝廷の緊張が、より一層こうした「学問諸芸の世界」に公家衆を封じこめることになる。公家衆は日課を設けて諸芸に励むことを強いられた。

『資勝卿記』によれば、元和五年（一六一九）正月二十八日に、公家衆を残らず集めて禁中の稽古の「日課」が発表された。まず二日の日は有職《ゆうそく》、六日和歌、十日儒学、十三日楽《がく》郢曲《えいきょく》、十九日連歌、二十三日詩文学、二十五日歌学、二十八日聯句《れんく》、二十九日詩、という次第。このうちどの公家も、二つか三つの稽古に出席するよう命じられている。たとえば日野資勝はなかなか熱心で、翌月の二月をみると二日には有職の習礼に出席、元日節《せち》会《え》を稽古し、各月の担当者などを決めている。六日には和歌の稽古、十九日には連歌、この日は後水尾天皇も出御して聴聞した。二十五日には歌学。この日も天皇は出席している。三十日は日課表ではないが月次《つきなみ》の発句を禁中に持参している。結局資勝は四種の稽古を選んだことになる。

諸芸の稽古日には連歌を除いて天皇は人数に加わらぬことになっているものの、禁中での稽古であれば出席することも少なくなかった。

懸案の和子入内が無事に済んで、朝幕関係は一時の小康を得たように思える。和子入内の翌年、元和七年（一六二一）の禁裏の生活を、同年の公家日記のなかから抄録してみよう。

後水尾天皇の心を開かせたのは、生母中和門院ではなかったか。中和門院の女院御所は禁裏の北側にあって、しばしば禁裏に御幸している。記録に残っているだけでも一年間に十回以上あり、一回が約十日間程の禁中滞在となるから、一年の約三分の一は息子の天皇とともに暮し、また幼い江戸からの女御の相手をしたのであろう。二月三日のことだが、御学問所に天皇は女院をともなって出御し、さまざまの雑談があってから、双六《すごろく》などしようという。「種々の御たはぶれごと御ざ候」とある。母と一緒に近臣たちと遊びに夢中になる天皇をみて、土御門泰重は「近年御機嫌よく御ざ候」と喜んでいる。前日にも天皇は近臣を集め、女院とともに香会《こうかい》を楽しんでおり、まさに機嫌のよい日がつづく。ときとして禁中にも無礼講の乱痴気騒ぎがおこる。珍しいことだが三月九日から三日間にわたって新造の池の披露に公家衆が残らず招かれた。禁中の庭にはちょうど牡丹《ぼたん》が盛り。花を愛《め》でながら贅をこらした振舞があった。振舞の献立は日により少しずつ変化したらしいが、二の膳つきの料理で、本膳には焼鮒《やきふな》五匹に鱠《なます》、芳飯。鱠は生まの魚を酢でしめた、いわゆる料理鱠である。芳飯とは具をのせた汁かけ飯。二の膳は鳥の汁、鶉《うずら》の焼鳥、鰻《うなぎ》の蒲焼、香の物。参内すると碁、将棋、あるいは双六の遊びがあり、やがて学問所で、さき

牡丹図（狩野山楽筆，大覚寺蔵）

に記した振舞がでる。饗応が一段落すると、庭に出て橋のうえで酒を飲む者もいる。この庭と橋が新造なのだ。二日目のメンバーのときは、舟遊びの最中に舟がひっくりかえり、烏丸光広や今出川宣季などの公家が池に落ちるという騒ぎがあった。さらに三日目の公家衆たちは酔っ払った者が池にとびこんで水をかけあって遊んだというから、無礼講もしだいに度をすごしたようだ。

花の見物は牡丹にかぎらず、季節の花にあわせて公家衆が禁中に招かれている。四月には芍薬《しゃくやく》をもらいに西洞院時慶が禁中に伺っている。九月には女院御所で観菊の宴があった。逆に禁中の茶会のために、西洞院時慶が茶花を献ずることもあった。

平穏な天皇の生活をにわかに賑やかにするものに、外から訪ねてくるさまざまの芸能がある。

正月早々、女院御所では太夫《たゆう》を招いて乱舞があり、十三日には恒例のエビスカキがやってきた。操《あやつ》りも時々禁中に入っている。おはやしも回数が多い。四月には御拍子七番、とあり、各公家の家でも演じられている。七月ともなると祇園の祭や盆の踊りが禁中にもくりこんでくる。いまだ禁中と庶民の町とは築地一つで隔てられているに過ぎない。その築地も、かつてあちこちに穴があいていたが、もう元和年間には、そんな抜道はなくなっていただろう。七月には東町の踊りの声が夜更けまで禁中にひびいていたし、女院御所には洛東の浄土寺村から念仏踊りが献じられ、翌日はこの念仏踊りは禁中にもくりこんでいる。同じ七月には松崎踊りと称する題目踊《だいもくおど》りが女院御所より禁中に入って演じられている。芸能は幕府の規制にかかわりなく、囲いこみの壁をこえて人々を結びつけた。後水尾天皇が歌舞伎踊りを観た記録が元和四年（一六一八）二十三歳のときにあった。この三年ほどのうちに、歌舞伎踊りは禁中にたやすく入り得なくなっていたのか、元和七年には登場しない。

この時代でも、天皇は決して閑職ではなかった。はなはだ多忙。年中行事一つとっても、実に数多くの行事がひかえていた。そのうえ、元和五年の公家衆の諸芸日課のわりあてがある。後水尾天皇が好んだ和漢聯句（和歌と五言の詩句を交互に連歌のように連ねてゆく文芸）などは、ほとんど毎月のように五山の僧を招いて開かれている。

若き後水尾天皇にとって元和七年は学問の収穫多い年であった。六月には曼殊院宮《まんしゅいんのみや》良《りょう》恕《じょ》法親王より能書七ケ条の口訣《くけつ》をうけている。十月十一日より十二月十一日まで十一回にわたって禁中で学問講が開かれており、そのあいまには『大和物語』『栄華物語』の筆写や『尚書』の訓点を公家に命じている。それに中院通村の女院御所における『源氏物語』の講訳（これは二月より十二月まで、多いときは月に五回に及んだ）をあわせ考えると、成果はなかなか豊かである。

ことに後水尾天皇は古書に関心が深かったから、夏の文庫の虫干は勉強の良い機会だ。公家のなかでも書物好きの西洞院時慶などは未知の書跡に出逢った感慨を次のように日記にもらしている。

古筆、記録所々これあり、拝覧。聖徳太子聖廟《(廟)》ヲ始めたてまつり、勅筆ハ伏見院、後醍醐院、後光厳、後鳥羽以来、又道風ヨリ三蹟、弘法大師、大職冠、紀貫之、定家、俊成等以来、西行、兼良公等ノ古筆ドモ見尽し難し。

六月三日から虫干がはじまると、白川、三条西、五辻、日野、両冷泉、中山、烏丸、中御門、西洞院らの公家を集め、双紙の箱、楽器の庫などが開けられ、清涼殿、紫宸殿にひろげられた。その間には天皇も清涼殿に出て書物を見ている。

この虫干の最中にこんなことがあった。文庫の書物のうち、抄物の『四河入海《しかじっかい》』の冊数が足りぬことが発見され大騒ぎとなった。諸方へ問い合わせてみると不足分は、禁中にもよく出入りする禅僧の峯首座《ほうしゅそ》と勝西堂《しょうせいどう》のところにあることが判明して一件落着をみたのである。禁中の書物が、禅僧などに貸し出されていたということは、禁裏の文庫の機能を考えるうえでも興味ぶかい。

古典の講釈にとどまらず、経典の解説もときに行なわれた。四月の論議聴聞では、昼間は遊び夕方から論議を聞いている。またどうやら天皇はこのころ日蓮宗に興味があったらしく、二月と十月に法華講を聞いている。

元和七年の学問的な仕事として見逃せないのは勅版の『皇朝類典』を校合しなおし印行したことであろう。技術的に非常な困難をともなった活字による書物の印刷は、このころからようやく整板（一枚の板に二ページ分づつ印刷用の版を彫る方法）という簡便な方法が普及してくる。以前のように、幕府とか天皇の特別な権力をかりずとも、庶民的な出版業者が登場して多彩な出版活動がはじまった。後水尾天皇が印刷したのは、勅版というかたちが無用になる、ほとんど最後の段階であった。

禁中での生活については、また折をみてふれることがあろう。このあたりで入内してようやく一年を経ようとする女御和子の様子を少し見ておこう。

まだ幼い、といっても十五歳となった女御を、その御所に天皇が訪ねることはあまりなかったようだ。記録のうえで確かめられるのは二月、三月の二回である。しかし、女御が天皇の常の御殿におもむくことは多かっただろうから、二人の親しみが急速に増していったことは推量される。二人を結びつける、その背後には天皇の生母中和門院の姿がみえかくれする。二月一日に女御御所へ天皇が訪ねたときも、中和門院が同行している。おそらく、中和門院の支持が、和子の日常を大いに助けたのであろう。

女御和子を公家衆が訪ねると、禁中と一風かわった雰囲気を味わったに相違ない。というのは女御御所にはお附《つ》きの武士がいて、しばしば接待の指揮をとっているところに出会うからである。その一人は江戸より女御附《にょうごづき》として従ってきた弓気多《ゆげた》摂津守昌吉《まさよし》である。また京都所司代に前年就任した板倉周防守《すおうのかみ》重宗《しげむね》も女御御所の常連である。しかし、女御御所の彼ら武士の姿は必ずしも公家からみて違和感として残るのではなく、江戸の女御らしさとして、女御御所の経済的な豊かさとともに公家衆にうけいれられていったのである。

3　寛永行幸記

徳川家康が生前に将軍職を息子の秀忠に譲り、将軍職が家康の直系によって継承されるべきことを示したのにならって、二代将軍徳川秀忠も将軍職を嫡子家光に譲るべき機を待っていた。かつて家康が称したように秀忠も大御所となって若き家光の後見をつとめ、一日も早く徳川幕府の安泰を得たかったのであろう。

嫡子竹千代、のちの徳川家光は慶長九年（一六〇四）の生まれ。家康は孫の竹千代の元服を心待ちにしていたというが、父の秀忠も母の崇源院も長男の竹千代より弟の国松をかわいがっていたのは著名な話である。しかし家康の指示によって、ようやく竹千代の嫡子の地位が固められた。その背後には竹千代の乳母春日局《かすがのつぼね》の活躍があった。三代将軍になってても家光が乳母春日局に頭があがらなかったのは、こうした因縁による。

しかし嫡子竹千代の元服は、ついに家康在世中には実現しなかった。元服して家光と名を改めたのは、妹の和子が入内して約二ケ月程のち、元和六年（一六二〇）九月六日のことだった。

和子と家光は三つちがいである。和子は十四歳、家光は十七歳。元服にあわせて家光は正三位権大納言に任ぜられた。しかし、和子の入内にも家光の任官にも、秀忠は上洛しなかった。

元和九年（一六二三）、家光は二十歳になった。秀忠も四十五歳、将軍職にすでに十八年いる。将軍職を譲り大御所政治をとるべき時期が到来したと秀忠は考えた。父子ともに上洛し、家光に将軍宣下《せんげ》をうけ、同時に畿内、西国に対して幕府の威勢を示さんとする意図があった。後水尾天皇は元和九年三月十五日付で右近衛大将の官を家光に贈っている。もちろん幕府の申請に従ってのことであろう。和子入内から三年、入内直前のぎすぎすした朝幕間の軋轢もようやく和らげられたかのようであった。

徳川秀忠は元和九年五月十二日に江戸を出発。家光は六月二十八日に出発、七月十三日入洛している。山科まで迎えに出た公家衆は、家光一行の行粧に肝をつぶした。供廻りの備えは鉄砲六百丁、弓二百、鑓《やり》三百、騎馬数百という堂々たるもので、「綺麗出立《きれいのいでたち》、諸人耳目を驚かすの由申し候」(『泰重卿記』)という。綺麗の出立は、こののちも家光の上洛にはしばしば登場する言葉だ。風流をこらした派手な行粧はおそらく家光の好みであったろう。家光にはどこか、かぶき者的な好尚があって若き日には鏡の前で化粧に余念がなかったという逸話もあり、衆道《しゅどう》(男色)を好んだのも、この時代の精神の反映であろう。

家光の上洛に先だって、すでに秀忠は参内していた。六月二十五日のことである。この日秀忠はまず施薬院《やくいん》へ立ち寄り、ここで身ごしらえをして、公方・門跡などだけが用いる塗輿《ぬりごし》に乗って内裏に到着。唐門の内側では接伴役の昵近衆《じっきんしゅう》や公家たちが丁重に迎え、長橋殿から常の御所へと移り、ここで後水尾天皇と式三献の儀を行なった。

秀忠としては参内の儀もさることながら、一目も早く娘の和子の様子が見たかったであろう。三献も過ぎ、献上品の披露も済むと、御学問所の前を通って常の御所の東北側にある女御御所へ急いだ。仕切りの戸までついていった武家伝奏らの公家も、ここから先は入ることができない。刀などはすべて女中衆に渡して廊下や清涼殿で待った。やがて後水尾天皇も女御御所へ御成り。入内以来舅と天皇・女御和子の夫婦がはじめて顔を合わせた瞬間である。

十四歳で入内した和子も、三年のうちにすっかり女らしくなっていた。この時、和子はすでに懐妊していたのである。多分、すでに秀忠の耳に入っていただろうが、このことは、三人の心をずいぶんなごやかなものにしたにちがいない。かつておよつ御寮人の一件が露顕して秀忠が処罰した公家衆も、和子入内ののち、大方は赦免されて堂上《とうしょう》に復帰している。秀忠は上洛にあたって朝幕融和のための贈りものの心づもりもしていた。

家光の参内は七月二十三日であった。やはり伏見城から施薬院に寄って、ここで装束をつけ、禁中に入った。袷五十、銀子五百枚が天皇に献じられている。まだ将軍になっていないから、参内は簡略であった。そして二十七日、禁中において将軍宣下の陣儀が行なわれ、それが済んでから伏見城へ上卿《しょうけい》の三条西実条、正親町《おおぎまち》季俊らが勅使として向かい、伏見城大広間で将軍宣下の伝達の式があった。

かたちとしては将軍宣下の御礼であるが、翌々月閏《うるう》八月十一日に、前将軍秀忠は禁裏御領として一万石を寄進した。これが天皇と和子への贈りものであった。この一万石は新御料とよばれ、皇女誕生の祝いのためだと説明する書物もあるが、まだ閏八月には誕生はない。本御料一万石に対して、一挙に倍増したのであるから、禁中としては大いに「珍重」として喜ぶべきことであった。

秀忠・家光父子が閏八月に相ついで帰府したのち、和子は十一月十九日に出産した。徳川氏としては待ちに待った出産だったが、生まれたのは皇女だった。日野資勝の日記によると、朝五時過ぎに姫宮を出産。そのしらせをきいて朝飯後ぞくぞくと女御御所にお祝いの人々が集まった。高家の職（旗本の名家で朝廷への使いなどをつとめる）にある大沢少将基宿と所司代の板倉周防守重宗がお祝いの公家衆の接待にあたっていた。翌日より祝いの宴が開かれた。女御方に昵近の衆に酒肴がふるまわれ、手猿楽《てさるがく》の太夫、渋谷が来て連日、謡があり舞があっての大宴会であった。姫は女一宮《いちのみや》と称されることになった。

おそらく女一宮の誕生が和子と天皇をさらに引きつけることになったからであろうが、天皇は旧儀復興の心を含めて中宮立后《ちゅうぐうりっこう》を企て、翌寛永元年（元和十年は、二月三十日、寛永と改元された）十一月二十八日、女御を中宮に冊立《さくりつ》したのである。

平安朝の初期において女御、更衣《こうい》は必ずしも位の高いものではなく、天皇の寵愛をこうむる女性たちの称であった。藤原氏の権力が強まる摂関期より、誕生した皇子が皇位につくと女御は皇太后となる例もあらわれ、しだいに女御の地位が高くなったのである。しかし藤原時代に行なわれた女御入内も南北朝期より廃絶し、後陽成天皇が近衛前子（中和門院）を迎えるとき、数百年ぶりに女御入内が復活したのである。そして後陽成天皇につづいて後水尾天皇も女御入内のかたちで徳川和子を迎え、さらに、これも南北朝期より廃絶していた中宮を復興することにした。中宮は本来皇后、皇太后、太皇太后の三后を別称した称号であったという。一時期、中宮と皇后が併立したこともあったが、のちには中宮とは正式の后である皇后そのものを指したのである。つまり有職の根幹として天皇が思い描いていた後醍醐天皇撰の『建武年中行事』の世界、さらに清和天皇の貞観の治（八五八―八七六）の時代への復古を、後水尾天皇はこうした中宮冊立を通して実現しようとしたのではなかったろうか。後水尾天皇の皇子の霊元天皇も孫の東山天皇も、後水尾院にならって女御を中宮に立后している。

将軍宣下を機に改元、寛永と年号が改まって、公武間も新しい時代を迎えたかと思えた。家光としては新将軍として今一度上洛し、大御所秀忠とともに畿内・西国への幕府権力の浸透を確認する必要もある。ことに幕閣の機構整備のうえで譜代大名を要所に配する政策の上から、親豊臣感情の強い大坂周辺の締めつけが上洛というかたちで要請されたのであろう。さらにこうした幕政上の意図とは別に、ことに秀忠の心をとらえていたのは、天正十六年（一五八八）、豊臣秀吉が後陽成天皇を聚楽第《じゅらくだい》に招いた聚楽行幸の盛儀を、徳川氏の手で再現、いやそれを上廻る盛儀にして実現したいという欲望ではなかったろうか。室町幕府の時代から、武家がその私第（私邸）に天皇の行幸をうけることはこのうえない名誉であった。その名誉を豊臣秀吉はになうことができたが、家康にはその機会がなかった。そのかわり史上最初の公武通婚を実現させたのではあるが、それでもなお秀忠としては、己れの代のうちに二条城に天皇行幸を、何としても実現したかった。

元和九年（一六二三）の上洛時に、その計画はすでに秀忠の心中に生まれていたと思われる。江戸に帰って年が明けるとただちに大坂城ならびに二条城の造営法度を発しているからである。つづいて二月には、はっきりと「明後年、又両御所（秀忠・家光）御上洛ありて、二条城へ主上行幸の御あらましあれば、城中殿閣、構造あるべし。こと更、玉座は

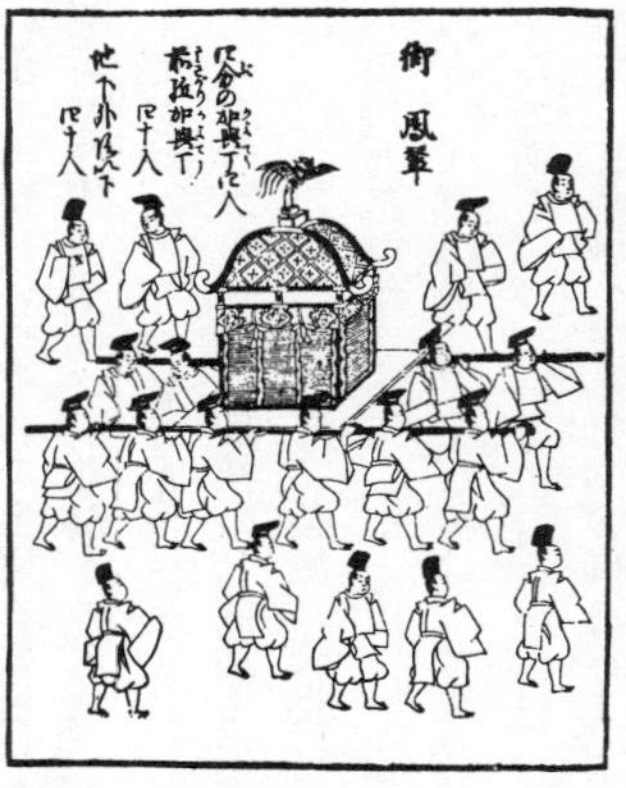

寛永行幸記　鳳輦の図

金銀の具を用ゆべし」（『徳川実紀』）とあって、二十一名の大名がその課役を命じられている。天皇の玉座を金銀で飾れという命令は、この行幸を彩る黄金のイメージが、最初から強く打ちだされていたことを感じさせる。寛永二年（一六二五）には小堀遠江守政一（この著名なデザイナー、茶人、そして大名をこれからは単に遠州《えんしゅう》と呼びならわすことにしよう）に二条城の庭園ならびに附属する建物の作事を命じている。今日もっとも由緒正しい遠州作庭園は二条城の庭である。

寛永三年（一六二六）六月二十日、三百年来の炎暑のなかを大御所秀忠が京都に到着した。つづいて八月二日将軍家光が上洛、二条城で父子の対面があり、家光はそのあと淀城に入っている。それほどの大部隊ではないが、大名、役人だけでも六十名を超えたから、従者まで数えれば相当の人数に達したであろう。

先着の秀忠の指示で金地院崇伝が吉日を選び、儀式の打合せをすすめた結果、行幸は九月六日と決定。家光上洛の約一ケ月のちである。

九月六日はようやく昼ごろに晴れ間も見え、まず中宮和子の御成りから行幸の行事がはじまった。つづいて中和門院が徳大寺中将公信以下の公家を率いて御成り。天皇の行幸にさきだって将軍家光が参内して礼を述べてから退出。後水尾天皇は関白近衛信尋以下を従えて二条城へ向かう。こうして五日間にわたる二条城行幸がはじまった。

将軍私第への行幸は、これ以後、江戸時代を通じてついに行なわれることがなかった。その点でも後水尾天皇の二条城行幸は記念すべきものであった。次に天皇が禁中をでるのは幕府崩壊のときである。すなわち中世以来、幕府が、天皇の権威を行幸というかたちでうけとめ、支配のテコとするパターンは、この寛永三年の行幸をもって終焉となったのである。以後、幕府は天皇の権威を必要としないほどの強大な権力をつくりあげてゆく。さらには、八年後の寛永十一年（一六三四）、家光は三度目の上洛をしたが、この上洛以後幕末まで将軍上洛がなくなることを考えると、二条城行幸は朝幕間の関係の転機であった。

行幸は、天皇の権威をひろめるよりも、幕府の権力を誇示するところに目的があった。目を驚かす玉座など諸々の装束の金銀のデザインは、文字どおり黄金の世の現出を象徴するものだった。

天皇の膳具はすべて黄金で彩られ、中宮、女院以下の人々の皆具《かいぐ》も新造の金銀で飾られていた。これらはすべて小堀遠州の準備するところであった。

二日目の天皇への献上品は、銀三万両をはじめ時服（時候の衣服）二百領、襴絹《らんけん》百巻等で、他の人々にもまず金銀がふるまわれ、三日目には天皇には金二千両以下の献上品、四日目には白銀の手桶に菊の造花が盛られ、芸能のあいまに天皇は金銀の台の物で給仕をうけ、公家、武家ともに金銀の膳部で饗応をうけた。ちなみに遠州が調製した風炉釜など茶道具もすべて黄金であったという。

まさに徳川氏の繁栄が金銀の皆具で象徴され、人々は、その有様をきくにつけても「今が弥勒《みろく》の世成るべし」（『慶長見聞集』）と感ずるところがあったのではないか。行幸の有様を書物にして板行した『寛永行幸記』三冊は、はじめ古活字版で印行され、さらに整板にあらためられ、何度か版を重ねているように、多くの人々に楽しまれる書物であった。行列の挿図と行事の次第が、上洛し得なかった地方の大名や武士を慰めたのであろう。そして『寛永行幸記』をとおして新しい時代の見事さ、そしてその頂点にある幕府の重さを、人々は思い知ったのである。

3　寛永六年十一月八日譲位

二条城行幸で得られた公武間の平安は、あまり長くは続かなかった。またしても、新しい緊張が、生じたからである。原因は、翌寛永四年（一六二七）七月におこった紫衣《しえ》事件であった。

1　紫衣事件

事件というのは、朝廷が臨済宗や浄土宗の住持に与えてきた紫衣を、幕府が違法として剝奪したことにはじまった。

この事件がおこる十四年前、徳川家康は朝廷に対して次のような法度を申し渡していた。

勅許紫衣法度

大徳寺、妙心寺、知恩院、知恩寺、浄花院、泉涌寺、粟生光明寺、黒谷金戒寺

右住持の事、勅許なられざる以前に、告知せらるべし。その器量を撰び、相計らふべ

し。

その上をもつて入院の事、申し沙汰あるべきもの也。

慶長十八年六月十六日　　家康　判

広橋大納言殿

大納言広橋兼勝は、天皇に対して武家方のことを上奏する役の武家伝奏《てんそう》。朝廷向けの法度はほとんど武家伝奏宛に発せられる。大徳寺以下の寺院において、住持となり紫衣を着けるには天皇の勅許を必要としていたが、今度は、勅許する以前に幕府に連絡し、幕府の認定があったのち勅許するよう命じたのである。幕府は、朝廷の権限であった紫衣勅許を制限し、寺院を幕府の監督下におこうとした。

ほぼ同じ時期に、徳川家康が大名以下の武家の官位を公家官位から分離して独立させようとしたことを思いおこす必要がある（五五ページ参照）。天皇の権威を、将軍を頂点とする武家の権威の体系から排除して、武家は武家方として完結したヒエラルキーを構築しようとしたのである。勅許紫衣法度も、その後に発布された諸宗法度とあわせ考えるなら、寺院勢力を完全に幕府支配下に再編成し、天皇の権威を排し、権限を縮小することに目的があった。古代以来の朝廷の権威と制度が緊密になえ合わされている結び目を、一つ一つ切り除いて分断してゆくことが、幕府の新しい体制をつくりあげるのに不可欠であった。

勅許紫衣法度は、発布後ただちに適用されることもなく、しばらくは有名無実のままに過ぎたようだ。紫衣事件について詳しい研究をした辻善之助によれば、法度発布の直後に、駿府で家康の謁見を求めた僧が、朝廷から僧正の勅許を得ていたにもかかわらず、僧正以下の資格で辛うじて謁見が許された事件がおこっている。しかし、その僧は東寺宝厳院主某であったという。法度の対象となった寺院に、東寺は含まれていないから、その事件が法度の適用であったかどうかはわからない。また大坂夏の陣の直後に謀反の罪で一族みなが滅ぼされた大名茶人古田織部の遺品を整理したところ、織部参禅の師である大徳寺春《しゅん》屋宗園《おくそうえん》の、勅許による円鑑国師の国師号を用いた墨跡が大量に出てきた。それを見た家康はことに不快の念を表わした、というエピソードも辻善之助は紹介している。

勅許紫衣法度が発せられてから二年後の元和元年（一六一五）七月、幕府は禁中并公家中諸法度を発し、勅許の乱発をあらためて禁じると同時に、紫衣に限らず、朝廷によって授与されてきた上人号、香衣等々を各宗ごとに制限した。この元和の令が、十二年後の寛永四年（一六二七）に適用されたのである。

寛永四年七月十九日、金地院崇伝は江戸城に招かれ、老中土井利勝、京都所司代板倉重宗らとあらかじめ相談して作ってあった上方《かみがた》諸宗出世法度の覚書を受けとった。おそらくその施行方法についてであったろう、終日、金地院崇伝は年寄衆と右筆《ゆうひつ》部屋で談合を重ねている（『本光国師日記』）。覚書の第一条は次のようであった。

一、諸宗出世の儀、故相国様（家康）の御法度にあい背き、漫《みだ》りにこれある由、聞こし召され候の間、三条・中院を以て、叡慮をうかがひ、御法度書以後に出世の者は、まずあひ押さへ、その上重ねて器量を御吟味なされ、仰せつけらるべき事。

この条の末に、法度の日付と出世の日付をよく調べるよう但し書きがついている。それは元和の法度以前か以後か厳格に区別したうえで、以後の出世入院《じゆいん》に関しては、これを無効と宣言する趣旨だからだ。三条、中院《なかのいん》両武家伝奏を通じて後水尾天皇の意向もただし、今後は法度の遵守を求めるという。覚書の他の条には五山、知恩院、百万遍以下の寺についての規定が記されていた。この法度によって、浄土宗では二十九通の綸旨《りんじ》（蔵人が天皇の意を奉じて作る文書）が破棄された。また大徳寺や妙心寺でも恐慌状態におちいったことは想像にかたくない。というのは、かの元和元年（一六一五）の禁中幷公家中諸法度の中に、

参禅の修行は、善知識に就き、三十年、綿密の工夫に費やし、千七百則の話頭（公案）を了畢《りようひつ》の上、諸老門を遍歴し、……

としたうえ、衆望によって出世が求められ一山の連署による申請があったのちに、はじめて出世入院が認められる、という項目があったからである。

そもそも「三十年」の「工夫」とか、「千七百則」の公案（禅で修行中の僧に与えられる課題）透過などということは文飾の数字で、実態とは全くかけはなれている。なのに幕府

はそれをそのまま適用しようとしている、これに抗議して撤回を求めるか、はたまた承引して嵐の過ぎるのを待つか、寺内は強硬派と従順派と二派に分かれて議論が噴出した。大徳寺では寺内が二派に分かれており、大仙院をリーダーとする北派が強硬な反対派となる。竜源院を頭とする南派は穏健派であった。

大徳寺の北派を率いる僧は沢庵宗彭《たくあんそうほう》、玉室宗珀《ぎょくしつそうはく》である。これに、江月宗玩《こうげつそうがん》が加わって、彼らは翌寛永五年に、さきの元和の法度がいかに矛盾に満ちたものであるか反駁する文章をものし、抗弁書を幕府に提出するに至った。金地院崇伝の日記では寛永五年三月十日に、崇伝が江戸城西の丸に呼び出され、沢庵、玉室、江月三人の判を添えて差し出された抗弁書を見せられている。内容は崇伝によれば「甚だもつて上意にかなはず」とあるような、幕府を痛烈に批判したものであった。

「三十年の工夫、千七百則の公案」について、抗弁書はこう述べている。

千七百という数字はインド・中国の禅宗の諸師を記録した『伝燈録《でんとうろく》』に載っている祖師の数が千七百一人というところから、一人一則としても千七百則という単なる数字合わせにすぎない。しかも、千七百一人の祖師のうち実際に言句を残しているのは九百六十三人である。次に三十年の修行というが、十五、六歳で修行をはじめて師家に三十年つけば四十五、六歳。出世までにさらに五、六年を経れば五十歳をこえる。それから弟子を三十年かけて育てるということになればかぎりある命のうちに仏法相続することはむずかしい。

また、禅の修行が、公案をいくつ透過するかによってその浅深が分別されるはずがない。ちなみに、大徳寺開山大燈国師は百八十則で開悟し、二代の徹翁義亨《てっとうぎこう》は八十則で終っている。全く、数字は問題にならぬ。年数もさきのような三十年を必要としないのであって、大燈国師は五十六歳で歿している。法度どおりならば一人の弟子も育てることは不可能であったろう。

至極当然な抗弁である。だが、幕府としても、この抗弁書を放置するわけにはいかない。幕府の強硬な態度に、軟化した妙心寺が徳川家康十三回忌（寛永五年四月）を口実に詫状を出し赦免を得ようとした。しかし赦免はなかった。妙心寺のなかでも強硬派であった東源慧等《えとう》、単伝《たんでん》士印《しいん》の二名、および大徳寺北派の沢庵ら三名に対して厳罰が下された。

明けて寛永六年（一六二九）二月、さきの抗弁書に署名した大徳寺の三人の僧が江戸へ召し寄せられた。沢庵が江戸についたのは閏二月七、八日ごろであった。同月二十二日付で藤堂家の一族に宛てて、幕閣の様子をたずねる沢庵の書状が残っている。

一書申入れ候。小堀遠州、一昨日貴殿まで仰せ置かれ候一儀、泉州へ御申上げなられ候や。泉州の御口向きの様子をうけたまはりたく候。御むつかしき義ながら、御取りなし貴殿頼入り候。（『沢庵和尚全集』第四巻）

この書状の末尾には沢庵、玉室、江月の三人の署名がある。文中、泉州とあるのは、後陽成天皇譲位一件のおりにも登場した藤堂和泉守高虎で、徳川秀忠・家光の信頼厚い一人である。高虎の口吻から幕府の意向を探ろうというのだ。沢庵らは直接に高虎と連絡をとるのを憚《はばか》ったのか、日頃茶の湯を通じて親しい小堀遠州を介して藤堂家へ申し入れさせたのである。遠州の妻が藤堂玄蕃の娘、高虎の養女という縁があったことはさきに述べた。

幕府の判決は七月二十五日に出された。沢庵、玉室らは配流と決した。意外だったのは江月一人処罰されず許されたことである。

処罰について一番厳しい意見を吐いたのは金地院崇伝だったと伝える。南光坊天海などは身を捨てて寺を守ろうとする気概を高く評価して崇伝に反対したという。この二人の対照的な役回りはしばしば話題になるが、このときほど崇伝の評判が悪かったことはあまりない。世間一般の目にはこの事件がいかにも崇伝の冷酷な手練手管として映ったようだ。細川三斎（忠興）は手紙に江戸の話として、「金地院取沙汰の事、日本国上下万民悪口申候。にがにがしき儀に候事」（寛永六年九月二十九日付）と記している。しかし崇伝の主張するとおり、沢庵らが幕府を公然と批判した事実がある以上、厳格に処罰の姿勢を見せることが必要だった。

宣告文には次のように理由が説明されている。まず玉室は、かつて徳川家康が元和の法度を申し渡したとき大徳寺を代表して出頭し承知しておきながら、今度異議をとなえたのは曲事《くせごと》である。流罪と決定。配流の地は陸奥《むつ》棚倉（現福島県東白川郡）。次に沢庵は、元和の法度のときは在寺していなかったから、その責任はないとしても、こんどの抗弁書を執筆した張本人である。さらに沢庵一人でもと覚悟しているとの風聞があったが、もってのほかのことである。出羽上ノ山《かみのやま》（現山形県上山市）が配流の地となった。江月は単に加判したのみであり、大徳寺北派存続のためもあり、赦免。そのほか妙心寺の東源は陸奥津軽に、単伝は出羽由利にそれぞれ配流された。

七月二十六日付と思われる沢庵の手紙によれば、「昨晩、御使が来て配流の地が明らかになった」と報じ、沢庵は七月二十八日に江戸を出発した。八月四日、玉室と沢庵は小筒の酒をくみかわし、「命あらば再びまみえんことを期し」、それぞれの配所への道をとった。

そのときの二人の詩が残っている。

天分南北両鳧《ふ》飛　何日旧棲双猲《よく》帰
聚散無恒只如此　世上禽亦有枢機

天南北を分け両鳧飛ぶ、何の日か旧棲に双猲《よく》して帰らん
聚散恒無きは此の如し、世上の禽はまた枢機に有り

と沢庵が賦すと、玉室はこれに和した。

草鞋竹杖傍空飛　旧院何時把手帰
水遠山長猶絶信　別離今日已忘機

草鞋竹杖傍に空しく飛ぶ、旧院何の時か手を把りて帰らん
水遠く山長く猶信を絶つ、別離の今日已に機を忘る

悔いるところもないが、皮肉も忘れていない、淡々とした心境であった。沢庵は配所からの手紙に、

このたび宗門の事に、まつすぐな事を申して御意にちがひ、出羽の国まで流されしと申す事は、二代三代も、人の口に残り申すべく候……心さへ、ちりに汚れ候はずば、身の苦しみ、何とも存ぜず候。

と友人に告げている。本当の心であろう。

紫衣事件の行方を人一倍、心にかけていたのは後水尾天皇である。寛永四年（一六二七）に、元和元年（一六一五）以降の綸旨が無効とされ、綸旨の発行者である天皇の面皮をかくような幕府の処置に、天皇はさぞ激昂したであろう。あるいはこのときに譲位を決意したのかもしれない。実際に譲位したのちのことだが、細川三斎（忠興）が世上伝えられた譲位の理由のうちに、「大徳寺、妙心寺の長老は不届きであると武家より仰せられ、或は衣をはがれ、又は流刑に処したので、口宣《くぜん》が一度に七、八十枚も破れたことになり、主上にとってこの上の御恥はないとの儀」をあげている。七、八十枚という数字はともかく、一度だした綸旨が破棄された屈辱感はぬぐいがたい。やはり細川三斎は寛永六年七月十六日の手紙に勅使が江戸に下ったことを記し、その理由は一つに女一宮への譲位のこと、第二に大徳寺他の「長老無官になされ候儀」だったと記している。紫衣事件における幕府の措置は、天皇を直撃するものであった。

大徳寺三人の長老のうち、江月のみ許されたことは、当時の人々にも不審に映った。何かしら江月の行動に釈然としないものを感じたのであろう、江月を非難、揶揄《やゆ》する落首、落書がいろいろ流れたようだ。細川三斎は息子の忠利に宛てて、江月の掛物が江戸中で破られ、落書が立札されたと報じ（寛永六年九月二十九日付）、寛永七年三月十七日付の書状では、狂歌に、

降雨《ふるあめ》に沢の庵も玉の室もながれて残る濁り江の月

とよまれたと記している。沢庵以下三人の名を読みこみ、濁り江の月と、江月を悪しざまに言ったこの狂歌が後水尾天皇の作であると、まことしやかに噂されたらしく、三斎はわざわざ、「是は御製にてはこれなき由候」とことわっている。いいかえれば、それほどに後水尾天皇の口惜しさを世上が噂した反映とみることもできよう。このときの後水尾天皇の御製は、

思ふ事なきだにいとふ世中に哀れ捨ててもおしからぬ身を

と伝えられている。あえて江月のために一言するならば、世評は誤解であった。江月は江戸を去らず、沢庵、玉室救出のため、日夜努力した。それは三年に及んだ。

紫衣事件の最中、寛永五年（一六二八）八月以前に譲位の決意が幕府に伝えられている。

『東武実録』には、是れより先、女一宮に譲位したい旨幕府に申し入れがあり、八月二日に秀忠が慰留した、という記事がある。ところがその前年の寛永四年十一月に、すでに院の御所の造営が計画されていたことが、壬生孝亮《みぶたかすけ》に釿始《ちょうなはじめ》の日取りの勘申の事実からうかがわれる。院の御所は明らかに譲位後の後水尾院の御所だ。幕府は翌五年二月六日には院の御所造営の目付を決定しているから、少なくとも、寛永四年の年末には幕府も後水尾天皇の譲位は避けられぬと考えていたのであろう。

幕府にとって不幸であったのは、中宮和子が産んだ皇子高仁《すけひと》親王が、寛永五年六月十一日に早逝していることだ。譲位の表明がそれ以前の寛永四年末から五年の初頭であれば、譲位は直ちに徳川秀忠の孫の皇子に皇位が継承されることを意味していた。が、もはや今となっては女一宮に譲るほかはない。女帝を誕生させるべきか否か、秀忠としてはしばらく譲位を延ばしてほしかったであろう。『東武実録』では秀忠が譲位反対を表明した時期を寛永五年八月二日としている。しかし、これは後に述べるように疑問がある。

2　譲位

寛永六年（一六二九）、三十四歳の春を迎えて、後水尾天皇の体調は思わしくなかった。『泰重卿記』二月二十六日の条には、医者の通仙院が御所に伺候した記事がみえる。症状については記載がないが、以前から悩まされていた腫れ物が、ふたたび悪化しだしたのであろう。

五月になって、腫れ物は予断を許さぬ状態となった。しかるべき加療が必要である。もっとも効果があるのは灸治。しかし、天皇在位中に体を傷つける灸治は許されない。天皇であるかぎり治療は受けられず、灸治を施すためには譲位せざるを得ない。譲位問題にもう一つの新しい条件が加わってきたのである。

洞《ほら》富雄氏は後水尾天皇の灸治をとりあげ、譲位の真の理由は灸治を受けるためだったと述べられた。洞氏が灸治を重視する背景には、従来の説に対する反省があったことに注意しておかねばならない。すなわち、後水尾天皇の譲位は、幕府の横暴きわまりない朝廷支配に対する果敢なる抵抗だとする見方が、典型的には辻善之助の研究にみられるように一般的であった。戦前の皇国史観はなやかなりしころ、皇室の尊厳をきずつけた幕府を糾弾するために、この譲位問題が常に引きあいに出されてきた。戦前には後水尾天皇譲位のときの和歌といわれる、

葦原やしげらばしげれおのがまゝとても道ある世とは思はず

が人口に膾炙《かいしゃ》した。洞氏の考えは、天皇憤激説は片寄った見方で、むしろ病気こそ最大の理由だとするのだが、いかがであろうか。譲位の表向きの理由として健康を問題にするの

はしごく穏当である。しかし前章でみた紫衣事件、さらにのちに述べる春日局参内事件等が、後水尾天皇に譲位の決意を固めさせる契機となったことは否めない。

寛永六年五月七日、後水尾天皇はついに譲位の意をあらわした。その日の出来事を土御門泰重は「密々の事、物語りうけたまはり候ひをはんぬ」と、内容を記さずに秘密のことをきいた、とだけ日記に記している。この秘密のこととは、『孝亮宿禰記』に明らかなように譲位の意志が内々その周辺にもらされたことをさしている。

日野資勝が記録した譲位の理由は次のとおりである。

陛下は今までもときどき腫れ物のできることがあったが、此の度はこれに加えて、淋《りん》の疑いもあって通仙院に命じて診せた。通仙院の診断によれば、腫れ物には芯《しん》もあり、御養生なさればよろしいとのことだ。しかし天皇の位についたままでは養生もできかねるので、譲位したいと仰せられる。

このあと女一宮に譲位するについての覚書が記される。

譲位後のことは、まず女一宮に、皇子誕生まで即位させたい。ついては覚書を示すので、その返答を中御門宣衡大納言、阿野実顕中納言まで文書をもって差しだすように。

覚書そのものは『資勝卿記』にはなく、壬生孝亮の日記に次のようにある。

覚

一、女院御所より御談合として仰出さる。主上御うしろ数年いたませられ候て、通仙院御くすりあがり候て、御養生あそばされ候へども、自然御腫物など出候へば、俄に御養生なされがたき事に候。御灸などあそばされ度く候へども、御位にてはならざるとの事に候間、御譲位有り度くおぼしめされ候事。

一、女帝之儀くるしかるまじく、さやうにも候はゞ、女一宮に御位をあづけられ、若宮御誕生の上、御譲位あるべき事。

これは中和門院すなわち天皇の母から公家衆に通達された文面で、これに対し、それぞれおもだった公家が返答をすることになったのである。

以上の史料から、まず天皇が数年来御うしろ（痔か）を病んでいたが、そのうえ淋病らしい症状が出たことがうかがわれる。腫れ物というのは癤《せつ》と癰《よう》のことで、今日の医学知識によればブドウ球菌が毛嚢に炎症をおこさせ周囲がはれあがる、いわゆるおできが癤である。これには痛みの強いしこりが中心にあり、『資勝卿記』の芯がある、というのはそのことだ。この菌に冒された毛嚢がいくつもよって大きな炎症となると、これが癰である。癰あるいは癰疽《ようそ》は当時不治の病のごとくおそれられていた。ちょうど後水尾天皇が腫れ物に悩まされているころ、叔父にあたる八条宮智仁親王もまた癰疽に冒され、病状は末期的段階にあった。後水尾天皇が譲位のことを側近に洩らした、ちょうど一ケ月前、寛永六年四月七日に智仁親王はそれがために薨《こう》じている。十七歳の年齢差があるとはいえ、同じ病と思われた天皇には、ことさら不安が強く感じられただろう。そういえば父の後陽成上皇もこの病気が原因で逝去していた。

天皇の腫れ物は結果からみると癰ではなく癤であった。場所は背中。さきの洞氏の論文では、「御うしろ数年いたませられ」というのを痔疾であると説明し、また淋病を麻病（はしか）かもしれないとしているが、徳川家康も晩年病んだという淋と同じとすると、今でいう前立腺肥大のような病であったかもしれない。後者については断定できないが、前者の御うしろは痔と考えてよいだろう。譲位後の十二月に行なわれた治療をみると、鍼をする前に患部に薬をつけており、「予《あらかじ》め、御背、付け候也」とある（『泰重卿記』）。

さて問題となるのは治療法としての灸治である。洞氏も詳しく述べておられるように、天皇が鍼や灸のような体を傷つける治療を受けることは古来できないことになっている。のちに、後水尾天皇の皇子霊元天皇が次帝を選ぶとき、一宮をさしおいて五宮を無理に立太子させた事件がある。霊元天皇の寵愛が五宮にあったためではあるが、一宮をしりぞける理由として灸治を受けたことをあげている。天皇が灸治を受けられないのと同様に、親王でも灸治を受けたばあい、天皇となる資格が失なわれるのである。

ただここに一つ疑問がある。稀に灸治が許されることもあったからだ。

近い例では先帝の後陽成天皇がすでに灸治を受けていた。先例があるのに、何故、後水尾天皇のばあいは許されなかったのか。これも洞論文が記しているところだが、慶長九年（一六〇四）五月二十八日の『お湯殿の上の日記』に「御しゅもつ（腫物）にお灸をすえられてもよいとの由、昔にも灸治の例があるので、かまわないと中院などが申しあげた。そっと灸をすえられた」とある。慶長九年であるから、もちろんまだ後陽成天皇は在位中である。

この治療にさきだって、朝廷では、やはり灸治の問題は紛糾したようだ。慶長三年にも灸治のことが出たのだが、そのおりは先例なし、という理由でとりやめとなったという。しかし、その後中院通勝が先例を発見したので、慶長九年の病気（腫れ物）の際には、はれて灸治ができたのである。灸治にあたった曲直瀬道三の『医学天正記』によれば十分な効果があったという。

疑問なのは、後水尾天皇自身も見聞していたにちがいない後陽成天皇灸治が、なぜ、このばあい先例として機能しなかったのか、という点である。たとえ、先例はあっても、父帝の例に従うのを潔《いさぎよ》しとしない、わだかまりが後水尾天皇のなかにあったのか。あるいは一度の例では先例にならぬほど、玉体を傷つけることが強いタブーだったのか。わからない。後陽成天皇灸治の例が幕府に知られぬはずもないから、これは譲位の口実にもならない。

ともあれ、天皇の腫れ物は好転せず、女一宮即位を含めた譲位の意志が表明された。五月七日の「覚」に対して、各公家からはただちに返答書が出された。『資勝卿記』によると、公家たちもかなりあわてたようだ。西園寺実益《さねます》は早速、公家衆の長老である花山院定熙《さだひろ》のもとへ意見をききに駆けつけたが、まだ考えはまとまっていない、いずれ決まり次第、と追いかえされている。翌八日に西園寺から日野資勝に花山院家に来るよう使者があり、返答書の下書きをみせられた。次のとおりである。

主上御養生の儀に就き、女院御所より仰出しの趣、尤の義ニ候歟《か》。然るべき様、仰上げらるべく候。奥、名字斗り書申候也。

早速、資勝は返答書を清書して阿野中納言に渡した。

このときの公家衆返答書は写しが残っていていまも見ることができる（『近衛家文書』）。花山院定熙の返答書もさきの下書きとは少々文章がかわっている。清書後の文章は、

主上御養生の儀に就き、女院御所より仰せの趣承り候ひをはんぬ。女一宮へ先ず御位進められたき由、御尤歟。是等の旨よろしく御披露あるべきや。

とあって、女一宮のことが書き加えられた。

鷹司信房は「女帝も例があり子細なし、但し、旧記を持たないので詳細には申しあげられない」。九条忠栄は「推古、元明天皇の女帝の例は多い。灸治は在位中はむずかしいので譲位もやむを得ない」としている。二条康道も旧記を引いてやむなし、としている。以下、三条西実条、日野資勝、烏丸光広、花山院定熙、西園寺実益、今出川宣季、中院通村の以上十名の返答が残っている。ほぼ全員譲位やむなし、女一宮即位もまたやむなし、という返答だが、烏丸光広だけは双手をあげて賛成とはいわず、「猶、群儀あるべきのみ」

としている。

返答した公家衆は皇弟である近衛、一条を除く摂家、および一位、権大納言上位者で占められており、中院通村のみ二位中納言ではあるが武家伝奏でもあったためか異例の意見具申である。中院に対する天皇の信頼のあらわれともみることができよう。

この公家衆の返答をうけて、五月十一日には勅使として武家伝奏の三条西実条、中院通村の両名、また中和門院の使者として藤江定時が江戸に向けて出発した。譲位の内旨を伝えるためである。おっとりした朝廷としては驚くべき手廻しのよさではないか。五月七日の後水尾天皇譲位発表から四日目には公家衆の意思統一をはかって幕府に正式の使者を出発させているのである。

こういう措置がとられた理由として、もし想像たくましゅうすることが許されるなら、天皇の紫衣事件の判決に対するデモンストレーションと考えることはできないだろうか。まだ五月には紫衣事件は判決がでていない。翌月六月二十二日には妙心寺の単伝に対して、さらに翌々月の七月二十五日に沢庵などの配流が決定したのだから、その約一―二ケ月前に後水尾天皇譲位の意志がはじめて勅使という正式の使者によって幕閣に伝えられたことは、幕府にとって紫衣事件のあつかいにそれなりの圧力となったにちがいない。だが、幕府の判決文は、結局、後水尾天皇を満足させるどころか、逆に大きな打撃を与えることになったのである。

公家衆の大勢は譲位やむなし、という方向に固まりつつあった。幕府も譲位後の用意は進めている。ただ女帝への譲位は歓迎できぬ。なぜならば、当然、女帝は一代でその血統は絶えるので、女一宮が中宮徳川和子の娘であっても、徳川氏の血が皇統には入らないからである。できることであれば、皇子の誕生を待って、直接に後水尾天皇から皇位を譲られるかたちが望ましい。ここからまたも幕府の譲位決定引きのばしの策がはじまる。

和子にも不幸は続いた。寛永三年（一六二六）に誕生した高仁親王が幕府の期待も空しく寛永五年六月十一日に歿したことはさきにふれた。このとき、和子は次子を懐妊していた。高仁親王の死後三ケ月余、同年九月二十七日にまたも皇子が誕生した。しかし十日の命もなく、十月六日に急逝する。ふたたび後水尾天皇と和子には皇女しか残されていない。ところが、さきの譲位の諮問があった寛永六年五月には、和子はまた懐妊していたのである。幕府は後水尾天皇の譲位希望をうけて、せめて和子出産までのばしたいと考えた。とすると、さきにもふれた『東武実録』の八月二日付の徳川秀忠、家光の書状は、寛永五年ではなく、寛永六年と考えた方が自然であろう。

秀忠の手紙には「ひめ《姫》宮の御かたへ御くらゐ《位》をゆづり《譲》まいらせられたきとおぼしめし候よし、むかし《昔》もめでたきためし《例》おほく候ま丶、十月に御くらゐにつけまいらせられ候ハんとの御内せう《証》のとをりうけ《承》たまハリ候。いまだをそ《遅》からぬ御事とぞんじ候。此よしよきやうにこ丶ろへもらし申さるべく候」とある。十月譲位の天皇の意はさきの勅使が伝えたことであろう。秀忠は急ぐべきではない、と反対した。少なくとも和子の出産までは、と心中期するところがあったろう。

(補注。この徳川秀忠の書状は、寛永六年ではなくやはり寛永五年でよいとする反論を藤井譲治氏が述べておられることを注記しておく。巻末参考文献参照)。

人々の見守るうちに、寛永六年八月二十七日午前二時ごろ、出産があった。生まれたのは姫であった。幕府の思惑はまたもはずれた。和子はその後も二人の子をもうけるが、いずれも女子で、結局、生涯に産んだ七名の子供のうち男子は二名、その二人がつづいて早逝したのである。

幕府は八月に大御所の徳川秀忠と将軍の家光とがそれぞれに天皇へ書を送って譲位延期をもとめていた。が、もはや姫君の出産で、さしあたって女一宮の即位しかあり得ない以上、このうえは直接、天皇の意向と病気の状態がどの程度さしせまっているのか確認したいところである。板倉京都所司代といえどもじかに天皇に面会することは許されない。奇策が練られた。家光の乳母江戸の局《つぼね》(お福。この参内によって春日の名号を許される)を上洛させ、拝謁を要求したのである。天皇は不快であった。幕府の意図もさることながら、さらに許しがたかったのは、朝儀復興という天皇の念願を無位無官の女性の参内によって破られることだ。天皇の不快感はのちに著された『当時年中行事』のなかで次のように記されている。

武家の者のむすめ、堂上《とうしょう》のもの、猶子抔《など》になりて御前に参ること、近き頃までは曾てなき事也。新上東門院の頃、大概濫觴か。されどこれらは新上東門院の御ゆかりなれば、御外戚方抔といひても、ゆるしつべし。当時何の故もなく此類多し。是非なきことか。

まさに江戸の局は武士の娘、お福と呼ばれ、参内にあたっては武家伝奏の職にあった三条西実条の妹分となっているから、この一節を後水尾院が執筆したとき、あきらかに春日局の一件が脳裏にあっただろう。

土御門泰重が春日局の参内をきいて日記に「勿体《もったい》なきこと、帝道民の塗炭《とたん》に落ち候事」と記したのはいささか大仰だが、どこか天皇の不快感が近臣の意識にも反映していたのである。

とにかく江戸の局お福は天皇に拝謁して天盃をうけ、名も春日局とあらためて十月十日、無事に参内は終った。さらに十月二十四日には春日局の願いにより宮中で神楽が催されている。しかし天皇の出御はなかった。出御せずに近臣と香会を楽しんでいる。

天皇は、この時点で、幕府の賛成を待って譲位するのは無理と判断したのではないだろうか。しかも天皇の周辺には幕府と親しい公家も多く、春日局も京都を離れそうにない。たった一人ででも譲位を果してしまおうと決心したのであろう。春日局参内後五日目の十月十五日に、土御門泰重は急に御所に呼ばれた。御前に伺候《しこう》すると「口外に出さず候事、仰せ聞かされ候」とあって、何やら密命をうけた。泰重は翌日武家伝奏中院通村にあって談合している。内容は明らかでないが、天皇の意をうけて両者が動いたことは確かだ。二十七日、またにわかに泰重は御所に呼ばれた。女一宮を内親王に叙するについて、『三代実録』以下の調査をせよ、という勅命である。翌日回答を差しだす。泰重の勘案をうけて、二十九日に、内親王宣下が下された。女帝誕生の準備はととのった。天皇の計画は密かに実行段階に入った。

月がかわって早々、天皇は任官の儀である除目《じもく》を行なって廷臣の配置をあらためている。十一月二日には中院通村を中納言から大納言に昇任させ、六日には三条西実条《さねえだ》、三条実秀《さねひで》をそれぞれ内大臣、大納言に任じているが、この除目の眼目は側近中院通村の昇任にあったろう。

十一月八日朝、公家衆はときならぬ伺候の命令に驚かされた。さすがの泰重も、この日が計画決行の日だとは知らされなかった。朝八時ごろ、束帯を着けて直ちに参内せよ、という触《ふれ》が公家衆にまわった。「何の御用か知らず候ゆゑ、不審の事也」と泰重は困惑したが、ともかく着帯して出仕した。日野資勝は触をもたらした使いの者に「何事に候や」と尋ねたがわからない。ともかく公家衆のこらず参内せよという。西洞院時慶は「子細は知らず、急ぎ参内した」と日記に記したあと、誰も知る人はなかったが、ただ中御門大納言だけは知っていた、と書いている。この中御門大納言宣衡、この日、すぐに院執権となっているから、この伝聞は確かだろう。

ふたたび土御門泰重の日記に戻る。泰重が参内してみると、たちまちのうちに、公卿以下のこらず束帯姿で参内してきたが、誰一人として何故召集されたのかわからない。とにかく節会《せちえ》をするというので上卿に二条康道《やすみち》、外弁《げべん》に日野資勝、他の公家も次々と陣の座に着した。やがて奉行頭弁中将《ぶぎょうのかみべんのちゅうじょう》（園基音《そのもとおと》）が来て、「譲位である」と告げて、「諸卿共驚顚《（ママ）》気色」の様子であった。このあと儀式は整然と行なわれたものの、あまりにも意表をついた天皇の計画に、一同あっけにとられたというのが実情だろう。泰重は「今日のことは詳しいことはさっぱりわからない。見たとおりのことは以上である。後日、詳しく知る人に逢ったら尋ねて重ねて書くことにしよう」とこの日の日記の最後に書いた。

3　女帝誕生

突然の譲位はいろいろな噂や反響をよんだ。細川三斎は京都できいた世の噂を息子の細川忠利に書き送っている（『細川家史料』寛永六年十二月二十七日付書状）。

京にて禁中向の儀承り候。主上の御事は申すに及ばず、公家衆も事の外物のきれたる体《てい》と申候。主上御不足の一つには、公家中官位御まゝに成らずとの事。

まず細川三斎のあげた第一の理由は、天皇も公家衆も思いのほか経済的に苦しくてあと

が続かぬ状態であり、天皇の不満の一つは公家衆の官位まで、幕府の干渉があって思うようにならないという点である。つづいて、

又は御料所加増にて金銀を進めらるゝも、折々進められ候へども、是《これ》も毛頭御まゝにならず候。右の分に候へば、何をもつて公家衆へ感、不感御立て成られ様もこれなく候。

なるほど幕府から一万石の加増をはじめ、朝廷への寄進は金銀や米などおりおりあるけれど、その金銀類も天皇の自由にはならない。官位も褒賞も思うようにならなかったら、何をもって公家衆を賞めたり叱ったりすることができようか。

其の上八木（＊）金銀御遣いなきよりたまり申し候を、利分を付け奉行どもより人に借し付け申し候。かくのごときの故、人の口にて候へば王の米何ほど借り候、金銀いかほど借り候と口ずさみ申し候。神代より禁中にこれなき例に候を、今主上の御代に当り、かようの事出来《しゅったい》し、ご存知なき事故、後代のそしりをうけ成られ候事、何より口惜しく思し召され候由、……

朝廷の余剰金や余剰米を人々に貸しつけ、利息を取っていたという。そのようなことは神代よりないことで、後水尾天皇の代にはじまったと後代そしられることを恥じたという。事実、江戸時代中期以後には、朝廷から諸方面への貸付金は巨額にのぼり、その利子収入が重要な朝廷の財源になった。

又は大徳寺、妙真（心）寺の長老なり不届きと武家より仰せられ、あるひは衣をはがれ、又は御流しなされ候へば、口宣一度に七、八十枚も破れ申し候。主上、この上の御恥これあるべきやとの儀、

さきにもふれた紫衣事件である。一度、勅許した紫衣が剝奪されたのだから、勅許の口宣が破り棄てられたのと同じであり、幕府が天皇の裁許権を正面から否定した唯一の事件でもあったわけである。この部分だけは前に引用した。

又かくし題には、御局衆《おつぼねしゅう》のはらに宮様達いかほども出来申候を、おしころし、又は流し申し候事、事の外むごく、御無念に思し召さるゝ由候。いくたり出来申し候とも、武家の御孫よりほかは、御位には付け申すまじくに、あまりあらけなき儀とふかく思し召さるゝ由候。

最後の隠れた理由というのは衝撃的である。中宮和子以外の女官に生まれた皇子が、殺されたり、流産せしめられていたというのだ。しかも、この文章では一人や二人ではない印象である。あくまで噂にすぎぬとはいえ、確かに天皇に和子以外の女性がいなかったわけではないが、皇室の系譜をみるかぎり、はじめのころの子供はすべて中宮の皇子、皇女である。ところが、女一宮すなわち明正《めいしょう》天皇が即位した寛永七年（一六三〇）以降になると、まず寛永八年正月に誕生した皇女（母は逢春門院隆子）をはじめ、つぎつぎと他の女官の皇子・皇女が生まれてきている。徳川氏の孫が即位するまでは他の腹の子をおし殺

したというのは全くあり得ぬことでもなさそうだ。後水尾天皇の系譜から皇子、皇女方を次に記す。

皇女　元和五年（一六一九）六月二十日誕生、母御与津御料人、梅宮、法名文智、元禄十年（一六九七）正月十八日薨ず。

明正院　元和九年（一六二三）十一月十九日誕生、母中宮和子、女一宮、興子《おきこ》、元禄九年（一六九六）十一月十日崩御。

女二宮　寛永二年（一六二五）九月十三日誕生、母中宮和子、慶安四年（一六五一）五月十五日薨ず。

高仁親王　寛永三年（一六二六）十一月十三日誕生、母中宮和子、無品、同五年（一六二八）六月十一日薨ず。

皇子　寛永五年（一六二八）九月二十七日誕生、母中宮和子、若宮、同年十月六日薨ず。

昭子内親王　寛永六年（一六二九）八月二十七日誕生、母中宮和子、女三宮、延宝三年（一六七五）壬四月二十六日に薨ず。

譲位までに生まれたこの六名のうち、はじめの皇女すなわち梅宮は和子入内の際、大問題となったおよつ御寮人の産んだ皇女。したがって、誕生は和子入内以前である。入内後は和子の子供以外はいない。三皇女二皇子すべて中宮和子の腹である。ところが、寛永六

年をすぎると、

皇女　寛永八年（一六三一）正月二日誕生、母逢春門院、八重宮、法名理昌、明暦二年（一六五六）正月八日薨ず。

賀子内親王　寛永九年（一六三二）六月五日誕生、母東福門院和子、女五宮、兼宮、元禄九年（一六九六）八月二日薨ず。

後光明院《ごこうみょう》　寛永十年（一六三三）三月十二日誕生、母京極局、素鵞宮《すがのみや》、承応三年（一六五四）九月二十日崩御。

皇女　寛永十一年（一六三四）七月一日誕生、母東福門院和子、菊宮、同十一年七月十五日薨ず。

和子の産んだ子供たちはこの皇女菊宮まで七名の多きにのぼっている。が、のちに宝鏡寺に入って理昌女王と称した皇女以下、続々と局衆の腹から皇子皇女が誕生しはじめ、明正天皇のあとをつぐ後光明天皇以下二十八名の子供たちが生まれる。総計すると後水尾天皇には十八人の皇子（系譜に見えない賀茂宮を加えて）と十九人の皇女、計三十七名の子供が生まれている。和子の子供がそのはじめに、しかも譲位までに集中しているのは、さきの細川三斎の言葉を証するようでもある。

三斎の手紙は、紫衣事件のときの後水尾天皇の御製とほぼ同じ歌を最後に記している。

おもふ事なきだにやすくそむく世にあはれすてゝもをしからぬ身を

この歌が人々の知るところとなり、まもなく「案のごとく、御位をすべらせられ」たと三斎は記している。いわゆる『後水尾院御集』（『鷗巣《おうそう》集』）には見えない歌で、拾遺の部に収録され、詞書に「御位ゆづらせたまへるとき」とある。

かつて後水尾天皇の憤懣といえば、

葦原やしげらばしげれおのがまゝとても道ある世とは思はず

が人口に膾炙《かいしゃ》していたとはさきにふれた。これも『鷗巣集』に見えず拾遺の部にあって、詞書には、「右一首一本沢庵和尚を東堂に被□時、東武より申返す故に本院に御譲の時云々」とある。紫衣事件が原因で譲位したときの歌だというのである。

譲位に至る過程にはいろいろな事情があり、少しずつ溜っていった天皇の憤懣が、ついに十一月八日の異変をもたらしたのだから、後水尾天皇としてみれば、それなりの理由をもった企てであり、かつ予定の行動であったにちがいない。しかし、幕府からみれば、後水尾天皇の行為は不可解であるのみならず、反幕府的に映ったのはやむを得ない。徳川秀忠は激怒した、と『新蘆面命』に記されている。

後水尾院様が急に御位をお譲りになられたので、板倉周防守は近衛家へ行って、不意に譲位され世継も仰せがない。江戸へも相談がなく、我儘なる事で、何という事か、と尋ねた。近衛信尋が答えられていわく、自分たちも知らなかったので何か有ったのだろうか、という。板倉防州が再三尋ねてもご存知ないとのことだ。しかし中院通村はその理由を知っているかもしれないといわれるので、中院通村に尋ねた。すると通村が答えるに、何がおもしろくて天皇の位などに居座るものか。ある僧に紫衣を許し申しつけると、それを江戸では奪いとる。このような有様ではどうして位にいるものか、というので、板倉防州も驚いて江戸へ報告をした。すると大御所徳川秀忠はおおいに機嫌を損じて、旧例のように、上皇を隠岐島にでも流すべきではないか、といわれた。将軍家光は大御所を諫めて、これは上皇の方が道理にかなったことであるから上皇にお詫びされるように、といったので、無事に済んだ。

幕府にも、また後水尾天皇の周辺にも出入りした安井算哲《さんてつ》（渋川春海、貞享暦の作者）の筆記であるから、それなりに信用してよいであろう。この算哲の記録によれば、譲位をめぐって、公家側と所司代との間に虚々実々のやりとりがあったようだ。細川三斎の書状（同年十二月八日付）には「禁中方御譲位の事に付き、公家衆と板倉（重宗。京都所司代）毎日せりあひの由候事」とある。このとき三斎は領国の九州小倉から江戸へ向かう途中、京都に滞在していたから、譲位の事後処理に苦慮する朝廷・所司代周辺の情報を得ていたのである。

安井算哲は大御所の徳川秀忠が激怒して上皇流罪を主張したとしているが、隠岐島云々は別として秀忠がこの一件で憤慨したことは事実であった。さきの三斎の手紙にも「東（幕府）事の外、御機嫌あしき由、申し来り候」とあり、また十二月二十七日付の手紙でも、

禁中御譲位の儀、御耳に立ち、始めは事の外御腹立にて候ひつれども、左候て別に御沙汰ならるべきやうもこれ無きにより、何と成るとも御心任と御意の由、……

と記しているから、ほぼ算哲の記事は裏づけられる。

幕府側の不満も、日時を経るとともに鎮静した。朝廷側としてはいささか無気味なほどの静けさだった。三斎の手紙によると、このとき、京都所司代板倉重宗も江戸へ下向したが、譲位より八ケ月、禁中に対しては別に幕府から何の措置もなく、金地院崇伝の上洛も結局沙汰止みになっている。上皇が女一宮に皇位を譲られて、何か変事があるのではないかと思っていたが、何もおこらない。「禁中むき、手を御うしなひ候やうに相見え候」。拍子抜けの態だというのである。後水尾天皇も、幕府の出方しだいでは何かもくろみがあったのかもしれぬが、無事すぎて手が出せなかったようだ。

さきの公家衆と所司代のかけひきが、具体的に何をめぐってのかけひきだったのか明らかでないが、あるいは後水尾天皇の復位の噂が流れたのは、そのあたりの事情とからんでいたかもしれない。『泰重卿記』寛永六年十一月二十九日の条に、中院通村が安徳天皇の例をあげて復位を説いたと思われる記事がある。しかし後水尾院の心には叶わなかった。

九州小倉にいた細川三斎がきいた噂では、

禁中むきの儀、何とも知り申さず候。其方《(忠利)》推量のごとくにてもこれあるべく候。院様を前のごとく御位へ御直しなられ候様にと御内意の由、爰元《ここもと》ささやき申候。（寛永七年八月四日、三斎書状）

御内意つまり幕府の意向は（ここでは秀忠の意向であろう）、後水尾天皇の復位だというのである。しかし、こうしたさまざまの取沙汰も寛永七年（一六三〇）七月十三日付の、明正天皇即位に関する十五ケ条の方針を明示することで終止符が打たれた。

この一連の事件のなかで、ことごとく悪評をこうむったのはまたしても金地院崇伝であった。すでに紫衣事件を仕組んだ張本人とみられていた崇伝について細川三斎は、「にがにがしき儀」と記していた。にがにがしき、というのは、万民が悪口することに対して三斎がにがにがしく思った、ともとれるが、そうではあるまい。やはり三斎も、崇伝のやり方がにがにがしかったのである。寛永七年三月十四日付の手紙では、こう書いている。

禁中向の儀、其後、何とも御沙汰なく候。国師（金地院崇伝）へ時々禁中の様子御談合と聞き申し候。能《よ》き様には申しあげざる体《てい》に候。にがにがしき儀と存候。とかく太平記の村雲の僧の様に存じ候。

ここにも「にがにがしき儀」という言葉がでてくる。これは、将軍や大御所がときどき禁中の様子を崇伝に尋ねるのだが、崇伝は朝廷に具合よいようには報告しないようで、にがにがしい、というのである。やはり三斎もまた後水尾天皇に同情を寄せ、ことさら罠にかけるような崇伝のやり口に腹を立てていたのである。

こうして後水尾天皇は明正天皇に位を譲り上皇後水尾院となった。

寛永七年九月十二日、明正天皇の即位の儀がとりおこなわれた。奈良時代の称徳天皇（孝謙天皇重祚《ちょうそ》）以来、約八百六十年ぶりの女帝の誕生である。わずか七歳。しかし、ついに幕府は念願の外戚の地位を手中にした。後水尾院には皇子が誕生する可能性があるのだから、ここはまず徳川氏の血をうけた明正天皇をもりたて、守りを固めることが肝心である。即位の直後に江戸から派遣された酒井雅楽頭《うたのかみ》忠世《ただよ》と土井大炊頭《おおいのかみ》利勝、それに上洛した金地院崇伝は公家衆に厳命した。後水尾院の譲位は、まだお年も若く、男子誕生後でもよいと将軍、大御所ともに考えていたのが突然の譲位で驚かされた。女帝は平安以来絶えてないがこれも叡慮とあれば致しかたない。明正天皇は女帝であり、しかも幼帝である。五摂家衆が力を合わせ怠けることなく勤めるように、禁中幷公家中諸法度は権現様（徳川家康）が定めたとおり、少しもかわるところがない、と（『本光国師日記』）。そして具体的には、武家伝奏を更迭し、幕府の威が禁中深く届くよう手を打ったのである。

九月十二日に即位が終ってすぐ、十四日に、後水尾院のもっとも信頼厚かった武家伝奏の中院通村を罷免し、かわって幕府に近い日野資勝をその職に任じた。突然の譲位の情報を幕府が事前に把握できなかったのは、後水尾院の側近中院通村の策ではないか、と幕府は疑っていたようだ。当時の公家日記ではさきにもふれたように、通村も参内するまで譲位を知らず、ただ中御門だけが知っていたというから、幕府の疑いは通村にとって濡衣《ぬれぎぬ》であった。もっとも事実はわからない。中院がたとえ知っていても、知らぬと言うことは十分考えられる。中院を側近から追放しようという幕府の方が事態を正確に見ぬいていたのかもしれない。

十四日に酒井・土井・板倉京都所司代、それに崇伝は参内し、武家伝奏中院通村の更迭を要求した。崇伝はその口上を自分の日記に引用している（『本光国師日記』）。

おのおのこれへ参集致しましたのは伝奏の儀についてであります。中院大納言は武家（幕府）との相口《あいくち》が悪く、別人になされるように仰せ付けられたい。そのようなことであれば、日野大納言（資勝）は幕府昵近衆のうちでも、唯心（資勝の父日野輝資）以来、ことに幕府によく仕える家筋であることを考慮されて適当かと思われる。天皇の御意見も伺い後水尾院にも伺っていただきたい。

ずいぶんはっきりした罷免要求である。朝廷側としてもその罷免理由をたださぬわけにゆかぬ。すると崇伝は次のように答えた。

何とも将軍家から理由をあげているわけではない。しかし、寛永三年の行幸以来、下々の者に対し、いわれなき事を命じたり、その外、折にふれ事にふれ、物ごとに無下なる振舞いがあった、と下々は思っている。そのようなことが続いた結果が今回の措置になったのではないか。

幕府宿老からの直々の申入れとあっては是非なく受けいれるほかはない。ただちに中院通村の武家伝奏はとどめられ、日野資勝がえらばれた。資勝は日記に、再三固辞したが容れられなかったので引き受けたと記しているが、武家伝奏は経済的に役得の多い職であり、歓迎せぬはずはなかったであろう。ただ、時期が時期であっただけに、ためらわれたのであろう。

さきに、明正天皇に対する幕府の肩入れの決意の程を、酒井忠世以下が語ったと述べたが、それは、新武家伝奏たる日野資勝に向けての言葉だった。強大な幕府の庇護をうけて明正天皇の時代（といっても七歳であるから実質的には後水尾院政だが）がはじまる。残された史料から復原できる明正天皇の像は不鮮明である。皇位を退いてからの宸翰《しんかん》類をみると、いささか神経質そうな占い事好きの女帝の様子がうかがえる。若き日はどんな相貌でどんな興味をもった天皇だったのかよくわからない。中村直勝氏がその著『後水尾天皇とその御代』のなかに引用しているのだが、武家伝奏を廃された中院通村が女一宮すなわち明正天皇を諷して、

世を渡る人の上にもかけて見よいかに心のまゝの継橋

という歌を詠んだという。継橋とは女一宮を通称継橋宮といったことからくる。幕府の庇

護をうけて驕慢な女一宮であったというのだが、いまだ七歳にしかならぬ女子に対して本当にこのような歌をつくるような事態があったのかどうか。納得がゆかない。ともあれ、こんな直言的な歌の作者ともされるところに中院通村の性格があらわれている。

寛永六年十一月の突然の譲位後、まもなく、後水尾院は懸案の腫れ物治療にかかった。十二月十日医者の通仙院と慶祐が伺候して腫れ物と脈をみ、また薬を調進したのち、治療法として鍼でゆくことに決定したのであろう。ここで医者たちは何故か退出している（まだ医者が直接玉体に触れることができぬためであろう）。土御門泰重、中院通村、四辻季継など側近が御前に残って、四辻季継の手で鍼が打たれた。ところが鍼を打った直後、後水尾院ににわかにふるえが出て、一同動顚した。通村は後水尾院の足を懐にいれて暖めた。女中と四辻季継は塩湯をつくって暖めるという騒ぎであったが、まもなくふるえは無事おさまった。やがて腫れ物も快癒した。翌七年、明正天皇の即位ののち、新造の仙洞御所に移って、後水尾院の真価が発揮される寛永文化の時代が始まるのである。

譲位とともに上皇の住居である仙洞御所の造営が急がれた。場所はいままで禁裏の建物のなかった御所東南部の一角で、東西約一六三間、南北約一四二間、広さ約二万三一五〇坪（七万六四〇〇平方メートル）の土地。ここに後水尾院と東福門院の御所が、東北の隅と南西の隅を結ぶ対角線で分けられるように、東南に後水尾院の仙洞御所、北西部に女院御所が建設された。御所は寛永七年（一六三〇）十一月に完成、後水尾院は十二月十日に渡

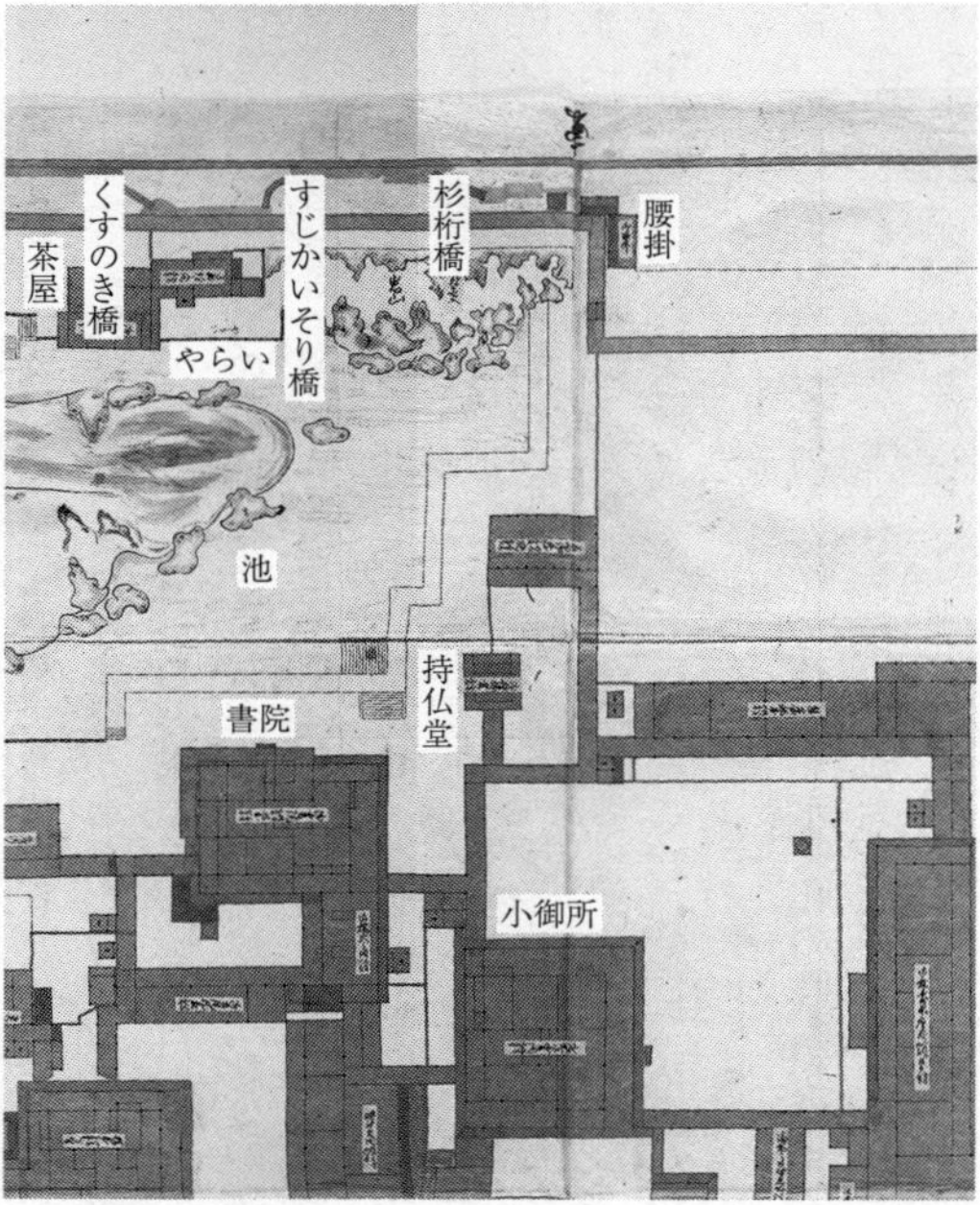

寛永度仙洞御所指図（部分，中井家文書，宮内庁書陵部蔵）

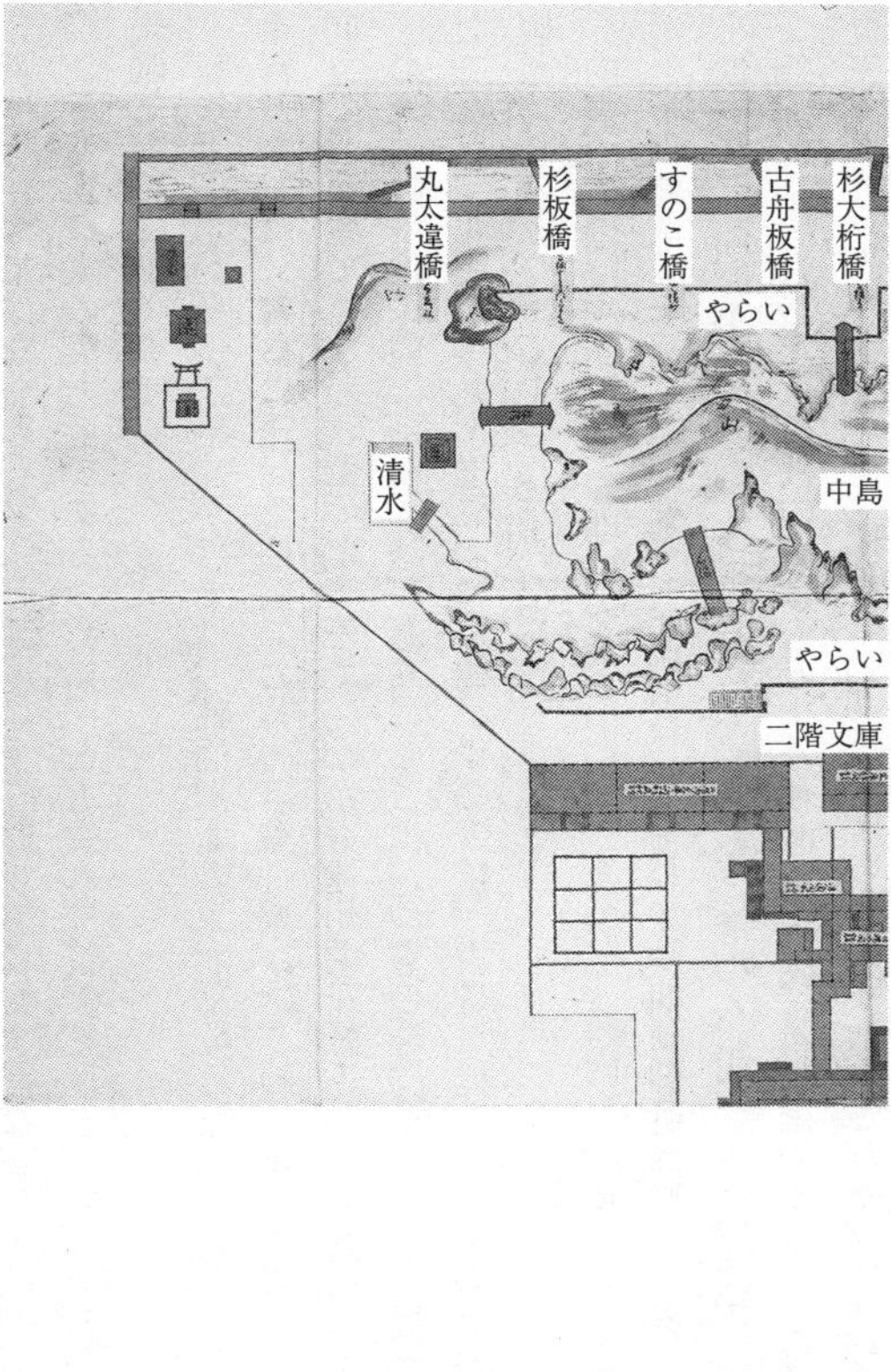
丸太違橋
杉板橋
すのこ橋
古舟板橋
杉大桁橋
やらい
清水
中島
やらい
二階文庫

御した。仙洞の総建坪数は三五六二坪、女院は総建坪数三八八四坪で仙洞より少し大きい。土地といい建物といい、内裏に匹敵する規模であった。そのためか作事の「覚」には、内裏よりも大きく作ってはならぬ（実際には大きい）、贅沢さも内裏と同等にせよ、仙洞に二階屋を作ってはならぬ、詰衆の部屋は十五間までにせよ、などの規制があり、仙洞・女院こそ朝廷最大の実力者であるために、ともすれば贅美を尽しがちになるところを幕府は規制したのである。

寛永十一年から十三年にかけては、仙洞御所の東北部分に築庭が行なわれ、小堀遠州が奉行となった。のちに述べる仙洞での茶の湯や舟遊びはこの遠州が作事した池庭と、池の向うのお茶屋で行なわれた。ところでいかにも遠州的な好みがこの庭にはあった。それは庭の東端の築地添いに細い水路があり、ここに八つもの趣向をこらした橋がかけられていたことだ。北側から丸太違橋、杉板橋、すのこ橋、古舟板橋……。茶の湯の露地にかわる橋めぐりの遊びが工夫されたのだろう。

内裏の方は後光明天皇の即位の前に旧御所を壊して新内裏が造られ、この内裏はわずか十一年で承応《じょうおう》二年（一六五三）に焼失した。しかし仙洞御所は無事であったから、ここを仮内裏とし、承応度の御所造営が行なわれた。その八年後、万治四年（一六六一）正月、二条家より出火した火事は内裏はもとより仙洞、女院、新院御所すべてを焼き尽した。寛文三年（一六六三）になって旧地に仙洞・女院の御所が新築された。総建坪数は仙洞二五六五坪、女院三八〇五坪で、寛永の御所よりも大分縮小し、庭が敷地の東側に南北に通して設けられたあたりが大きな変化である。その費用は仙洞御所が銀三一四二貫、米一万三〇八六石、女院御所が銀四二八四貫、米一万五三五五石、すべてを銀に換算すると合計八三三六貫（米なら二六万五〇〇石）となる。院の御料が大幅に上げられて一万石だから四割三分の収納として四三〇〇石。約六十年分の年収に当る額である。林羅山が毎年女院に二〇万石の費用がかかると述べているが（『羅山別集』）、幕府の禁中に対する出費は巨額であったことがわかる。

4　寛永のサロン

1　板倉京都所司代

譲位からすでに二十年を経た慶安二年（一六四九）四月三日、京都所司代板倉周防守《すおうのかみ》重宗《しげむね》は宇治代官の茶師上林《かんばやし》味卜《みぼく》や、奈良の数寄者として有名な松屋久重など六人ほどを招いて茶会を開いた（『松屋会記』）。

床ニ青キ一重筒ニ白キ八重ノツヽジ
二重筒ニチヨノフジ
仙洞様ヨリ、比二色ノ花、今朝参リ候由、仰られ候。筒ノ下ニワクヲ指テ、（中略）上様御心味ノ御茶五種、茶堂《さどう》味卜、初口防州、二味卜、三アンセツ、四久重。一服ハ御自身御曳《おひき》成られ候也。又御茶二種ハ防州御手前也。（中略）仙洞様ヨリ御花、上様御茶の御心味、脇ナルハ信濃殿ノ花、加様《かよう》ノ儀ハ京ニテモ、奈良ニテモ成間敷《なるまじき》ゾト也。

まず広間の床に飾られたいけばなに人々の目が集まる。一つは白の八重のつつじ、もう一つは藤の花でそれぞれ青竹の一重切《いちじゅうぎり》、二重切の筒にいれてあった。この二種の花は、「仙洞様ヨリ、比二色ノ花、今朝参リ候由」と亭主の板倉重宗の説明である。花は後水尾院から、おそらく仙洞御所の花畑に作られた花の見事なものを贈ってきたものであった。青竹の一重切というのは青竹の節と節の間に花をいれるため一ケ所窓をあけてあり、さらに二重切は、二節のそれぞれに窓があき、したがって窓が上下二重になっているものである。いわゆる竹の花入である。ただし茶の湯の竹の花入ははじめから花器として作られるのだが、この青竹の筒は、むしろ途中で花が萎れないように水をいれておくための贈答用の竹筒とみた方がよい。板倉重宗は茶会の床に、その花と筒を仙洞から贈られてきた、そのままに見せようと、倒れぬように筒の下につけられた枠のまま床に置かれていたのである。ちなみに、当時の竹の花入はすべて床の壁か柱の釘にかける懸花入で、このように畳に置くことはなかった。

ところがこの茶会にはもう一つ大きな馳走が用意してあった。それは上様すなわち将軍徳川家光心味の茶五種である。四月三日という時期からみて、この心味の茶というのは、宇治から将軍家に献上される特別吟味の新茶という意味であろう。献上茶の残りの一部が下賜され、上林味卜が茶堂として客にふるまったにちがいない。一服は御自身御曳なられ、とある。亭主の板倉重宗自身が碾《ひ》いた茶と解しておく。のちに述べるように板倉重宗は名裁判官として有名で、こんなエピソードがある。それは重宗が審判に際して被告人の容貌・風体によって差別の心を生じないように、白洲《しらす》が直接見えぬよう障子をたて、心の平安を保つために障子の陰で静かに茶を碾きながら訴人の言い分をきいた、という。自ら碾いた茶が登場しても板倉重宗ならば、いかにもありそうに思える。ともあれ、将軍家献上の茶をまわし飲みにし、しかも五種の茶のうち二種の茶は重宗自身がたてたのである。

そのあとの言葉に注目したい。仙洞様すなわち後水尾院の花、そして将軍徳川家光の茶、これにかつて老中として重きをなした永井尚政《なおまさ》の脇の花、これほどのとりあわせは京都にも奈良にも、いいかえれば日本中どこにもないぞ、という重宗の言葉である。何気ない自慢のようだが、その裏には朝幕間の融和に父子二代五十年間をかけてきた重宗の万感の想いがこめられているように思える。後水尾院と徳川家光が花と茶となって相並ぶこの茶会の亭主が京都所司代板倉周防守重宗。重宗の心中の言葉を想像すれば、まさに我が父子なくしては、この茶の湯は実現することはなかったであろう、という自信に満ちた声が聞えてくるようである。

板倉重宗の父板倉伊賀守勝重は天文十四年（一五四五）の生まれ。徳川家康の三つ年下である。幼くして出家し、のち還俗《げんぞく》して家康に従った。吏僚としての優秀さはその経歴にうかがえる。駿府町奉行、関東代官、江戸町奉行等を経て、慶長六年（一六〇一）京都所司代に就任した。勝重はそのとき五十六歳、関ケ原合戦直後、関東武士に対する反感の強

京都所司代邸（右）と二条城（洛中洛外図屛風より，林原美術館蔵）

い京都をいかに治めるか、板倉勝重の双肩にかかるところ大であった。

新任の京都所司代がどのような施策をとるか、京都の町衆たちや寺社、宮廷とも注目する。京童の遠慮のない批判は板倉にとってもっとも恐るべきものだったろう。慶長十二年（一六〇七）三月のこと。板倉伊賀守（慶長八年に伊賀守に叙せられた）の邸に虚空より礫《つぶて》が降る事件がおこっている。いろいろ祈禱をしたというが、効果があったかどうかわからない。礫は天変地異ではなく、明らかに何者かの反板倉という意思表示にちがいない。翌月には京・伏見において何者のしわざか、狼藉《ろうぜき》事件が続発している。いずれも犯人が捕えられたという記事は、事件を記す『当代記』に見えない。戦国の余燼《よじん》くすぶる十七世紀初頭、板倉京都所司代をとりかこむ情勢は予断を許さぬものがあった。しかし、概して所司代の評判はよかった。幕府のバックアップも強力であったろうし、何よりも板倉勝重の人柄がよかったのである。就任後、すでに五年を経た慶長十一年のことだが、板倉勝重が洛北八瀬《やせ》の釜風呂に養生にでかけたときのこと、これを伝えきいた山科言経《ときつね》は人をやって酒肴を八瀬に届けさせた。ところが勝重はこれを法度に反するからといって受け取らなかった。言経は日記に「奇特々々」とその態度を賞讃している。こうした勝重評は一、二にとどまらない。京都住民の板倉所司代観はすこしずつ好転していった。

こうした評価は徳川家康、秀忠の勝重に対する信任の厚さにも由来していただろう。例の後陽成天皇の官女がおこしたスキャンダルの際、勝重の処理はかえって天皇にも信頼感を与えた、という史料がある。事件は天皇の逆鱗にふれた。「然りといへども、板倉伊賀守かねて申上げられ候言葉の末をおぼしめし出され、御条書に遊し、加へられたき御事共止めにき。板倉伊賀守案深き仁体にて、行末の事共まで察し申され、あまたの人を助けられ、勅答申さる。前代未聞の所司代也」(『角田文書』)。後陽成天皇も感服せざるを得ぬ思慮深さが勝重にはあったという。前代未聞の所司代とは決して過褒《かほう》ではなかった。慶長十七年(一六一二)のこと、慈照寺(通称銀閣寺)の所属をめぐって相国寺と近衛家が争うことがあった。その関係文書のなかに、勝重によくよく理解を得ないと訴えには勝てない。なぜならば「伊州の御存分書きつけにて、大半京の公事は上様御済しと聞候」とあり、幕府の裁許といっても、事実上は勝重の判断によってほとんど決定されるからだ、という。勝重に対するこうした信任があればこそ、さきの後陽成天皇の信頼も生じたのであろう。

家康が歿してまもないころ、英国商館長のコックスはその日記に勝重のことを「日本の最高司令官たる伊賀守」と記している。京都所司代の管掌からいえば西国三十三カ国の監督権をもつのだから、西日本のことしか分からないコックスからみると、日本の最高司令官であったのだ。

元和六年（一六二〇）、京都所司代が勝重から息子の重宗に交替しても将軍秀忠そして家光の重宗に対する信頼にかわりはなかった。幕府役人の管掌が分化するにともなって京都所司代の任務も父の勝重時代にくらべると縮小されたとはいえ、所司代が畿内における幕政の拠点たる重職であることにかわりはなかった。伊賀守勝重時代の朝幕関係は、後陽成天皇の譲位（慶長十六年）、禁中并公家中諸法度の制定（元和元年）と、基本的なルールの確立という問題があった。周防守重宗の時代には和子入内《まさこじゅだい》（元和六年）や後水尾天皇の譲位（寛永六年）という、朝幕間の関係が深まるとともに、緊張も、またもっとも高まった時期である。それをのりこえることによって、さきの重宗の自信に満ちた言葉にみえるような融和の時代がもたらされたともいえよう。

板倉屋敷にはいろいろな人々が集まってきた。勝重の時代にもそうであったかもしれないが、重宗の代になると集う人々も多彩である。公家の知識人西洞院時慶《にしのとういんときよし》も板倉屋敷の常連の一人であったが、その日記をみると元和七年（一六二一）四月八日の条に「伊賀守へ見舞候。呼気以てのほかの由候。保童坊と云ふ人知人になり候。徳善院の時の事申し候」とあって、新しい知人ができたことを記している。この保童坊というのは近世歌壇の雄であり、かつ貞門派俳諧の祖である松永貞徳《ていとく》のことである。貞徳は京都三条衣棚《ころもだな》町に住む町衆知識人。ことに歌人として評判をとっていた人物だから、もちろん西洞院時慶も名前ぐらいは聞いていたかもしれぬが、板倉屋敷であればこそ、堂上《とうしょう》の歌学に詳しい時慶と、町衆の歌人が出逢うことも可能だったのである。二人は昔話に興じたようだ。徳善院といえば豊臣秀吉の時代に京都所司代を勤めた前田玄以のこと。どんな話がでたのであろうか。

松永貞徳は板倉重宗と深い交友があった。のちのことだが板倉重宗が将軍から茶の湯の道具である繁雪肩衝《はんせつかたつき》を拝領したとき、貞徳は慶祝の意を含めて一首の長歌を贈っている。茶の湯や文芸の面をとおして両者の交友は深められたのであろう。しかし、もっと注目されるのは、貞徳の「延《えん》陀《だ》丸《まる》おとし文」という文章だ。延陀丸は貞徳の別号で、内容は次のようなものである。たまたまある歌書をみていたら、その末尾に政治を批判する文章があるのを見いだした。作者は誰とも明らかではないが天下国家のために役に立つものだと思えるので筆記して防州公に奉呈する次第である、と経緯を記したのち、八段にわたる政治論が展開される。防州は板倉周防守重宗。文体等からみて、間違いなく貞徳自身の文章であるから、一町衆の立場から、重宗の政治のブレーン的役割を貞徳がはたしていたことになる。第一段では人材登用の重要性を、第二段では讒言《ざんげん》について、第三段では驕奢のいましめ、第四段では身分秩序の確立を説いている。第五段で、賢人の道を説いて、あるべき賢人像を論じたあと、しかし、それほどの人もまずいるはずはないのだから、世の常の人が少し神仏の信仰心をもち、道理をさきにして無私の気持をもてば、それがよき人なのである、と三教一致的な倫理観を主張している。最後の第八段では外道に走って徒党を組むことの愚かさを説いて文章をしめくくっている。

「延陀丸おとし文」は政治論として別に目新しさはないが、町衆知識人と京都所司代の間に、ある種の政治的な結びつきが成立していた点は注目すべきだろう。

松永貞徳の息松永昌三《しょうさん》は尺五《せきご》と号し近世京都儒学の一方の旗頭で、藤原惺窩《せいか》より林羅山の学問的系譜が江戸に移ったあとの京都の代表的な儒者であった。門弟もすぐれたものが多く、堀杏庵《きょうあん》、木下順庵などの高弟がいた。この昌三も父とともに板倉重宗の庇護をうけている。寛永十四年（一六三七）、家塾の建物を移し講習堂を創立したときにも、板倉重宗は旧勝重邸をその敷地として提供し、重宗自ら敷地の丈量にかかわっている。おそらく重宗の仲介によったのであろうが翌年には後水尾院から講習堂の扁額が与えられている。さらにくだって慶安五年（一六五二）、明正天皇を継いだ後光明天皇から御所の南に敷地を与えられたときには重宗が講堂を建てており、公卿や所司代をはじめ多くの人が新居完成を賀した（『尺五堂先生行状』）。まさに、後水尾院やその子、後光明天皇の宮廷側と京都所司代が手を結んで、町方の儒者松永尺五を応援していたのである。

板倉所司代をめぐる人的なつながりの輪は、本阿弥光悦をも含んでいる。京都三長者といわれる茶屋《ちゃや》、角倉《すみのくら》、本阿弥は、京都の上層町衆を代表する存在であり、幕府の京都支配の動向を左右するほどの影響力をもつ人々であったが、そのいずれもが、板倉父子を軸に、徳川幕府政治のなかにとりこまれていた。

本阿弥光悦は慶長年間にすでに誰知らぬ人のいない文化人として京都に活躍していた。本阿弥家の仕事は刀剣の鑑定《めきき》、研磨《とぎ》、浄拭《ぬぐい》、で、したがって武家方との広い交友があったが、光悦の場合は分家の養子という身軽さもあって刀剣の家職外の分野で大活躍を見せた。いわゆる寛永三筆という呼称があり、近衛信尹《のぶただ》、松花堂昭乗《しょうかどうしょうじょう》にならんで本阿弥光悦の能筆（書が巧みなこと）は著名である。そして能筆をふるう料紙には近世大和絵の名手俵屋宗達《たわらやそうたつ》の協力になる下絵があった。また蒔絵の作品、陶芸の業のさえ、どれをとっても天才の名に恥じぬ人物であったから、大坂夏の陣が終った元和元年（一六一五）の夏、徳川家康が板倉伊賀守勝重に光悦の動向を尋ねたのも当然といえよう。勝重は、光悦は変り者で京都市中には居あきた、洛外の辺鄙《へんぴ》な地に住みたいといっております、と家康に答えた。その結果実現したのが京都の北山、鷹ケ峯《たかがみね》の地の拝領である。拝領の結果光悦には鷹ケ峰村の年貢のとりたてから農民を裁判する権限まで与えられた。光悦は町衆でありながら幕府の代官的な優遇を受けたのである。他の京都上層町衆である茶屋、角倉、後藤などの家が積極的に幕府の御用商人となり代官職を得たのにくらべ、光悦の鷹ケ峯拝領にはより文化的色彩の濃いものがあった。とはいえ、やはり京都所司代の支配下に入ったことは他の町衆と変りはない。

本阿弥光悦も板倉重宗の伽衆《とぎしゅう》的な存在であった。光悦の行状を伝える逸話集『本阿弥行状記』は光悦の孫の光甫《こうほ》の頃に整理された信憑性の高い史料である。その前半第十六段より四十九段に至る部分は、実は光悦の政治論であった。板倉重宗が息子の重郷《しげさと》をともなって晩年の光悦をその病床に見舞ったとき、光悦は板倉重宗に対して「天下の御用人にて有るべけれ、と諸人が申し、指さす」ような所司代になってほしいと種々の忠告を与えたという。それに応えて、重宗は幕閣の重要人物である松平伊豆守信綱――いわゆる智恵伊豆といわれた家光の懐刀――が上洛したおり、光悦に頼んで二人の前で政治論の開陳を求めた。それがさきの『行状記』の一部である。

光悦の政治観は、意外に保守的である。

まず下賤の身でもすぐれた人物はいるが、だからといって身分のあるなかに能力ある人物が不自由しているわけではないのだから、あえて身分秩序を否定するような抜擢《ばってき》は無用である。秀吉もすぐれていたが、ひたすら自分一人の智謀で政権をとり摂関家をさしおくなどしたところに秀吉が亡びる原因がある。ただ気宇壮大であるといわれんために朝鮮へ出兵、方広寺の大仏造立など無用の企てがあり、結局はその子孫も滅亡した。とかく人間には素性というものが大事であって、百姓や町人が武士になるなど百害あって無益である、という。光悦は一貫して豊臣秀吉を批判し、その理由として主君信長に対する不忠、禁裏に対する不忠をあげ、分を守らぬところからでた高慢さをあげた。秀吉の悪徳を批判するのに対して、光悦は為政者のあるべき姿は徳川家康に具現されているとした。戦国の時代が終り平和時にあっては政治のあり方が違う。「軍場の功名と御治世の御仁政とは余ほど違ひ」があり、為政者として望まれる武士とは上様=将軍に忠義をつくし、身分制の枠を逸脱しない分を守る人物が理想とされる。徹底した分限思想である。

光悦が禁裏に対する不忠を秀吉への非難としてぶつけているとはいえ、光悦が公家衆に好意的であったわけではない。さきにも少しふれたが、公家について光悦はこう述べている。

公家方三十石取りと申す御身上、さて〳〵恐れながら気之毒なるものに存じ奉り候。諸商人共も十人が九人は、公家方と申すと鬼神のやうに心得、売りかけも仕らず、何とぞ成られやうもありたき事どもに存じ奉り候。

といい、関白以下の不行跡をあげて、

何とぞ、総公家衆の内へ、三万石ばかり遣はされ候はゞ、御行儀も直り申すべきかにて候。かつは禁裏様御守護も重く相成り候かにて候。

と、公家の不行跡や不服従も結局は経済的な貧困からおこるので、したがって三万石ばかりもばらまけば、行儀も直って宮廷全体がしっかりとしてくるだろうという。

このものいいは、板倉重宗が和子入内が成功したおりに漏らしたという次の言葉とあまりにも共通するではないか。吉田東伍の著『倒叙日本史』に引用する史料の一節に、

禁中向きの事、何事も早速に埒《らち》明き申し候段、一入《ひとしお》満足候。申すに及ばず候へども此の後とも、御入目さへ金銀惜しまず候へば諸事早速に埒明き申す事に候……

とある。朝幕間の緊張も金銀さえ惜しまなければ解決は簡単、という重宗の対朝廷感覚と光悦のそれとはほぼ一致していた。さきにみた松永貞徳の「延陀丸おとし文」と同様、ここにも町衆と京都所司代の政治的ともいえる結びつきをみることができる。

では、こうした上層町衆の知識人たちが板倉京都所司代と深いかかわりをもったのはなぜであろうか。光悦が公家について語ったことを裏がえせば、まさに上層町衆の経済的安定が板倉所司代によってもたらされたことを意味していよう。江戸と駿府にしか拠点をもたぬ幕府としては、何としても京都を幕府の手中に確保しておくことが必要であった。そのために上層町衆に代官職を与えるなどして幕府の御用商人化せしめたのである。

同様のことは町衆のみならず、文化のにない手たる知識人、芸能者、職人、絵師等々の者に対してもわずかであっても知行を与えるというかたちであらわれた。元和二年（一六一六）の将軍拝賀の式次第には数多くの文化人が登場し、見事な御用文化人の成立をものがたっている。江戸城の各部屋に勢揃いした文化人のなかにまず医者の姿がみえる。同朋・幸若（舞）、観世の芸能者が続く。後藤、本阿弥、呉服所（茶屋四郎二郎など）、官工

商の有力商人は御用商人であり、職人である。狩野一統の画工、右筆、連歌師、大工、棟梁、工人、舞々、猿楽が居並んだ。

私はこうした幕府の施策が必ずしも京都の宮廷ならびに町衆の文化の創造性を奪う方向にばかり働いたとは考えない。その経済的基盤の安定は、彼らに新たな文化活動を生みださせる大きな役割をはたしたのである。その幕府と文化人の接点にあったのが板倉京都所司代である。板倉勝重は家康と光悦との仲介の役を果たし、鷹ケ峯の地に光悦独自の文化村建設を助けることになった。重宗も儒者松永昌三に邸地を与えたのである。ばあいによっては板倉所司代一個人の判断で文化人が庇護され新しい創作に成功した例もあった。『醒睡笑《せいすいしょう》』の著者安楽庵策伝《あんらくあんさくでん》もその一人である。『醒睡笑』は近世笑話の元祖とみられ、仮名草子の作品としても優れたものだが、この作品の成立にはこんな事情があった。その奥書によれば、浄土宗の僧たる安楽庵策伝は説教の名人でもあり、元和の初年に板倉勝重に招かれて『醒睡笑』の原本となる自作の説話を読んだことがあった。その後、ふたたび呼びだされて、こんどは板倉重宗とその子重郷を前に語ったところたいへん面白がられ、重宗の命により八冊に書き著して献呈したのが今日の『醒睡笑』である。すなわち『醒睡笑』は重宗の慫慂《しょうよう》によって誕生した文学であった。

策伝も『醒睡笑』のなかで、こうした板倉氏の好意にむくいている。同巻之四「聞えた批判」という裁判説話を集めたなかに十話も板倉氏が名裁判官として描かれる話が収められている。

従一位の右大臣征夷大将軍源家康公天下を治め給ふ。この御代に賢臣義士多き中に板倉伊賀守、京都所司代として訟を聞き、理非を決断せらるるに、富貴の人とてもへつらふ色もなく、貧賤の者とてもくだせる体なし。然る間、上下万民裁許を悦んで奇なるかな妙なるかなと讃嘆する人ちまたにみてり。「一滴舌上に通じて大海の塩味を知る」とあれば、その金語のはしをいふに余は知りぬべきや。

板倉勝重について八話、重宗について二話の名裁きが語られて、いずれも「その席にありし人、みな頭をかたぶけ、感涙をながさぬはなし」という讃美に満ちた説話になっている。

これらの説話の機能を考えると、決してその価値は低くない。説教僧安楽庵策伝であるから、誓願寺の住職として京都のあちこちで説教の機会は少なくなかっただろう。そのつど、板倉京都所司代の公正さが京都住人に語られたのである。

2　鹿苑寺のサロン

板倉京都所司代の邸とならんで寛永文化人の交流するサロンの典型を洛北鹿苑寺《ろくおん》にながめてみよう。鹿苑寺の住持鳳林承章《ほうりんじょうしょう》が書いた厖大な日記『隔蓂記《かくめいき》』にその実態がよくうかがえる。筆者鳳林和尚は後水尾院の近縁に連なり、二人の間には実にこまやかな交友があった。『隔蓂記』は後水尾院の動静を知るうえにも大切な史料である。

鳳林和尚は公家の出身。勧修寺晴豊の六男である。父の晴豊の姉が新上東門院で、したがって後陽成天皇とは従兄弟の間柄になる。

- 勧修寺晴右
  - 新上東門院（＝誠仁親王）
    - 後陽成天皇—後水尾天皇
  - 晴豊
    - 光豊
    - 経遠（甘露寺）
    - 俊昌—俊完（小川坊城）
    - 鳳林承章

年齢的には後水尾院より三つ年上の文禄二年（一五九三）生まれ。七十六歳で寛文八年（一六六八）に歿するまで終世、後水尾院のよき話相手であった。元和六年（一六二〇）に等持院に入り、寛永二年（一六二五）相国寺に入っている。『隔蓂記』は寛永十三年（一六三六）から書きはじめられているが、それ以前の分は『鹿苑日録』の一部に含まれている。

寛文八年八月二十八日に歿するそのわずか二ケ月前の六月二十八日まで、三十数年もの間、日記が克明に書きつがれているのは驚異的だ。

鳳林和尚は詩文・芸能を好んだ。毎月行なわれる和漢聯句《れんく》の会、古典の講義には公家、僧侶、絵師や医者、町人等々の人々が集う恰好の場となる。殊に芸能のなかでも茶の湯は寄合いの芸能というとおり、出逢う顔ぶれも多彩であった。例えば三代将軍家光の茶道師範とされる小堀遠州が登場する。茶人の金森宗和は鳳林和尚のもっとも親しい一人だ。千宗旦《そうたん》とその子供たちとは茶の湯ばかりでないつきあいが生まれた。遠州をつぐ大名茶人片桐石州やその家老藤林宗源《ふじばやしそうげん》、下流の茶といわれる藪内《やぶのうち》家の人々。いずれも有名な茶人たち。そのほかに京都町衆の茶にもでかけるし、公家の一条兼遐《かねとう》（後水尾院の弟で一条家に入った）や仙洞の茶もある。その一、二を抄しておこう。まず千宗旦。

千宗旦はわび茶の大成者千利休の孫である。利休が切腹して果てたのち、数年を経ずして千家の復興が許される。その千家が利休後妻の連れ子千少庵《しょうあん》の家である。少庵は千家を維持することでせいいっぱい。むしろ千家の茶の湯として世間にリバイバルしたのは孫の宗旦の代であり、その息子たちすなわち、今日の表・裏・武者小路の三千家に茶の湯が分立する時代であった。鳳林和尚が宗旦との交友を深めたのも、まさに宗旦がわび茶を代表する人物として注目されていたときであった。

『隔蓂記』に宗旦がはじめて登場するのは寛永十六年（一六三九）十一月十三日だが、それはこの年から記録が始められたためで、交流はその以前にさかのぼるが、いつからかはわからない。

この日正午の茶に宗旦を招いた。懐石を食べ茶を喫する座に加わるべく魚梁田検校《やなだけんぎょう》なる人物がやってきた。そして検校と宗旦はともに『平家物語』を語ったという。宗旦は茶人とはいえ、ことに十二巻本の『平家物語』を所持するほどの熱の入れ方であるし、自ら琵琶《びわ》も弾く。宗旦の好みを知る鳳林和尚があらかじめ、琵琶法師の検校を同座させたのは茶後の楽しみにそれを考えていたからにちがいない。寛永二十年二月十二日の条をみよう。

宗旦、宗利同途来らる。宗旦より長火箸壱膳恵まる也。

夕食をすすめ、にわかに茶の湯也。茶の後、宗利謡声を発し、宗旦平家の声を発する也。

宗利というのは今日も続く茶家久田《ひさだ》家二代に数えられる久田宗利である。宗旦は娘のくれを宗利に嫁がせている。このとき二十四歳の若者だ。宗旦の茶に鳳林和尚が行くこともある。あるときは菓子の茶に招かれて一人で出かけていった。菓子の茶というのは正式の懐石を出さず、食事を省略してすぐに菓子を出し茶をのむ形式で、もっとも簡素な茶事である。いかにも「乞食宗旦」の異名のあるわび茶人にふさわしい趣向で、宗旦は菓子の茶をよくやっていた。この日も茶のあと、書院でひやむぎを一ぱいご馳走になって、宗旦の茶杓《ちゃしゃく》一本を土産に帰途についている。宗旦晩年のことだが慶安元年（一六四八）五月二十八日の茶会をもう一つ紹介しておこう。

廿八日、今朝、宗旦で茶の湯があった。慶彦蔵主《けいげんぞうす》が同道した。宗旦の隠居の家をはじめて見た。座敷は一畳半である。掛物は利休居士の画像、大徳寺の春屋の讃がある。花入ははじめから置いてあって杜若《かきつばた》一輪と蓮の葉が二枚。茶は利休の小棗《こなつめ》を袋にいれて出し、茶碗は宗四郎焼であった。自分は染付の鉢を一つ土産に持っていった。慶彦は団扇《うちわ》を一本。茶のあと居間に出ていろいろ話をしたことであった。

この前々年に息子の宗左に家を譲った宗旦が、その裏に隠居所を建てた。現在の裏千家は、表の母屋に対する裏の隠居所の意味である。隠居後、茶室はまもなく建てられたが、鳳林和尚が見るのははじめてだった。一畳半といえば最小の茶室だ。（現在、裏千家には宗旦が建てた一畳台目の茶室があって、といっても、台目畳の向うに一尺五寸の向板が入っているので実質的には二畳の茶室で、これを今日庵とよんでいる。裏千家を象徴する一番重要な茶室だ。しかし、鳳林和尚が坐った一畳半と現在の今日庵は少し違っていて、当時の茶室の向板の奥は今のように窓ではなく全面、壁であったようだ。現在の今日庵には床の間がなく壁床といって、壁の一部が掛物を掛けられるようになっている。これでは利休の画像と一緒に花入を置くことができないから、壁床ではちょっと無理だろう。）

この日は利休の月忌の日であった。毎月二十八日が利休忌で、だから春屋宗園の讃する長谷川等伯等の画像が掛けられた。花も回向《えこう》の心をあらわして蓮が二葉。わびた一畳半にふさわしい茶の湯である。

宗旦の茶は鳳林和尚を通じて、さらに広い交流をもつようになったにちがいない。ことに後水尾院の周辺にも宗旦の姿をみることがあったとすれば、その間に和尚が介在した可能性は十分であろう。現在表千家に、宗旦が東福門院から拝領したという押絵（縫い絵ともいって、型紙を美しい布で包んで縫いつけて描く絵）がある。三輪と氷室の能の舞台を図柄にしたものが二点、近衛信尋からもらった桃の絵が一点、計三点の東福門院の押絵である。押絵には宗旦自筆で「御作」とある。東福門院は押絵の趣味をもっとも得意とし、その遺品は各地にかなりある。その一つが宗旦にも下賜された。年紀は確定できていないが、宗旦は息子の江岑《こうしん》宛ての書状に、

一、女院様御手作之ぬひの歌仙を下さるべき候旨、一両日に出来、三宅玄蕃に下さるべき由外聞と申。貴所たちの宝に成り申すべく候。町人いか様の義これ無く候。その上、去年の竹花入ども四つとりておかせられ、御秘蔵の由候。外聞満足申す事候。

（『元伯宗旦文書』）

と書いている。まだこの手紙の段階では宗旦の手元に東福門院の押絵は到着していないで、三宅玄蕃《げんば》という女院付の武士を通してくださるとの噂だけだ。だから、歌仙の絵が実際にどんな絵であるのかまだわからない。宗旦は感激した。お前たちの宝になるだろう、と息子の宗左に語っていた。町人には例のないことだ、というところに宗旦の家門に対する自

宗旦拝領の東福門院押絵（表千家蔵）

負がある。千家は本来町人である。しかし秀吉から扶持を受け勘気によって利休が切腹した結果、牢人としての千家の地位も生じた。一般の町人とは別だという意識が宗旦にはあった。しかも宗旦作の花入は四つも東福門院の所蔵するところとなってその噂もきこえている、という。

ここで思い合わされるのは川上不白《ふはく》がのちに書きのこした伝承である。『不白筆記』には「爪紅《つまぐれ》台子《だいす》は宗旦、女院様へ好みて上《のぼ》し候也。宗旦さびたるとばかり見るべからず。此の好みまたは小町の押絵のかけ物等、前後合せて見るべし」とある。わび宗旦、乞食宗旦とばかり見てはいけない。宗旦には東福門院の華やかな優美な世界ととけあう美もあわせもっていたのだ、という。その例に爪紅の台子や、ここにはみえないが紅茶巾を創案した。爪紅の台子というのは、茶道具を飾る置棚の台子の一種で、台子は黒の真塗りが正式だが、これは全体が青漆で塗られ、台子の縁を朱色にふちどっている。爪紅台子や女官の口紅をかくす紅茶巾のなかに優艶とすらいえる宗旦の茶があったのだ。それにつづけて不白が「小町の押絵」に言及しているが、あるいはこれがさきの手紙にあった「ぬひ（縫）の歌仙」のことであったかもしれない。やはり宗旦の書状に、「女院より拝領の小町に天祐和尚の讃をして表具したのができたので、女院のお目にかけたらたいへんお喜びになった」とあるのがそれであろう。現在表千家の能の絵はこれにつづけて拝領になったものであろう。鳳林和尚が女院あるいは仙洞と宗旦を結びつける役割をはたしたか否か具体的には明らかではない。しかし承応三年（一六五四）九月九日の宗旦書状に、後水尾院と東福門院の松茸狩りの余慶にあずかったことを書いたのち、北山（鹿苑寺などの北山の禅寺）の衆が紫衣《しえ》を勅許されたと喜んでいるのは、鳳林和尚の紫衣勅許を指していて、やはり宗旦も鹿苑寺のサロンの一員であればこそ、仙洞とも縁が深まったのであろう。

　小堀遠州も鳳林和尚のよく知る人だった。つきあいは千宗旦ほど深くはなかったが、寛永の茶の湯を代表するこの大名茶人は、すでに天下の宗匠として名高く、しかも伏見奉行として多忙な晩年であった。

　幼いころは作介（助）と称したのちの遠州が誕生したのは天正七年（一五七九）。わずか十歳のとき、一度だけではあるが千利休に出逢うことができたのは、茶人遠州としてはまさに僥倖《ぎょうこう》であった。父小堀新介は豊臣秀吉に仕え、のち徳川家康に仕えて一万二千石余を領する小大名である。新介、作介父子は外様ではあったが譜代以上に幕府の吏僚として重要な代官・奉行の役職を経験している。それだけ有能だったのだろう。そのかたわら遠州は二代将軍の茶の湯指南であった古田織部について茶を学んでいる。茶の湯の遠州の好みについて「きれいさび」という言葉がよく使われる。いつから言うようになったかはわからない。

　織部の好みといえばすぐに連想するのはいわゆる織部焼といわれる自由奔放な茶道具である。激しくゆがんで沓形《くつがた》になった茶碗、幾何学的な紋様を黒や深い緑釉で描いたデザイン、いずれをとっても異風異体のかぶき者の好尚にふさわしい美である。しかし、その弟子の遠州にはほとんどこうした好みがない。遠州の茶会に参加した奈良町衆の松屋の茶会記には、遠州の点前《てまえ》を批評して次のように記してある。

　茶杓ハ、ツボ《（茶入）》ニ持セカケテ、又水指ノ蓋ヲ不洗《（フクサ）》ニテフカズニ、ツク（把手）ノ前ニ巾ヲ御置キ候也。巾ノシヤウ《（仕様）》成程ニキレイニテ、一ネヂ《（捻）》メワナ《（目輪奈）》ノ所アキテ、イカニモダテ也。

　茶の点前に使う茶巾の扱い方を記した文章で茶巾の使い方が「なるほどきれいだ」と嘆声をあげ、さらに、茶巾をたたむとき輪のようにふくらませて置いたところが「いかにも伊達なり」というわけだ。このような点前の微細な箇所にまで鑑賞の眼が届くようになるのもこの時代の特徴で、「きれい」とか近世独特の「ダテ」という言葉で表現される美こ

黒織部沓形茶碗（梅沢記念館蔵）

そ、遠州の〃きれいさび〃であった。

遠州の美意識が戦国的な荒々しさを払拭し、織部ふうのかぶきたる奔放さを内側に押えこみ、都会的な瀟洒《しょうしゃ》な美を狙っているところから、中世的な〃わび〃ともちがう言葉〃きれいさび〃が用いられてきたのである。この遠州の好みは、しかし遠州個人の独創的な好みとはいえないと私は思う。遠州一人がそうであったのではなく、均整のとれた繊細さを美に要求し、いささか煩雑なまでに意匠性を追求したのは、むしろ時代の好みであったのではないだろうか。桂離宮や修学院離宮の意匠には遠州がつくった茶室密庵《みったん》の席や孤篷《こほう》庵の意匠に共通するデザインの要素がある。それは遠州が共通する作者であるかどうか、ということではなくて、宮廷文化と遠州の茶の美との共通性であり、時代の好みのそれぞれの表現であったのだ。

遠州がこうした宮廷の美とも触れることが可能だったのは早くから作事奉行として禁裏の造営にかかわってきたことによる。さきに述べた仙洞御所の造営、さらに寛永十八年（一六四一）の禁裏造営にあたっては、総奉行の職にあったばかりではなく、紫宸殿以下主要な建物の担当奉行でもあった。直接に話すことはあり得ぬにしても絵図面等で後水尾院も遠州を大いに認めていた。茶の香炉の鑑定について、後水尾院が遠州と金森宗和に相談しようとした手紙が残っている。それについてはまたのちにふれる機会があるだろう。

その遠州が鳳林和尚と出逢ったのは、実は茶と無縁の事件がきっかけである。すなわち鹿苑寺の門前の百姓と鹿苑寺の百姓との間に紛争があって、門前の百姓が伏見奉行の小堀遠州へ目安《めやす》をのぼせるということになった。すでにそれ以前に事件が起ることを予測したものか鳳林和尚は事件の前日に人を介して遠州に面会を求めている。日記には「小堀遠江守殿つひに知人ならざる故、平賀清兵衛に頼み、なかだちとして小堀遠江守殿へ赴くなり」とある。平賀清兵衛は黒衣の宰相金地院崇伝の臣である。結果は首尾よく解決をみた。それ以来、数度の往来をみるが、その二年後、正保四年（一六四七）二月に遠州が歿してしまった。訃報《ふほう》をきいた鳳林和尚はとりあえず駕籠を呼ぶと伏見をさして出かけた。途中医者の半井瑞雪《なからいずいせつ》の邸に弔問に寄ったのは、瑞雪の亡妻が遠州の娘であった縁による

遠州切型　高取面取茶碗（三井文庫蔵）

のだろう。伏見の屋敷にくやみを述べて帰途につく。にわかに空腹をおぼえたか。あわてて出かけたから弁当もない、と和尚は日記に記している。

この遠州とさきの宗旦もまた無縁ではなかった。宗旦が鳳林和尚に見せた隠居場を建てたとき、末子の宗室だけを連れて引き移った。まだ宗室にはしかるべき出仕先が決まっていなかったからである。さきにも述べたように千家は一般の町人ではなかったので、なんとしても大名の茶頭《さどう》として職を得ねばならず、老宗旦もそれが悩みのたねである。その宗室を加賀前田家に出仕せしめた仲介者が小堀遠州の一族の努力であった。大名も牢人《ろうにん》も公家もそれぞれの階層に属しながら茶の湯に結ばれて鳳林和尚のサロンの一員であったのだ。

もう一人、鳳林和尚のサロンの一員を紹介しておこう。山本友我《ゆうが》という絵師とその息子である。鳳林和尚のもとに山本友我がはじめてやってきたのは正保元年（一六四四）十一月五日のことである。そのときは海のものとも山のものとも知れぬ一介の絵師であった。鳳林和尚は、友我と同道した僧侶たちに餅で酒を振舞っている。その後友我は、急速に鳳林和尚と親しくなった。その理由は何といっても山本友我の画才を和尚が認めたからであろう。友我は、かなり豊かな経済力の持ち主で、観世太夫の勧進能の桟敷を用意して鳳林和尚を招待するようなことがあった。これも鳳林和尚が友我を厚遇した一因である。

山本友我の出自は自ら語るところによれば次のようなものであった。近江国山本郷に住した山本冠者を祖とし、その十一代後の山本尚親に至って山城国岩倉郷に移った。文明年間（一四六九―八七）のことである。その四代後の修理太夫《しゅりだゆう》尚治は明智光秀の家臣。天正十年（一五八二）の天王山の合戦で戦死して、その子富尚が牢人となった。牢人がふたたび武士を志すならば武芸をもって新たな主君を得なければならぬ。さもなければ何かの特技をもたねば野たれ死ぬよりない。富尚の息子山本友我は絵師の道を選んだ。どうやら狩野派を学んで江戸で幕府御用絵師の下職のようなことをしたのではないだろうか。江戸を離れ、狩野派を離れて京都に上ったのは結局うだつがあがらなかったからに相違ない。そのとき友我は三十五歳だったというが、上洛したのが何年かわからないから生年は不明である。

今日京都妙法院に友我の描いた麝香猫《じゃこうねこ》の絵がある。小品ながら愛すべき絵である。また兵庫県の須磨寺には「敦盛像」が所蔵されている。絵師としての力量はあったと見てよい。だから鳳林和尚が友我に人麿像を早速に注文したのも、のちには三幅対も依頼したのもうなずける。友我は鳳林和尚と親しくなるとともに、その周辺の人物との交渉が生まれてきた。たとえば和尚に出逢った翌年には鳳林和尚の甥である小川坊城俊完《ぼうじょうとしさだ》を紹介してもらっているし、ことに宮廷の人々にその名を知られるようになった点がのちの活躍に大きな影響をもたらした。正保四年（一六四七）、友我に思いがけぬ幸運がもたらされた。仙洞から屏風の注文がきたのである。きっかけは鳳林和尚が友我の存在を仙洞で後水尾院の耳にいれたことにある。「仙洞において振舞あり、終日御雑談申し上げ候。山本友我の絵の事お尋ね故、友我の由来、具《つぶ》さに申し上げるなり」とある。おそらく坊城俊完あたりから後水尾院はすすめられて鳳林和尚にどんな絵師か、と尋ねられたのであろう。鳳林は友我の絵を勧めた。一度ご覧いただいては如何。早速、友我のもとに鳳林と俊完から話があって上覧にそなえるための絵が命じられた。題名は「月下河烏図」。満月の下に、河烏が岩のうえに描いてあって浪もある、と鳳林和尚は説明している。すぐに仙洞へ届けられた。後水尾院も友我の絵が気に入ったとみえ、しばしば友我のことを尋ねる。ことは上首尾に進行して仙洞からついに屛風の注文が友我のもとにもたらされた。屛風の完成には約三ケ月を要し、正保四年十一月に坊城俊完のもとへ届けられている。この功績により友我には法橋《ほっきょう》の位が与えられた。妙法院の麝香猫の絵には法橋友我の署名がある。

法橋というのは本来は僧の位で法印、法眼《ほうげん》につづく律師にあたる位が法橋であったが、のちには医者、絵師、連歌師、仏師などのランクを示す位としてさずけられるようになった。しかし法橋になるということは、医者でも絵師でもなかなかむずかしいことであった。友我のようなにわかに登場してきた者に法橋を許されるのは鳳林和尚のよほど強い推薦があったからだろう。友我もその御礼にたくさんの絵をかいて禁中に献上している。江戸時代になると法橋成り、とか法印成りといったばあいの御礼の相場があり、一般には金銭で、配られる先と額が決まっていた。しかし絵師のばあいの礼の仕方は、絵そのものをさしあげるということだった。日記によると「今度友我法橋御礼進の屏風絵で禁中と仙洞へ進上する二双、ならびに関白殿下へ進上する二枚屏風の片方を見た」とあり、「新院と女院に進上する押絵を持参してきた」と見えるのは、法橋成りの四ケ月ほど後のことであった。友我は江戸から上洛すると同時に牢人から完全に絵師への道を歩み、鳳林和尚のサロンを場に宮廷画家ともいうべき御用をうけたまわる絵師へと成長していった。慶安四年（一六五一）には禁中から押絵の依頼があったし、承応度の禁裏造営では常の御所や番所の絵が命じられている。このことは、

山本友我筆，平敦盛幽霊の図（須磨寺蔵）

友我

常御所北東より第三の間　鷹狩

内々番所十二帖敷　雪木

と禁裏造営の史料にみえる。その画料は銀四百四十匁半であった。狩野探幽には及ばぬが、海北友雪《かいほうゆうせつ》と同額である。寛文度の造営でも海北友雪とともに妙覚寺を絵所として彩管を振るっている様子が、やはり『隔蓂記』のなかに散見されるのである。

友我には一人の息子がいた。内蔵助と称し、のちに泰順《たいじゅん》と名乗った。寛永十三年（一六三六）に生まれ、正保四年（一六四七）、父友我が仙洞上覧の「月下河烏図」を描いた年に、山本友我宅を訪れた鳳林和尚に逢っている。十二歳であった。友我が、新座敷というから新しい書院を建てた披露の席に幼いながら茶道《さどう》（茶をたてる役目のもの）として内蔵助は登場している。早熟というべき利発さに鳳林和尚も舌を巻くことがしばしばであった。わずか十五歳にして内蔵助は詩歌会の頭人をつとめている。

大徳寺高林庵において詩歌の会あり。当人（頭）は山下（本）内蔵助なり。晃首座《しゅそ》、什首座、吉岡宗守は座に出でざるなり。

慶安三年（一六五〇）の記事である。翌四年三月六日には、

妙覚寺の寺中において、下冷泉《しもれいぜい》少将（為景《ためかげ》）、友我を請い、速水安芸守花見の振舞こ

れあるの由、（中略）妙覚寺に赴き、すなはち下冷泉殿にあひたいす。詩歌あり、予また両首を綴る。狂歌、俳諧これあるなり。山本友我、同内蔵助、山形右衛門尉、この衆なり。

と鳳林和尚は記している。十六歳の内蔵助少年は詩歌、狂歌、俳諧を十分こなしていたようだ。この会で友我が招待した下冷泉少将為景は、内蔵助すなわち山本泰順の師であった。藤原惺窩《せいか》を父とする数奇の生涯をたどった学者公家を師にもったところが、泰順のまた尋常ならざるところだったともいえようか。この会があった翌年、為景は自殺している。自殺の理由を鳳林和尚は知っていたが、記録には残していない。師の世を去るまで泰順は為景に師事することはなはだ熱心であった。承応元年（一六五二）には為景と勅定により書を編んでもいる。牢人絵師の息子は画業を継がなかった。そのかわり、父が開いてくれた公家社会のサロンを縦横にかけめぐって公家文化として蓄積されてきた古典の知識を貪欲に吸収したのである。二十歳をすぎた泰順は新しい儒者としてのスタートをきった。

明暦二年（一六五六）、二十一歳で山本泰順は最初の著作『古今軍林一徳抄』を著した。翌年には鳳林和尚を招いて振舞うほどの力をもってきている。『節序詩集』を編み、『武備志』二百四十巻に訓点をほどこし、万治元年（一六五八）にはついに記念すべき大著『洛陽名所集』を出版した。

近世初期の文芸のジャンルで名所記という一群の地誌がある。その最初の作品は中川喜雲の『京童《きょうわらべ》』ということになっている。明暦四年七月の刊行だ。ところが明暦四年は七月をもって万治と改号されるのであって、実は『洛陽名所集』は『京童』に遅れることわずか一ケ月。これも名所記の嚆矢《こうし》として何ら恥ずるところない作品である。全十二巻の大部な著作が、わずか二十三歳の青年の仕事とはいささか信じがたいことであるが、それほどに泰順は鹿苑寺のサロンや冷泉為景からうけとるものが大きかったともいい得よう。『洛陽名所集』は名所記とはいいながら、名所の説明のなかに、作者泰順の自己表白がいたるところに顔をだしていて、紀行文的である点に特徴がある。たとえば鹿苑寺の説明に、

今の住主章長老は勧修寺儀同晴豊の男なり。長老猶も太上皇の淳信により明暦二年秋、院殿にして入室の行修し、すなはち斑襴《はんらん》金紋の袈裟をたまはりけると也（中略）。もとより長老愚父としたしみふかゝりき。予もまた同じ。

わざわざ個人的な鳳林承章との縁を書きこむあたりに、泰順の鹿苑寺サロンへの帰属意識がうかがわれる。

いささか山本友我、泰順父子にかかわりすぎてしまった。これはたまたま目にふれた一例にすぎない。が、『洛陽名所集』のような名所記が鹿苑寺のサロンをいわば苗床として育ってきた様子は追いかけることができただろう。ちょうど板倉邸を舞台に安楽庵策伝の『醒睡笑』が生みだされたことを思いあわせてほしい。後水尾院の周辺には、このような文化サロンがたくさんあって、そのサロンがちょうど鎖のように互いに結ばれながら大き

な輪をつくっていたのである。その中央にあったのが後水尾院その人であった、と私は考えている。

3　寛永大立花

後水尾院を中心とするサロンは、天皇在位中には禁中を舞台にして存在した。和歌、連歌、和漢聯句、講釈、遊芸等々の会である。退位後にはその舞台を仙洞御所に移して同様の多彩な寄合いがあった。伝統的な文芸の寄合いが堂上、すなわち殿上人ばかりの閉鎖的なサロンであったとすれば、芸能の寄合いは昇殿を許されない、いわゆる地下《じげ》をも含む、いかにも寛永文化を象徴するサロンであった。この特徴ある芸能寄合の実態を立花《りっか》をとおしてみてゆこう。

後水尾院は立花を好んだ。晩年のことだが院の御前でこんなことがあったと近衛予楽院家熙《いえひろ》は『槐記《かいき》』のなかで語っている。

立花は面白いもので、これが好きになりだしては他のことは耳にも目にも入らなくて、昼夜このことばかり考えてしまうものである。後水尾院から立花の伝授をうけてかねて堪能だったのは獅子吼《ししく》院（後水尾院第十皇子堯恕《ぎょうじょ》法親王）であった。あるとき、後水尾院が獅子吼院にいわれるには、立花もほどほどにするがよい。自分が歯を悪くしたのは立花のためなのだ、と。獅子吼院はクスクスと笑って側の人に、あの歯が脱けたのは歌で悪くなったのだ。立花のせいではないよ。しかし後水尾院の耳が遠かったので獅子吼院のいうのが聞えず、まわりにいた人々はおかしくてしようがなかった。歯をくいしばって物に集中したから歯が脱け落ちたのだが、その理由を後水尾院は立花執心だったと考えていた。それほどに立花が好きだった、という例話である。

室町時代の書院飾りとして発達をみた〝たてばな〟は近世初頭の二代池坊専好《いけのぼうせんこう》の登場によって〝立花《りっか》〟へと展開した。いわば押板の掛物の前景を飾るにすぎなかった〝たてばな〟ではなく、一瓶の花が自立した鑑賞の対象となるような完結性をそなえた〝立花〟に成長したのである。二代専好がこのような立花様式を大成したのは、後水尾院の立花好きと、禁中立花の場を提供した後水尾院のサロンがあったからである。もしこれらのことがなかったら、これほど見事には立花の大成は現出しえなかったであろうし、もしかりに完成されたとしても、これほど詳しい史料を残さなかったにちがいない。まさに日本花道史の側からみても後水尾院は最大のパトロンの一人であったといえる。

さきの『槐記』は、院の立花全盛期を約百年後からふりかえって次のように記している。

後水尾院様は、立花に於て、甚だたんのうある御こと也。禁中の大立花と云ことは、此の御世にこそありけれ。主上を始め奉り、諸卿諸家とも、其のことに堪能ある人を択ばれて紫宸殿より庭上南門まで、双方に仮屋《かりや》をうちて、出家町人にかぎらず、其の事に秀でたる者は、皆立花させて双《なら》べられたり。秀吉の大茶の湯後の一壮観なり。専光（好）が桜の一色と云ことはこの時よりぞ始まりける。

後水尾院の禁中大立花は百年後の禁中でほとんど伝説化していた。ことにこの予楽院近衛家熙の指摘で興味ぶかいのは、禁中大立花が身分を超越したサロンであり、あたかも下剋上の文化であった秀吉の北野大茶の湯に匹敵すべきもの、と意識されている点である。禁中立花会は出家や町人ばかりでなく、立花にすぐれている者であれば選ばれて参加できた。後水尾院のサロンがまだ近世的身分秩序に閉じられていなかったことを、この記録は指摘しているのである。そして北野大茶の湯のような茶の湯流行に通ずる下剋上的な立花流行を、後世の人々は大立花のなかにも感じていたのではないだろうか。事実、大立花の周辺には立花狂いとさえいえそうな熱気がはらまれていた。

右にかかげる表は寛永六年（一六二九）一月から七月までの禁中における立花会の状況である。記録や画に残されたものから知られるだけでも約半年の間に三十回以上の立花の会が開かれている。ことに一月二月の集中は激しい。会の中心は後水尾院と池坊専好である。たとえば一月十三日の会をみよう。この日は一段と暖かくのどかな日よりだった。お触れがあって土御門泰重が参内すると池坊専好が招かれていた。後水尾院はならびいる人々の立花に、これが第一、これが第二と順位を付けよと池坊に命ぜられた。これを点取り立花といった。専好は後水尾天皇（この年の十一月に譲位であるからまだ天皇で院では

禁中における立花（寛永六年一―七月）

一月	九日	池坊専好、禁中小御所にて立花（資勝卿記・画証）。
	十日	後水尾天皇の立花（泰重卿記）。
	十三日	専好、天皇ほかの人々の立花に善悪の批評を加える（泰）。
	二十日	天皇、花をいれる（泰）。
	二十二日	禁中にて点取りの立花（資）。
	二十三日	専好、禁中にて立花（画証）。
	二十五日	天皇、花をする（泰）。
二月	二日	天皇、廷臣と花を立てる（泰）。
	五日	専好、紫宸殿にて立花（画証）。
	十五日	禁中にて立花（泰）。
	十九日	天皇、廷臣と花を立てる（泰、資）。
	二十日	天皇、花を立てる（泰）。
	二十五日	天皇、花を立てる（泰）。
	二十六日	禁中にて立花（資）。
	二十七日	禁裏より派遣の絵師、専好の花を写す（資）。
閏二月	五日	禁中大勢にて立花。専好大沙物を立てる（泰）。
	六日	専好、紫宸殿にて水仙を立てる（画証）。
	十日	天皇、花を立てる（泰）。
	二十日	天皇、玉林の立花をみる（泰）。
	二十一日	禁中にて立花、十四瓶でる（泰、資）。
三月	四日	禁中にて立花、十六瓶でる。点取りの由（泰、資）。
	五日	専好、禁中にて花点を加える（泰）。
	十五日	専好、紫宸殿にて立花（泰）。
四月	一日	禁中にて立花（泰、資）。
	五日	天皇、廷臣と立花（泰）。
	十日	天皇、花を立てる（泰）。
	二十六日	禁中にて立花（資）。
五月	十二日	禁中にて大立花会。三十瓶でる（泰）。
	二十五日	禁中にて立花（泰）。
六月	十七日	禁中にて立花。十三瓶でる（泰）。
	二十七日	禁中にて立花（泰）。
七月	四日	禁中にて立花（泰）。
	七日	禁中にて七夕の大立花。四十九瓶でる（泰、資）。

＊典拠は『資勝卿記』→資、『泰重卿記』→泰、画証・専好立花図→画証と略した。

ない）の花をまず第一とした。

四辻大納言季継が第二位、第三位が関白近衛信尋、第四位が妙法院堯然《ぎょうねん》法親王、第五位は園《その》頭中将、高倉三位、勧修寺の三人が同点であった。六位は秀目（秀目というのは非蔵人の秀朔の誤りか）。七番目は日野中納言光慶《みつよし》で、これで全員の順位が決まった。後水尾天皇の一位はともかくとして、二位以下については関白、法親王（いずれも天皇の弟）をしりぞけて四辻季継の花を上位とするなど、かなり自由な雰囲気で批評が加えられていた様子がうかがえる。

一月二十二日にも点取りの立花があり、三月四日・五日にも連日点取りの立花が興行されている。五日の会は「池坊伺公仕り、花点仕り候」とあるから点者は専好であったが、四日の会には専好は登場しない。

　四日己丑、雨。立花仕るべき候由、仰せ候条、伺公。一瓶仕り候。御点取之由仰せ候。御人数、四辻父子、日野父子、広橋中納言、高倉三位、園、阿野中納言、勧修寺、妙法院殿、殿下（近衛信尋）、左大将殿（鷹司教平）、予（土御門泰重）、主膳、勘解《かげ》由《ゆ》等十六瓶、御花別也。半夜前退出申し候。

人数は天皇を含めて十六人で立花の数も十六瓶。ただし点取りには御花すなわち天皇の花は別にしたのであろう。当然、点者は天皇自身であったと考えてよい。立花は連歌や聯句のように、衆目のなかで演じられ、評価が下される遊びであり、芸能であった。

三月四日の会は十六人だったが、五月十二日の会は三十人、七月七日の会ではなんと四十九人の大立花会となり、のちに伝説化した禁中大立花とは、こうした寛永六年春より夏の会を指していたのだろう。七月七日の会に参加した土御門泰重は早朝に立花の真に用いる松と下草を用意して御所へ持参している。人数は、

御花（天皇）、妙法院宮、聖護院宮、曼殊院宮、左大将殿（鷹司教平）、日野父子、烏丸大納言、四辻大納言父子（以上十名）、中御門大納言父子、清閑寺中納言父子、阿野中納言、徳大寺中納言、高倉三位父子、広橋中納言、藤谷（以上で二十名）、竹屋、予（泰重）、樋口、勧修寺、山科、六条、鷲尾《わしのお》、川鰭《かわばた》（河鰭）、東園、園（以上で三十名）、難波、綾小路、大膳、倉橋、大乗院殿、地下《じげ》には、古硼、院西堂、秀朔、円済（執行）、西方寺（以上で四十名）、芝坊、南坊、秀栄、建国寺、主膳、木工、兵部（坊官）、兵作（妙法院殿御小姓）、岩倉。

以上の四十九名で、一人一瓶、四十九瓶の立花がならべられたことになる。

多数の堂上《とうしょう》・地下、僧侶などが集まって、立花のコンクールのような立花会が開かれるようになれば、参加する人々も立花の練習に励むのが当然である。さきの日記を残した土御門泰重は自宅で立花の稽古をしたり、下草や真の材料を郊外に採りに出かけたりした。閏《うるう》二月十五日には注文してあった花瓶ができてきて代金十六匁を払っている。「大形（方）、見事也」と満足して、早速花を立てている。自宅で稽古するほか香具屋紹智という町人の家

に行って立花を見物したこともあった。清閑寺中納言以下公家四人が連れだっての立花見物で、天皇の叡覧にも供した玉林の立花が上手だったと記している。その帰りには松平紀伊守屋敷へ寄って椿見物をした。あるいは五月十二日の三十瓶の禁中大立花会の前日には公家たちが三々五々泰重邸に集まって予習に余念がない。

倉橋参られ候。立花仕り候。明日の稽古也。其以後、高倉参り候。立花見物申し候。作者、広橋中納言、竹屋、徳大寺等也。又山科見物に参り候。立花一瓶無く候也。

立花が一瓶もないというのは、どれも出来が悪かったということか。禁中のみならず、公家や町人の家でも芸能化した立花の会がしばしば開かれていたのである。

日野資勝も立花狂いの一人であった。資勝の場合、立花が好きだという以前に花の栽培に興味があった。かつて森末義彰氏が明らかにしたところによると、元和年間から急速に広がった椿ブームは品種の多様化とあいまって、それぞれ自慢の椿作りや椿園の造園など椿の栽培が趣味化していった。たとえば資勝自慢の椿に「日野椿」という珍種があった。これなどは資勝の立花に使われていた椿で、これを後水尾院が賞め接木《つぎき》して献上するように命ぜられるというエピソードが生まれた椿であった。

椿の珍種を集めた安楽庵策伝の『百椿集《ひゃくちんしゅう》』の完成はちょうど寛永七年（一六三〇）と考えられ、そのなかには、千里の道を遠しとせず珍種を求めてあかぬ芸州広島の町人薄屋《はくや》宗善なる人物が登場する。宗善が作って絶品と評された大薄色という椿は、こうした執心の作品であった。資勝は寛永十四年（一六三七）にあらたに椿畠を屋敷のうしろに作らせ、二十三種の椿を植えさせた。日記には図解して椿の植えた位置を示している。さきに泰重が立花の帰りに見物した武家屋敷の椿もこうした椿畠の椿であったかもしれない。

武家では織田信長の息子で今は名をかえて常真《じょうしん》と称していた織田信雄も椿の愛好家だった。西洞院時慶はこの常真にさし木用の椿の枝を無心したが断わられてがっかりしている。

後水尾院もまた椿好きの一人である。近衛信尋と後水尾院の往復書状のなかにも椿のことがときどきみえる。ある手紙では、「宗和方より椿つぎ候ものまゐり候まゝ、たゞ今清閑寺方まで人を添へ候てまゐらせ候」と信尋が後水尾院に伝えたところ院は「何時にても其方次第に候」と答えている。宗和は公家方の茶の湯に大きな影響力をもっていた金森宗和である。宗和は茶人であったから茶席にいれる花として椿は欠くべからざるもので、それだけに禁中の椿の接木を望んで信尋に接木職人を禁中にいれさせてもらいたいと仲介を頼んだのであろう。後水尾院はこれに対して、すでに職人が来ているならいつでも結構だ、と返事している。同じ勘返状のいま一通に、「宗和方より先頃椿はなし申度き由申候て」と記した書状がある。これにも後水尾院は、花畠に入ってよろしい、と返事した。どうやら御所にも椿の多数植えこまれた花畠があったらしい。この二通の書状が続いているとしたら、この接木はいわゆる寄接ぎという方法で接穂がついたのちに台木から引き離す方法である。当時はそれが一般的であったらしく、接木のあと必ず「はなし」という台木から切り離す手が必要だった。

やはり信尋の手紙で「内々の椿のけんぶつ十四日に参り候はんよし候。いよ〳〵そのとをりに申しさだめ候はん。知音のもの一両《（人か）》日同道いたしたく候よし候」と、後水尾院の花畠の椿見物を申し入れているものもある。院は「いつでもその方次第でよい。ただし掃除は一切していないからそのつもりで。知人はいく人連れてきても構わない」と返事した。信尋の知人とは、当然、院の知らぬ人であるから、あるいは武士か町人であったろう。御所の花畠は、立花とともに御所と巷間をつなぐ隠された通路の役割もはたしていたのである。

こうした椿ブームに象徴される花卉《かき》観賞の進歩は花作りの専門家「花づくり宗味」（『時慶卿記』）などの人物を生んでいたし、おそらく寛永の立花流行の前提をなすものであったとみてよい。資勝はこうした花材によって立花の修行を積んでいた。資勝の花の師匠は曼殊院の坊官（寺に仕える侍）西池主膳《にしいけしゅぜん》で、資勝は主膳に花を立ててもらったあと、その稽古をしたり、自宅や、あるいは池坊専好をたずねて稽古をするなど熱心であった。資勝の日記には、ただ立花があった、と事実をメモするだけではなく、立花の内容について詳しい記述を残すようになってくる。寛永九年（一六三二）正月二十三日の仙洞立花会の様子を例にみよう。

数日前から資勝の準備ははじまった。師匠の西池主膳が二十一日に様子をみにきたが、資勝は他出していて逢えなかった。二十二日にまた主膳がきた。真と下草の用意がないので、池坊にとりにやるようにと主膳がいう。早速、池坊に人をやると、只今花会の最中だから後刻届けるとの返事であった。やがて真と下草が届いた。持明院から伊吹を一枝ほしいといってきているので二枝送る。晩には六条から檜の真を二本もってきた。主膳がまたきてくれたので真をつくらせ、副《そえ》と流《ながし》にする枝の取りあわせを頼んだ。資勝などは全部を自分でするのではなく、あらかじめ専門家に真・副・流といった役枝を整えておいてもらったのである。それだけ花会が専門化した技術を競うようになってきたのであろう。

さて当日の二十三日の条を次に写そう。

二十三日　辛酉、晴。朝飯以後、仙洞に立花候て、伺公申し候へば、はや各《おのおの》立花始まり申し候。内大臣教平公、妙門主、資勝、嗣良卿、池坊、高雄《たかお》、本願、因幡堂執行、泉涌寺の法恩院、西方寺、西池主膳、

以上がメンバーである。次にそれぞれの立花についての記述が続く。まず後水尾院。

仙洞御花一瓶、梅真、ソヘ竹、右に前に枇杷《びわ》の葉五枚有、前置ツゲ、二重に有、裏に花の有、ズハイ枝多く有る也。

池坊、松の一色、直真、苔真にあて、あまた前置の下、左右指枝など有、見事さ驚目斗《ばかり》候也。今一瓶は檜真也。

さすがに池坊専好である。資勝はあまりの見事さに驚きいってしまった。次は自分の花。

予、花の真檜木、ソヘ柳、ソヘウケ紅梅、流松苔、又苔にそへ、右に伊吹、伊吹にあて丶てり（照）檜の枝、前置つげ、その右に薄色椿花三、左に金銭花、うらに檜葉、梅の小枝、右にも有り、右に枇杷の葉二枚これある也。

立花がおわると仙洞御所の奥で食事がふるまわれた。門跡衆なども相伴《しょうばん》して食事がすむと院は池坊に命じて立花の批評を求めた。専好は弟子の西池主膳や僧たちの作品をとりあげて詳しく批評を加えている。まず主膳の立花について。

主膳　花に正真の右に並べて梅ズハイ立ち申し候。是は同意也。後へより候か、又は前へなりともより候へば苦しからざる由也。法恩院　花は筒しまらず候て、帯をときたるやうにて悪しき由也。西方寺　花は右の中へ紅梅の枝のこみたるが出し申し候。左へ流の枝のこみたるを出し申し候。目うつり悪しく候て、梅の枝まで悪しく見え候由也。

自由な創作意欲に支配されるサロンとはいえ、やはり池坊専好が殿上人に直接批評を加えることは憚られたであろう。だから弟子たちの作品をとりあげて立花の奥伝をつたえようとしたのである。

ところで、このような立花ブームがどこから生まれたのか。私にも明快に答えることはできない。椿に代表される花卉園芸の発達も、どちらが原因でどちらが結果であるのか、

後水尾院立花図（立花図屏風より，東京国立博物館蔵）

にわかに断じがたい。立花は、その受容者である後水尾天皇の政治的逃避の手段であった面もなくはないだろうが、そのことだけでこの流行全体を説明はできない。ただ立花ブームにともなって、二代池坊専好というすぐれた才能が開花し、生活文化として部屋飾りのなかに埋没していた花が一個の自立した鑑賞品に成長した側面は看過し得ない。それが立花ブームの原因であったか結果であったかはこれもまた決めがたいが、後水尾院のサロンがなければ二代専好の力はこれほどに発揮し得なかったであろうことは断言できる。

二代専好の禁裏における登場は寛永元年（一六二四）であったといわれる。寛永元年七月七日の七夕の立花を元服の間において三瓶いけた。そのうち砂の物も池坊が立てたが、「事の外、奇麗清涼也」（『泰重卿記』）と好評であった。多分、池坊の弟子西池主膳の主君である曼殊院の良恕法親王のもとへ専好が出入りしていたことが、寛永元年の禁中出仕に結びつくのだろうと推定されている。この推定はかなり確率が高い。いったん専好が禁中

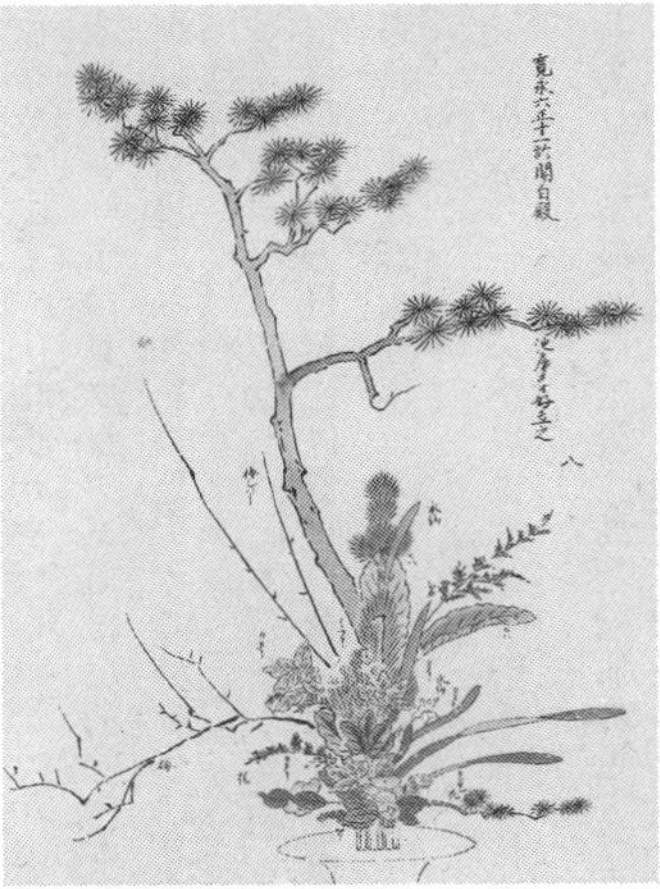

二代池坊専好立花図（立花図巻より，陽明文庫蔵）

に確たる地歩をきずくと、その技術は人々を魅了した。再三みてきたとおり後水尾院のサロンで花に点をつけられるのは後水尾院と専好だけであった。だから、人々は専好の立花こそ、最良の手本であった。立花は立て終れば、その瞬間から萎凋《いちょう》がはじまり花形は崩壊してゆく。花は、時の賞翫《しょうがん》といわれるように、厳密にいえば生命は一瞬のうちに燃えつきてしまう。それを記憶し後世に残そうとすれば花を写生しておくほかはない。こうして二代専好に至って、その作品は大量に絵画――立花図――として残されたのである。ここにも立花が自立した鑑賞品に成長した証左をみることができる。なぜなら、この立花図には背景の室礼は一切描かれていない。立花図の立花は室礼を超えた存在となったのである。

今日残された二代専好の立花図は、山根有三氏の整理によれば、一四本、二五七図にのぼっている。なかでも著名なのは曼殊院蔵の立花図ならびに図帖、あわせて一三六図、陽明文庫蔵立花図巻九二図、池坊家蔵立花図九二図、東京国立博物館蔵立花図屏風三六図等々である。山根氏があげられたほかにも、私は先年ニューヨーク市立図書館の特殊文庫スペンサーコレクションでまた別の一本をみている。これは大型の巻子本で専好の立花が六六図収められていた。とにかくそれほどに専好の立花の需要が多かったのである。誰の需《もと》めであったのか。

日野資勝の日記には資勝自身が花の伝書や「座敷荘厳花入図」を筆写している様子が記され、また寛永六年（一六二九）二月二十七日の条には、

振舞の中に、禁裏より絵師一人下られ候て、池坊花を写し申し候。

とあり、禁裏から派遣された絵師が池坊専好の立花図を写していったことがわかる。また、時代は少しさがるが、寛永十七年（一六四〇）十一月には鹿苑寺の鳳林和尚は仙洞御所より「池坊専好立花之写絵之手鏡折本一冊」を借りだして半月ほどのうちに絵師の伊藤長兵衛に写させている。この折本の図数は二六図であった。やはり今日残る専好立花図の大半は後水尾院のサロンで需められたことがこれらの記事からうかがえよう。

寛永十四年（一六三七）、後水尾院の意をうけて二代専好は法橋に叙せられた。しかしそれは寛永大立花のエネルギーの終息を意味したかのように、以後、禁裏・仙洞の立花の流行は静かに失なわれていった。それは立花そのものの衰退ではない。むしろ町方の立花の流行は盛んであった。だから禁中での衰退は後水尾院のサロンの変質を意味したのでは

なかっただろうか。サロンが禁中の内部の公家社会と外部の地下《じげ》、町人に引きさかれるとき、サロン内部の人々の意識も引きさかれることとなった。鳳林和尚が相国寺円通閣上の立花を「町の者立つる由、以ての外見苦し。大笑々々」と嘲笑したのは、専好の法橋成りから十年ほどのちのことである。かつて地下の者も同座して互いの技術を磨くサロンの土壌がようやく失なわれ、町の者と堂上との間に越えがたい溝が掘られてきたのであった。

5　学問する上皇

1　後光明天皇

女帝明正《めいしょう》天皇の即位にはいささかショート・リリーフといった感がある。徳川秀忠はあからさまに、いずれ皇子が誕生したら譲位を求める気持を見せていた。それまでの中継ぎ、という考えがどこかにあった。その秀忠も後水尾院の譲位後二年余の寛永九年（一六三二）に歿した。ついに期待の皇子は秀忠の娘、東福門院から生まれなかったのである。

徳川秀忠が歿した翌年寛永十年の三月十二日、東福門院以外の女性からはじめて皇子が誕生した。母は京極局、園基任《そのもととう》の娘である。素鵞宮《すがのみや》と称した皇子は、寛永十九年に親王宣《せん》下《げ》をうけ、いつでも譲位をうける用意ができた。一方、明正天皇の在位も十三年十一ケ月に及び、もはや女帝が引きつづき位にある必然性は薄らいできたといってよいだろう。幼くして聡明の聞え高い素鵞宮への譲位は何の支障もなく、寛永二十年（一六四三）十月三日にとりおこなわれた。まだ十一歳であった。十四年前のような朝幕間のいらだちは、このたびは少なくとも表面上にはない。
その背景には寛永十一年の家光上洛によって朝廷の経済が好転したことも作用しているだろう。さらに、後光明天皇が、京極局の子でありながら、東福門院は自分の養子としてたてており、形式としては徳川氏の外戚の地位が守られていることも重要な意味があろう。以後、後西、霊元両天皇も東福門院は養子にたてている。

　鹿苑寺の鳳林和尚は、譲位式の日、真夜中の午前三時に寺を出た。夜明けからはじまる儀式を見物しようというつもりだ。途中、禁中の馬場がすでに京都所司代の武士によって固められていて通行不能となっていたので和尚は裏道を通って勧修寺邸へ急いだ。勧修寺邸は和尚の実家でもあり、見物に都合がよかったからだ。内外に桟敷をたて、すでに見物の用意ができている。見物客は多かった。和尚が寺から伴っただけでも立花の友人でもある高雄上人をはじめ北野社家の能円、そのほか寺侍や小者まで十六人もいた。さらに奈良からやってきた武士や京都の町人、医者の作庵法橋父子、針立師等々、勧修寺《かじゅうじ》邸は見物客だけでも三十人近くも集まったようだ。夜が明けぬうちに東宮《とうぐう》すなわち後光明天皇の行列が通るのを桟敷で見た。東宮は東福門院の御所を出て禁中の西門から入った。松明《たいまつ》をかかげた殿上人が東宮の車を導いている。

　儀式は、気が遠くなるほどゆっくりしたものだったようだ。夜明け前の東宮行啓のあと昼前の明正天皇の行幸まで、これといった行事はない。行事はさすがに美々《びび》しくて、大老の酒井忠勝、老中の松平信綱、京都所司代板倉重宗以下の武家が供奉し、左大将、右大将、鳳輦《ほうれん》のあと女中衆の車が二輛つづき、関白二条康道、左大臣九条道房がこれを追った。夕刻になって剣璽《けんじ》の渡御があった。このころにはまた日が暮れて松明が行列を照らしだし、ようやく一日がかりの見物もこれで終った。さぞ退屈であったろうと思えるが、その間にはいろいろな趣向があり、一日中俳諧がよまれ、北野の社家は囲碁に興じ、邸でだされる食事のあとでは濃茶が練《ね》られて茶の湯が楽しまれるといった具合である。鳳林和尚も「終日おのおの打ち談ず」あるいは「おのおの談笑」「咄《とぎ》」と四方山《よもやま》話に興じたようである。譲位の儀式もここでは寄合いの楽しみとなっている。

後光明天皇の即位は十八日後の二十一日に行なわれた。この日も鳳林和尚は見物にでかけたのだが、なぜか禁中の門がすべて固く閉じられていて見物ができなかった。「前代未聞の儀也」と和尚は憤慨している。それは幕府が武士を派遣して〝新法〟を施行したからであり、旧来の〝禁闕《きんけつ》之作法〟ではない。いわば幕府の法度が王法を絶するものだ、と和尚は日記のなかで断じた。こんなところにも寛永文化の変化をうかがうことができよう。公家文化も僧侶や武士、町衆の衆人環視のもとにひらかれていたのが、その文化から、武家・町人を分離して、つまり、身分を地域と職業を分断することによって封建支配を貫徹してゆこうという幕府の意図が、まずもっとも厳粛な儀式からはじめられたともいえる。

禁中の、社会における文化的な影響は決して小さくなかった。ことに禁中の学問が朱子学に向かって一つの高まりを見せた時期であっただけに、幕府もその動向に無関心ではいられなかった。その禁中の学問の中心にあったのが、後水尾院と後光明天皇父子である。後光明天皇について近衛家煕《いえひろ》の『槐記』はいくつかの挿話を伝えている。あるとき、禁中の番所《ばんどころ》がことのほか賑やかで、人々が大笑いする声が聞えた。天皇は何事かと、ヤス丸という小姓を見にやらせると、その報告に、唐橋某といういささか鈍才の者に哆羅尼《だらに》舞を舞えと若公家たちが無理難題を吹きかけてなぶりものにしております、という。天皇は、それならヤス丸、お前が哆羅尼舞を知っているといって舞ってこい、と命じた。いえ、私は知りません、とヤス丸。いや、何でもかまわぬから舞え、と命じる。やむなくヤス丸が番所で命ぜられたままに舞うと、人々も興ざめして、騒ぎも止んでしまった。家煕はこの挿話に「総じて思し召しかくのごとし。御憐愍《ごれんびん》にて、又厳烈いはんかたなし」と後光明天皇の性格を注している。

　厳烈といえば、こんなこともあった。後光明天皇は若さにまかせて剣道など武芸の稽古も好んだ。しかし、天皇にふさわしからぬことであったから京都所司代板倉重宗が諫止《かんし》した。どうしても止めぬならば、責任上切腹すると、重宗は天皇に迫った。天皇はしばらくあって、いまだかつて武士の切腹というのを見たことがない。禁中に壇をきずかせるから切腹してみよ、と答えたという。これには重宗も閉口した。事実とは思えぬが、こんな伝説を生むような激しい性格の持主であった点を、家煕は〝厳烈〟と評したのである。

武張《ぶば》ったことの好きな天皇だから、学問も和学より漢学を好んだ。十七歳の日課表をみると、

毎日之所作不可為懈怠
辰（午前八時）読書
巳（午前十時）筆道
午（午前十二時）
未（午後二時）論語二枚、復一日三体詩二枚
申
酉（午後六時）戯遊
戌
亥（午後十時）　詩一首
慶安己丑（二年、一六四九）南訛（夏）日

とあって、『論語』や漢詩に興味があったことがわかる。

後光明天皇が後水尾院の仙洞御所へ行ったときのことだ。天皇の学問や詩作のことは聞えていることだが、和歌のことはそれほどには評判になっていない。しかし和歌こそ我が

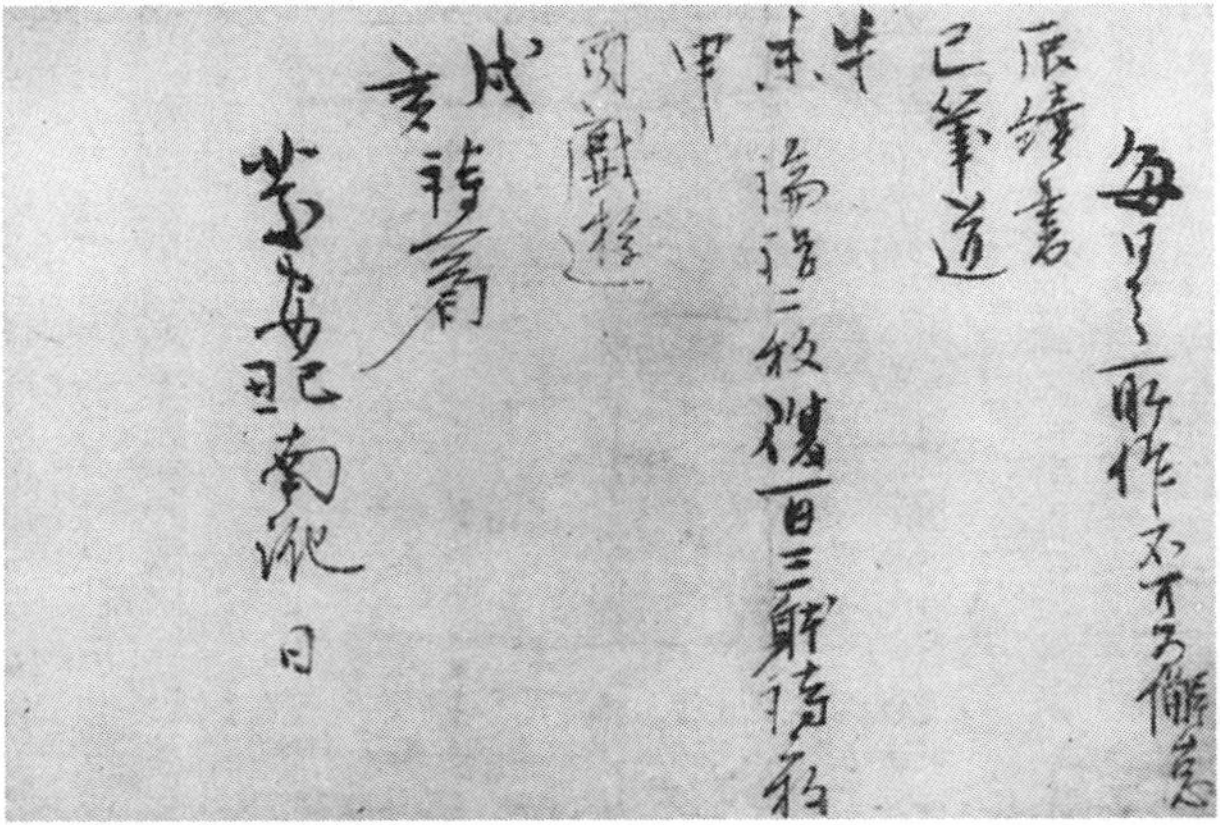

後光明天皇筆，日課表

国の道であるから十分たしなむべきであると、後水尾院が十首の和歌を天皇に贈った。すると天皇は食事などしている間にたちまち十篇の詩を賦してこの十首の歌に和韻した。これをみて後水尾院は、これほどの力量があるならば、和歌はせずともよい、と感嘆したという。これも『槐記』にある話だ。和韻とあるので後光明天皇も和歌を作ったようにも解されるが、後水尾院が「コレニテハ歌ヲアソバサズトモ」といったのだから、やはり詩を賦したのだろう。

似た話は『鳩巣《きゅうそう》小説』にもある。こちらは、後水尾院と天皇の間で和歌必要、不要の議論があり、古来、志ある天皇で和歌をよくした者は稀であると天皇が言いはったので、座が白けた。しかし帰還したのち翌朝までに天皇は百首の和歌を詠んで仙洞に送り、父院を満足させたことになっている。いずれにしても、和歌よりも漢詩を好んだというのは事実であろう。天皇の和歌はわずか六十二首しか『列聖全集』に載っていない。寿命の長さからみて単純な比較はできないが、後水尾院の二千余首にくらべて極端に少ない。これに対して天皇の詩歌集『鳳啼集《ほうてい》』は九十二篇の漢詩と五首の和歌を収める。後光明天皇は漢詩集を残した数少ない天皇である。

天皇の朱子学に対する興味をよくあらわしているのは、一つに『藤原惺窩文集』に付して序文を贈ったことであり、もう一つは町の儒者朝山《あさやま》意林庵《いりんあん》を禁中に迎えて儒書を講義させたことである。

もちろん元和五年（一六一九）に歿している藤原惺窩に後光明天皇が出逢えたわけはない。だから「朕《ちん》（天皇の自称）、先生において顔色を見ず、言語通ぜず、而《しか》も百年の神交符節を合せるが如し」といい、惺窩の論ずるところと自らの考えるところとの差がない、という。天皇がどのような契機があって藤原惺窩にこれほどまで傾倒したのかわからないが、朱子学好きの近臣を通してこの日本近世朱子学の祖ともいうべき惺窩に親炙《しんしゃ》していたことは確かである。この序を執筆したのが慶安四年（一六五一）九月で、その四年前に勅許を得て藤原惺窩の息男為景が下冷泉《しもれいぜい》家の復興を許されたことも、どこかでつながるのかもしれない。藤原惺窩は冷泉為純の子であったが、一族が播州三木で別所長治のために滅ぼされてのち、母を背負うて京都に帰り儒者となった人物である。そのとき断絶した下冷泉家の家筋が、惺窩の嫡子である為景に継承されたのである。為景の事跡は明らかでないが、泰平の世に酒色にふける公家社会を激しく憎んでいたことがその筆写（あるいは著書かもしれない）『春の寝覚』などにうかがえる。後光明天皇の意識と案外に近いものが感じられる。想像をたくましくすれば、為景による下冷泉家再興と為景の編む『藤原惺窩文集』序文とは、後光明天皇のなかで結びついていた可能性もあったのではないだろうか。

天皇の儒教に対するより具体的な意欲のあらわれは朝山意林庵の招請である。すでに三浦周行によって詳細に論じられているが、その梗概を再録しておこう。

意林庵の父は九条家の諸太夫であった。意林庵はその次男であったし、父を早く失なったので出家して学僧の道に入った。牢人が学問をもって身をたてようとする典型的な歩みである。儒者としては細川家に仕えもしたが、もっぱら京都祇園の近くに住していた。その意林庵の高名をきいて禁中進講の依頼があったのが承応二年（一六五三）であった。そのときの意林庵の手紙が残っているので次に要約しておこう。宛名は細川家に仕える弟の朝山斎助。

一筆申しあげる。われらは二月二日に勅命により参内することになった。その経過は、旧冬、関白近衛尚嗣《ひさつぐ》が前摂政の二条康道のもとへきて、内々私、意林庵を召し出したい。すでに後水尾院にも相談をすませているとのことで、康道から私の方に、そのつもりでいるようにと伝えられてきた。自分は才能もなく、すでに老忘（このとき六十五歳）で御用に立たない、としきりに断わったが、その後もくりかえし命ぜられ、ついに二月二日に参内することになった。さて二日の日は二条康道が同道して、山本、伏原、小倉といった人々が世話をしてくれた。講釈は『中庸』で、天皇の前には近衛、二条両人が並び、つぎに私、そのあとに公卿、上人など二十人あまり聴聞した。法橋や法眼になるというのは医者がすることで、自分は公家入道のかたちで昇殿した。姉のおのへにもよくこの様子を聞かせてやってほしい。仮名書きの手紙で姉に書こうかと思ったが長文になるのでやめた。

二月三日　　北ノ白川入道　素心

朝山斎助殿

講釈の翌日に早速認めた書状である。眼鏡をかけ黒い道服を身につけた意林庵の得意が目に浮ぶようだ。（このような儒者などの知識人を迎えて禁中に講書があったことは、後水尾院時代にも沢庵や赤塚芸庵《うんあん》の例がある。このことはまた後にふれる。）後光明の承応年間（一六五二―五五）までは、在野の学問と禁中の学問とのかなり自由な交流があった。朝山意林庵の講釈がなぜ『中庸』を選んだのか明らかでないが、他にも天皇の周辺には講釈があって、それとのかねあいであったかもしれない。『槐記』には、

（後光明天皇の）崩御は廿一か二であったけれど、その間に、現行の性理大全、惺窩文集、そのほか版本になっている本を多く読まれた。

とあって講釈も多かったことがうかがわれるし、意林庵の二ケ月後には舟橋秀賢の息子、伏原賢忠《ふしはらかたただ》の『周易』の伝授が天皇に対して行なわれている。

その後、意林庵が再び招かれたかどうかは明らかではないが、さきの『槐記』に、

崩御ノ少シ前、御夢ヲ御覧アリテ、意林庵へ御物語アソバセシハ、処ハ紫宸殿ノ前ト思シキ処ニ、十丈バカリノ竜ノ臥シテ、行幸ヲ待テ居タリシホドニ、其竜ニ乗セラレシカバ、ヤガテ昇天アソバシタルト御覧アリケルハイカニト、勅詔ニアリシニ、意林庵申シ上ラレシハ、是ハ目出度御瑞夢、イロイロ思召立ノ侍リシニ、天下思召ノマ、ニナルベキ前表ナルベシトアリシヲ、サレバトバカリニテ、微笑アソバシケルガ、其時御製ノ詩アリ辞世ノ御心持也ト云フ。

とある。これは天皇の辞世の心持をあらわしたものでその五日後に崩御したと記している。とすれば、意林庵は、その後も天皇に近侍していたことになるが必ずしもその後の様子は判然とはしない。

ともあれ、儒者意林庵が別の方面から注目すべき人物であった点を見逃してはならないだろう。それは近世初期にもっともよく売れた仮名草子の一つ『清水物語《きよみず》』の著者が意林庵に擬せられることだ。『清水物語』は仮名草子のなかでは教訓物に分類されるように、

儒教を平易に語ろうとする本でいかにも意林庵の著作にふさわしい。三浦周行はむしろ疑問視しているが、後世の伝承で著者を韋林庵としているのは朝山意林庵とみてよいと私は思う。牢人儒者が仮名草子の作者である可能性は強い。さきの山本泰順も牢人儒者であり、かつ『洛陽名所集』の作者であった。つまり、高度の文化的蓄積をもつ公家文化が、彼ら牢人知識人によって執筆される啓蒙書を通じて、普及してゆく点にこそ、この時代の文化の特徴があると思えるからである。

後光明天皇の才気あふれる若々しさは父の後水尾院をして、その将来に大きな期待をいだかせた。後水尾院は後光明天皇がまだ親王であったころに歌を一首与えた。

　こゝのへの君をたゞさむ道ならで我身ひとつの世をばいのらず

後水尾院は余生を後光明天皇にかける気持があった。天皇の性格は激しかった。そこに、期待と同時に、危惧もまた感じさせたにちがいない。そのために、かつて花園天皇（一三〇八―一八在位）が「誡太子書」をつづったように、二十歳を過ぎようとする若き天皇に、早くも還暦に近づこうという後水尾院は長文の訓誡書を三通も草した。かつて若き日の院が歩んだ精神の軌跡を同じようにたどろうとする天皇に、苦渋をかみしめながら記したような訓誡である。いささか煩瑣にすぎるかもしれぬがそれぞれを引き写しておこう。

帝位にそなはられ候と覚召し候へば、おぼへさせおはしまし候はで、御憍《おごり》と成り候て、人の申し候事、御承引なく成り行き候事にて候まゝ、よくよく御心にかけられ候て、つゝしまれ候はん事肝要に候。むかしこそ何事も勅定（天皇の決定）をばそむかれぬ事のやうに候へ、今は仰せ出し候事、さらにそのかひなく候。武家は権威ほしきまゝなる時節の事に候へば、仰にしたがひ候はぬもことはりとも申すべく候歟《か》。重代の臣下共すら、動《ややもすれ》ば勅命とてもかろしめてのみに候。澆季《ぎょうき》の世（道徳が失われた末の世）あさましく候へども、是非なき事に候。さ候へば、御憍心など今の世に別して不相応の御事に候まゝ、ふかく御つゝしみあるべき事に候。

訓誡の手紙はこう書きだされている。まず憍慢の心を慎まねばならない。今では幕府の威勢によって、天皇の権威の非常に低下している。それにつけても慎まねばならないのは天皇の憍心であり、さらに短慮である。文章は続く。

御短慮又深くつゝしまるべき事也。右に申し候御憍心候へば、御異《（意）》見がましき事、人の申し候時、すいざん（出過ぎたこと）なるやうに覚召し候から、御はらだゝしく成り候事候。総じて慎《（瞋）》恚（怒りうらむこと）の深き程、物そこねになり候事は候はず候。たれしもいか《（怒）》りおこり候時は、常の覚悟の心をうしなひ、申まじきこと《（言）》葉をもあら《（荒）》し候物にて候故、いかりしづまり候時、後悔せざるものはなく候事候。か様の事は御とし《（歳）》まゐり候にしたがひて覚召しし《（知）》らるべく候。

後水尾院とて、何度も声を荒げて怒り狂ったことがあろう。しかしそれは決して良い結果をもたらさなかった。後光明天皇も怒りっぽい。いささか痼癖のある天皇であるだけに心配であった。柔和でなければならぬと誡める。

いかにも御柔耎（ママ）にあり度き事候。かみの慈悲過ぎ候へば、下の怖れ候事なく候故、放埒のもと（基）ゐと成り候と申し候者候。尤もさもある事候。何事も過ぎたるはをよ（及）ばざる道理ある事にて候へども、いかりは深く成りやすく、慈悲はすぎ（過）候やうには成りがたく候故、其の分別肝要に候。延喜の聖主（醍醐帝）は御顔色常にゑ（笑）ましく見えさせましましとやらん候。其の子細は人の物の申しよきやうにと覚召しての御事の由候。返々《かえすがえす》柔和の相、御身体に尤も相応たるべく候事。

さていよいよ天皇のつとめに論は進む。

敬神は第一にあそばし候事候条、努々《ゆめゆめ》をろそかなるまじく候。禁秘鈔発端の御詞にも凡《およそ》禁中作法先づ神事、後に他事、旦暮（朝夕）敬神の叡慮懈怠《けたい》無くと遊ばされ候歟。仏法又用明天皇信じそめさせ給ひ候やうに、日本紀にも見え候へば、すでにをかれがたく候。総じて上を敬ひ下を憐み、非道なき志ある者に仏神を信ぜざる者はなき道理にて候へば、信心なる者は志、邪路ならざるとしろしめさる（お分かりでいらっしゃる）べく候。何事も正路を守らるべき事肝要に候。

天皇の心に求められるのは仏神を崇《うやま》う心である。次に天皇のたしなむべき道が示される。

御芸能の事は禁秘鈔に委《くわし》く載せられ候へども、今の世に候へば、和歌第一に御心にかけられ、御稽古あるべきにや。先づ和国の風義といひ、近代ことにもてあそばるゝ道なり。御手習又御油断あるまじき事にや。職方はたどたどしからざる程に候はでは叶はざる御事候歟。漢方又いか程の御事にても飽き足らず候歟。琴笛などはいづれにても御にあひ《(似合)》候物を御稽古ある事候。但《ただし》篳篥《ひちりき》は御所作に例なき由候歟。此外は似あはしからざるほどの事は、御沙汰候ても子細なく候歟。但碁象戯《(将棋)》等の無益の事御心にしみ候て、朝暮面白く覚召し候やうに成り候はゞ、必定御学問の妨げと成るべく候まゝ、さ様の事には御心を付けられ、探湯《くがたち》（神意による判断）の如くにありたき事候。

後水尾院は一般論を述べているわけではなく、明らかに後光明天皇に焦点を合わせて訓誡しているのだから、逆にいえば、ここで誡められている篳篥や碁将棋も実は天皇の趣味だったのであろう。それゆえに和歌も強調したのだ。探湯のごとく、というのは、小事をもって大事の神判を下すように、用心せよ、ということか。

さて、この第一の訓誡書は天地人の三者のありかたを説いておわるが、第二の訓誡書は、より大胆である。その眼目は幕府に対していかに警戒をおこたらず、幕府に尻尾をつかまれぬようにするかという点にある。たとえば、

別て今程、万端武家のはからひ候時節に候へば、禁中とても万事旧例に任せて御沙汰あるべき様もなき体に候。万事御心を付られ、御慎み専用に候歟。路上の行人の口、是碑と申し候へども、当時は横目（目付。監視人）とやらんあまた打散候て、何事も

行人の口にのり候はぬ已前《いぜん》に、其のまま江戸の取沙汰に及候由候。左様に候へば何かと御為よからぬ沙汰など、武家の評定になり候へば、御身一分の事にては候はで、御為を存候者は、愚老をはじめ男女数多《あまた》難義、折角《せっかく》迷惑、浮沈候事候。然ばあまたの人の憂喜苦楽を御心ひとつに任せられ候事にて候条、御分別有るまじき事にてはこれ無候歟。（下略）

街中にも横目というような幕府の目付がいたらしく、世間の評判になる前に幕府の察知するところとなる。もしそうなってしまったら、その被害は天皇一人にとどまらないのだよ、というわけだ。

第三の訓誡書では箇条書きに天皇の行跡をとりあげ、ことに注目されるのは女色の誡めと、御所の作法である。

鳥羽院、美福門院御寵愛の余りに、近衛院御即位候事、大乱の基と成り候て、帝位の御威光次第に衰微事候へば女色の誡、探湯の如くに覚召さる事肝要に候事。

後光明天皇は酒豪で、いささか酒乱の気味があったのをある公家が諫奏《かんそう》してついに止めさせたという。これに女色を加えると聡明、品行方正というより、後水尾院政と幕府の安定にいらだつ若き天皇像が浮びあがってくる。それだけに後水尾院の心中も苦しかったのであろう。

後光明天皇崩御はあまりにも突然であった。承応三年（一六五四）九月二十日、まだ二十二歳の若さだ。突然であれば、幕府の謀殺説もささやかれた。当時の記録類をみると痘《とう》瘡《そう》（天然痘）の症状は全く疑いをいれる余地のないものだが、江戸時代後半に至って謀殺説が論じられてくるのは何故か。徳川治世初期の朝幕間の緊張は、後期に至って国学による尊皇論が吹きあがってくる過程で、増幅された面がある。後光明伝説の集成版ともいうべき『正保野史《しょうほうやし》』という書物が後光明天皇の死から、約二百年後、幕末の文久三年（一八六三）に出ている。これによれば土井大炊頭《おおいのかみ》と幕府が派遣した医師道朔《どうさく》が参内し、湯薬を献じたところ、まもなく崩御したという。土井大炊頭の毒殺説である。信用しがたいことだ。『正保野史』の跋文には「文久二年春正月草莽之臣《そうもうのしん》矢野道敬誌」とある。幕末の草莽の国学のなかで後光明天皇が思いおこされていたのである。

『正保野史』にはもう一つ興味深い説が述べられている。それは魚屋八兵衛なる人物が運動して天皇の葬礼が火葬から土葬にかわったということである。周知のように奈良時代に僧道昭の建議により土葬を火葬にかえて以来約一千年近く火葬をもって正式としてきた。ところが、禁裏御用の魚屋八兵衛は火葬は玉体を粉にするもので後光明天皇の意志にそむく、と説いてまわった。その結果、形式だけの火葬にして実際には土葬とした。以来、後水尾院はもちろん現在に至るまで土葬で葬っているのは事実である。この挿話は『正保遺《い》事《じ》』や『山陵志』などにも記されてあながち伝説ともいいがたいが、同時代の一次史料に全くみえない話で、やはり尊皇論のたかまりのなかで喧伝された話なのであろう。

2　学問の人

後光明天皇の死にもっとも大きな衝撃をうけたのは父の後水尾院であった。いささか驕慢なところがあったとしても、天皇の才気は人々を驚かせるに十分であったし、何よりも、後水尾院は天皇のそうした怜悧《れいり》なひらめきを愛していたのである。

天皇に与えた訓誡は同時に後水尾院自身の苦い思い出を語ったものであったように、将来を危ぶませる天皇の利発さのなかに後水尾院は若き日の己れの姿を見る思いがしたであろう。だから、院は、一器に満々と盛った水を一滴のこさず新たな一器に移し伝えてゆくように、自らのもてるすべてを天皇に伝えたいと思ったであろう。天皇としての第一の心得は禁中の有職である。その詳細を後水尾院は書き記して後光明天皇に与えた。それが『当時年中行事』(『後水尾院当時年中行事』)二巻であった。このとき院は五十七歳、天皇は二十歳を迎えた。

国会図書館に蔵されるその一本の奥書に、

此の一冊、後光明院へかきてまゐらせしを、承応の回禄に焼失しぬ。草案の残りしが、不思議にも万治の火災をのがれて、函底《かんてい》よりとりいでたるを、やがてやりすてむとするに当今をさなく《(幼)》ましませば、二度まゐらせよかしと、しきりに懇望する女房あまたあれば……

と、後水尾院自身の筆になると思われるものがある。すなわち後光明天皇のために書いて渡したのだが承応の回禄（火事）で焼失したという。承応の火災というのは承応二年（一六五三）六月二十三日昼頃に禁中の御清所《おきよどころ》から出火し、内裏が炎上した火災を指している。このとき燃えたのは内裏だけで仙洞御所や明正院の新院御所等々はすべて災いをまぬがれており、内裏新築の間、後光明天皇はしばらくの間、仙洞御所で後水尾院と同居した。翌年、天皇は急逝するわけだから、父子水いらずの時がもてたことは後水尾院にとってわずかながら慰めにはなったであろう。さきに述べたように、火事は内裏を焼き尽しただけで、御文庫、御蔵などは助かっているのに、後水尾院が後光明天皇に贈った『当時年中行事』は焼失した。ということは、この書物は、文庫にしまわれずに天皇の身辺に置かれていたことになる。天皇がいかに父から言い渡された年中行事を大事にしていたかを示しているのではないだろうか。

さきの奥書にかえれば、ふたたび草稿をとり出して幼き当今——おそらく寛文三年（一六六三）に即位した霊元天皇であろう。即位のとき十歳だった——に与えた、と記したのち、いろいろ書きあらためようとしたが、「老眼分明ならざる上に、近年筋気ことに興発して」筆が上手にとれないから、このままにする、とある。

『当時年中行事』の序文は次のとおり。

順徳院の禁秘抄、後醍醐院の仮名年中行事などいひて禁中のことどもかゝせ給へるものあり。寔《まこと》に末の亀鑑也。されど此頃のありさまに符合せず。

『当時年中行事』の述作は、順徳、後醍醐の業績を継承する仕事であった。ことに建武元年（一三三四）の後醍醐天皇による『建武年中行事』（『仮名年中行事』）は、禁中儀式のもっとも基本的な典拠であったばかりか、その精神においても後水尾院に強い影響を与えていたかに思える。しかし、これらの古典も現状に合わなくなっていた。応仁の乱より世が下り、宮中は日に日に零落して、もはや順徳院の承久、後醍醐天皇の建武の世に似ても似つかぬ状態である。戦国期の禁中衰微は目をおおうものがあったが、安土桃山時代に至って禁中がしだいに生気をとりもどしてきたのは事実である。後水尾院はこの序文のなかで徳川家康、秀忠、家光三代の業績をほめ、幕府のおかげで復興が進んだことを半ばたてまえとして、半ば本音として、述べた。しかし、まだ昔日の儀式を復興するには至らぬ。序文は続く。

御禊《おんみそぎ》、大嘗会《だいじょうえ》其外の諸公事も次第に絶えて今はあともなきが如くになれば、再興するにたよりなし。何事も見るがうちにかはり行く末の世なれば、せめて衰微の世のたゝずまひをだに、うしなはでこそあらまほしきに、……

とにかく、見聞するところを記しおいて後代の衰微にそなえねばならぬ。こうした意識の背景には、自ら儀式を復興してきた自信がうかがえる。この書物のなかでも、正月八日よりはじまる後七日の御修法《みしほ》について、「元和の頃までは大元帥の法のみ、宮中にては御行はれしを、故三宝院義演再興ありたき事を申さる、よし伝聞きて、長禄（一四五七年ごろ）以来絶えたりしを、元和九年（一六二三）再興して已来懈怠なく年々行はる、なり」とあるように、醍醐寺の義演准后の協力によって再興した一例が示されている。

この書物は上巻に正月の四方拝からはじまって一年の行事が詳細に記されており、その一つ一つに近年の傾向や、失なわれた儀礼等が必要に応じて書き付けられている。たとえば正月三日の条には、

あしたのものをうけとり、昨日にかはらず。夕方の御祝亦同じ。今日は女中あひ《（藍）》に紅梅の上にねり《（練）》貫を着る。これを雲の下と云々。

としたあと細字で、「御朝物、毎朝川端道喜《かわばたどうき》これを上ぼす。是を牛の舌餅と世の人云ふ。道喜前名五郎右衛門といふ。当時難波家の名物なり」とある。

今日もつづく京都の川端道喜家が、かつて御所前にあって禁中に餅を献上した話は尊皇の逸話として著名である。このように儀式に必要なものの調達も以前とはかわってきた様子が散見される。小正月の三毬打《さぎちょう》（山科家）、三月三日の人形《ひとがた》（賀茂安部家）、五月五日の菖蒲《しょうぶ》（丹波小野）等々。

下巻には月令を追わずに特記すべきことを列挙しているが、そのなかには「其儀止むべし」とか「此の頃沙汰なし」という言葉で文が終えられるものも多い。ことに風俗の変化

には神経質になっている。たとえば極暑の季でもゆかたなど着るべきではなく、後奈良院（一五二六―五七在位）がゆかたびら（湯帷子）で涼んだのは「法外なり」と断じている。

後水尾院の譲位の項で引用したので再説はしないが（一一二―三ページ参照）、明らかに春日局参内事件を意識したと思われる一条があって「是非なきことか」と嘆じているのも、この下巻にあらわれる。これに関連して武家に嫁した人も御前には一切出てはならぬし、堂上の者の娘であってもいったん結婚しておれば御前には出ない、といった規定を説いている。これも、公家と武家の通婚が盛んになり、さまざまの混乱が禁中の出仕に生じていることを意味しているのである。風俗といえば、芸能について、

　猿楽は宮中に入らず。但道の者のあらざるはまゐる事常のこと也。幸若、大かぐら等のまひ《（舞）》〳〵またくるしからず。此外《このほか》座頭、鉢叩、門説経、うた念仏、八ぢやう《（条）》かね、せきぞろ《（節季候）》、とりおひ《（鳥追）》、むねたゝき《（胸叩）》等の乞食の類まゐらず。河原の者まゐれど、火の物くはしめず。

と、かつて慶長年間の禁中の多彩な芸能生活が次第に不自由になり、制限されてゆく様子がみえるし、その一方では、

　風呂こたつなどは宮中になし。させる故もなけれど、たゞありつけざる事は何ごともはじめがたうて此類《このたぐい》おほし。

と、新しい風俗をとり入れられぬ不便もあったようだ。風呂というのはいわゆる蒸風呂な

ど形式をことにする今日の湯舟の風呂（据風呂）を意味するのだろうか。こたつ（炬燵）は、どうやら後水尾院のこの不満が認められたらしく、寛文二年（一六六二）の造営のとき、はじめて仙洞、新院、女院御所等にあらわれる。しかし内裏にはのちまでやはり炬燵は設けられなかった。ともかく、この年中行事が後水尾院の〝当時＝現在〟の意識によって書きあげられ、その背後に失なわれた伝統に対する強い復興の要求があったことがわかる。

実は伝統のなかに天皇の存在を確認しようという発想は後水尾院よりも、その父後陽成院において強く意識されていた。後陽成院も有職に関する著述を数篇ものしており、また将軍宣下の儀式を自ら考案するなど禁中の儀礼の再興、厳重につとめていた。さらに注目されるのは、後陽成院が署名にしばしば自らを神武天皇以来百数代という記しかたをしたことである。たとえば『和歌方輿勝覧』の奥書に、

慶長二稔孟春十又二萱夜　　廿二歳
従神武百数代末和仁

とある。あるいは「従神武百余代孫周仁」と記した例もある。武家政権との軋轢《あつれき》のなかで、

あらためて皇統が意識され、正統意識が儀礼の復興と禁中の学問すなわち和学の復興として表出してきたと考えてよいだろう。

後陽成院の著述も決して少なくはないが、後水尾院にはくらぶべくもない。おそらく残された著述の量という点からすれば、後水尾院のそれは空前絶後とみてよいだろう。先人の整理によれば、その大体は次のとおりである。

後水尾院著述一覧

当時年中行事　二巻　逆耳集　一巻
親王御元服次第　一巻胡蝶　一巻
御元服次第　一巻　源氏物語御書入　二巻
王代年代号略頌　一巻源氏物語伏屋の塵　一巻
名目抄音訓　一巻　伊勢物語御抄　一巻
御教訓書　三通　　伊勢物語不審条々　一巻
百人一首御抄　二巻　玉露稿　一巻
詠歌大概御抄　一巻　和歌一枚起請　一通
古歌御注　一巻　一字御抄　八巻
古今集御抄　一巻　類題　十五冊
後撰御注（書名のみ）　類題寄書　三巻

後水尾院御聞書　一巻後水尾院御製詩集　一巻
後水尾院御集後水尾院承長老御両吟狂聯　一巻
仙洞御百首　一巻　後水尾院碧梧御両吟狂句　一巻
源氏物語文字鎖　一巻和漢朗詠集御訓点　一巻
撰集之事長歌　一巻　可秘集　一巻
三十六人作者覚悟歌（書名のみ）後水尾院和歌作法　一巻
千首和歌集　一巻　後水尾院御詞留和歌聞書　一巻
宸翰新歌集　一巻　後水尾院御聞書　一巻
三十六首花歌仙　一巻懐紙短冊閇様之事（書名のみ）
曙夕暮百首　一巻　書道の書　一巻
御撰賀歌十五首　一巻聞塵　九種
薫物方　一巻若宮姫宮様内々御祝儀覚　一巻

（和田英松著『皇室御撰之研究』による）

＊　和歌・連歌の詠草は歌集等に含まれて個々の表題はあげていない。また書名も区々であるが、ここでは和田氏の命名に従っている。この他、後西院、霊元院の著述のなかに後水尾院からの聞書が多数あるが省略する。

著述の内容は、有職研究あり、和歌・物語の注釈あり、後水尾院自身の創作ありと、多彩でその一つ一つを見てゆくことはできない。後水尾院の歌集である御集については別に扱うとして、院自身の創作として興味を引かれるのは『胡蝶』という一篇の仮名草子である。

都近きところに胡蝶と呼ばれる人がいた。妻をめとることもなく、一人の母と暮していたのだが、五十歳をこえるころ、ついに母と死別する。その嘆きは深く出家を決心した。この人は胡蝶というあだ名にふさわしく、明け暮れ、花を愛し、いろいろさまざまの草木の花の種を求め、これを前庭に植えて楽しみとしていた。しかし出家となれば、あれほどに愛《いと》おしんだ花木を捨てることになる。しかしこれも運命と考えて、一切を捨てて京都東山のかたわらに草庵をつくり仏道修行に入った。するとある夜、老女と若い女の二人連れが庵を訪ねてくる。仏道の教えを説き聞かせるうちに、ついにその女たちが語るには、

われ等はみな花の精にて候。上人都に御座ありしときは、あけくれ寵愛せられ申せしに、いつしか捨てられまゐらせて、その妄執ふかきゆゑ……

と、花の精であることを白状した。そして袖から短冊をとりだして花尽しの和歌を二十九首詠んで消えた。これをみて胡蝶は、

草も木もみなほとけぞといふときは誰れかはもれむ法のちかひに

と歌をつくって成仏を祈った。

常識的にいえば仮名草子の例にもれず古典準拠の仏教による教化物の一つということになるが、興味ぶかいのは、花尽しという趣向である。二十九種の花があげられてその一つ一つに仏道をうたう歌がそえられている。実はこの作品が後水尾院の創作であるかどうか、完全に断定するだけの史料はないのであるが、花尽しという趣向と花好きの主人公を後水尾院に重ねあわせると「後水尾天皇筆」と表題にかかげるだけの必然性があると私は思う。

後水尾院の学問的関心が和学復興にあったことは間違いないとして、しかし儒学に全く興味がなかったのかといえば、決してそうではない。そのよい例は藤ノ森神社社家の出身で後水尾院に非蔵人《ひくろうど》として出仕した赤塚芸庵《うんあん》の記録にうかがうことができる。

赤塚芸庵は藤ノ森の社家春原家に慶長十八年（一六一三）に生まれ、名を正賢といった。寛永四年（一六二七）、十五歳のときに後水尾天皇に出仕し、六年、譲位と同時に院の非蔵人となって六十石三人扶持を領知した。三十七歳のとき、慶安二年（一六四九）に従五位下肥前守に叙せられた。のちに後水尾院が落飾したおり、命ぜられて出家し、名を正偶とあらため芸庵と称している。延宝八年（一六八〇）に後水尾院が歿するまで、約五十五年間にわたって近侍するというもっとも院に近い人物であった。芸庵が平凡な役人ではな

「止至善」（後水尾院筆）

かったのは儒者としてすぐれていたことである。二十二歳のときに伏原賢忠に師事し、また冷泉為景に詩を学んだという。為景であれば詩だけであるはずはなく、芸庵はここでも朱子学を学んだことであろう。

儒者としての芸庵が面目をほどこしたのは、明暦四年（一六五八）二月九日の後水尾院に対する『孟子』進講であった。このことは柴野栗山《りつざん》の文章にみえ（『事実文編』）、『孟子』の講義に感じた後水尾院は芸庵のために『大学』の一節「止至善」を書いて与えた、という。近代までこの横物の宸翰《しんかん》の大字は残されていて、芸庵をはじめて紹介した三浦周行の論文に写真が掲載されている。芸庵には明暦二年より明暦三年までの日記が残されており、これをみると、後水尾院の儒学を支えていた精神的背景がうかがえる。

明暦年間といえば朝幕関係も安定して反幕府的な動向も禁中から薄れてきた段階であるが、驚いたことに芸庵は過激なほどの反幕的人物であった。たとえば江戸の明暦の大火（明暦三年、一六五七）の報に接して次のように記している。

江戸失火に依りて売家九千間、大名、小名、寺社等、尽《ことごと》く烏有《うゆう》となりぬ。火に依りて死に及ぶ者壱万余人。本丸、二丸まで焼けぬ。将軍西丸に移りて、やう〳〵死を免れ給ふ。武家これを万歳と云ふ。つらつらこの失火を思ふに……

と芸庵の意見が述べられる。徳川家康が天下をとってから、江戸には人間も経済もことごとく集中し、幕府はますます増長して「天皇よりは威厳重くぞ見えける」。これは誤ったことだと芸庵は考えている。大坂の陣以来とりあつめた幕府の金銀は、この大火によって皆すべて消失し、将軍の一命だけ残ったのが幸いである。ところが幕府はその意味を悟らずに京都に奢侈《しゃし》禁止令（明暦三年）を出すなど「これ又笑ふべし」。実に笑止千万だ、というわけである。芸庵にかかってはこの大火の処理にあたった「智恵伊豆」と呼ばれた松平伊豆守信綱もかたなしである。

松平伊豆守と云へる者、五老棟梁《とうりょう》として計ひ来ると云へり。彼は誠に刻薄《こくはく》の人なり。如何。六十州の政道、彼れが無学の手にとらんや、無学の質にしてその権を執るも非なり、与ふるも非なり。かく刻薄の苛政を施しなば、列国腰抜けの侯国たりとも陳勝が一党を以て秦の代を傾覆せし例に習はん事も知るべからず。心ある者はその身の居住を分別して可なりとぞ。

別のところで芸庵は、各寺院で後光明天皇の忌日の法会をせず、台徳院《たいとくいん》（徳川秀忠）の忌日には法会をするのはどういうことか。せめて僧侶ぐらいは利勢を超えてほしい、ともいっている。あくまで台徳院は臣であり、後光明天皇は君であることを忘れてはならない。天皇の大権というものを芸庵は考えていたのである。

赤塚芸庵の場合はいささか特異だが、さきにあげた松永昌三や、やはり後水尾院に召されながら隠遁を理由に出仕しなかった石川丈山《じょうざん》なども含めて考えると、かなり広汎な儒者グループが院の周辺にあり、どこで誰がどのような説を述べているかが後水尾院の側にも把握されていたのである。後光明天皇が招いた朝山意林庵も院の周辺の推薦であったように、儒者の側も和学の人々と重なりつつ後水尾院を中心に積極的な活動をおこしていたことが明らかであろう。

3 歌の道・法の道

後鳥羽院以来四百数十年、後水尾院ほど歌の道に執心した天皇はいなかった。その歌集『後水尾院御集』は鷗巣集《おうそう》ともよばれ、伝本によって歌数はまちまちだが、ほぼ二千首の歌が収められて今日に伝わっている。歌数の点でも他の歴代天皇を上まわっている。さらに『千首和歌集』のような後土御門天皇以後の歌人の作歌を撰び新たな撰集を編むなど、新歌集撰述の試みもいくつかある。弟の近衛信尋（応山）や中院通村との間で行なわれた添削・批評のやりとりをみても、和歌の道に異常なほどの熱心であった。幕府が禁中弁公家中諸法度によって天子の道として歌道を規定したことで、後水尾院の熱心を説明することはできない。むしろ幕府の意図を逆転させて歌の道に沈潜した後水尾院の意欲に注目すべきであろう。

後水尾院の歌のなかでもっとも有名なのは、さきにも引用した譲位のときの「葦原や」の歌である。たまたま後水尾院への政治的同情がこの歌を人口に膾炙《かいしゃ》せしめる結果になったといえば、後水尾院の和歌そのものの特質を無視した議論になる。たしかに「葦原や」の歌は後水尾院の歌のある一面をよく代表する歌であった。『後水尾院御集』を通覧して気づくのは〝道〟を主題とした歌が少なくないことである。「葦原や」の歌も、述懐の歌であると同時に、「とても道ある世とは思はず」という〝道〟の歌でもあった。いわば後水尾院は〝道〟の歌人であったとも考えられようか。

「葦原や」の歌と一緒に詠み出したもう一首は、

曲木《まがりぎ》にやなぎのいとをよりかけてすぐなる道を風にとはゞや

という歌である。いずれにしても幕府の強権によって天子のあるべき姿がふみしだかれたことへのやりきれなさが口をついて出た、というところがある。直《すぐ》なる道が見失なわれればかえって、道と人のよぶものは世の中に多い。

世の中はあしまの蟹のあしまとひ横にゆくこそ道のみちなれ

邪まなる道をゆくものへの笑いはまた蟹《かに》にむけられる。

みな人は上に目がつく横にゆく蘆間のかにのあはれなる世や

同じ目がついていても横に歩んでしまうのは時代が悪いのである。

うけつぎし身の愚かさに何の道も廃《すた》れ行くべき我が世をぞ思ふ

この歌は後陽成院崩御の後、追善のために「諸法実相《しょほうじっそう》」の仮名八文字を頭に詠みこんで作った八首の最後の歌である。後陽成院から譲位をうけて位についた後水尾天皇としての述懐であるが、朝廷の規矩もゆるみがち、儀式も廃絶しつつあるその危機感がこの歌を生んだのであろう。何の道も、というが、なかでも後水尾院の心をとらえたのは年中行事と歌の道であった。寛永十五年（一六三八）に一首の歌がある。

世にたえし道ふみ分けていにしへのためしにもひけ望月の駒

この世にたえし道とは何か。それは古の例としての八月十五日の駒迎《こまむか》えの行事である。諸国から駒をひいた例はすでに鎌倉時代にすたれた。かつて信濃国望月《もちづき》（現北佐久郡）より駒をひいたことが後醍醐天皇の『建武年中行事』にみえる。廃絶した年中行事を復活し、あるいは将来の衰退にそなえた後水尾院が『当時年中行事』を執筆したことはさきにふれたが、その目標は後醍醐天皇の『建武年中行事』であったことを、この歌はよくあらわしている。今一首は、

すむつる《(鶴)》にとはゞやわかの浦波をむかしにかへす道はしるやと

地名の和歌浦は和歌の道にかかる。和歌の道を王朝の盛時にもどすこと、それが後水尾院の最大の関心事であった。

もゝしきや松のおもはんことのはの道をふるきにいかでかへさん

この歌は寛永四年（一六二七）八月の当座の会で詠んだもので、『玉葉集』の左近中将為藤の歌「住吉の松の思はむことの葉を我が身にはつる敷島の道」がこの歌の下敷になっているだろう。後水尾院は技巧派であるから古歌を踏まえた歌が多い。歌の故実に通じた歌人であった。「ことのは《(言葉)》の道」はもちろん和歌の道、敷島の道である。作歌の年はわからないが、

散りうせぬためしときけばふるき世にかへるを松のことのはの道

という歌もある。松は待つと掛かっている。古の世に帰ることができればそれはよい。しかし所詮、不可能は不可能である。現実を直視すれば、それぞれの時代にそれぞれの努力があった。

まもるより代々にたゞしき風もあれや北野の松のことのはの道

寛永九年（一六三二）六月二十五日聖廟法楽の会（北野天神講の歌会）で詠んだ歌である。二十五日はいわゆる天神さんの日、北野天満宮の月例祭でこの日に歌会がもたれる。それぞれの時代にただしい道があったとすれば今日もまたその道はあろう。

ひらけ猶文のみちこそいにしへにかへらん道は今ものこさめ

古に帰る道は今も残っているのである。

文の道・言葉の道においては末法観をこえて復古と革新を試みる後水尾院も、現実の世の道、人の道となると孤独の影は深い。この二首も作られた年はわからないが後水尾院の心境をよく伝えている。題は「述懐非一」。

道々のそのひとつだにいにしへのはしがはしにもあらぬ世にして

いかにして此身ひとつをたゞさまし国をおさむる道はなくとも

世の中にいろいろな道がある。しかしそのひとつとして正しき道がない。そのなかで、天皇・上皇の地位にありながらなすすべのない後水尾院。寒々とした寂寥《せきりょう》感がただよっている。寛永十三年（一六三六）に詠んだ「暮村雪」と題する叙景の歌に、

くれふかくかへるやとをき道ならん笠おもげなる雪のさと人
（遠）

とあるが、笠に降り積んだ雪の重みに耐えながら道をたどるのは後水尾院自身であったろう。

寛永十三年といえば、その前年に一つの事件があった。後水尾院がもっとも信頼していた中院通村が江戸に幽閉されるという事件である。その事実を説明する史料に欠けていてよくわからない事件なのだが、寛永十二年三月ごろ通村は江戸に下り、十月ごろまで寛永寺にとじこめられていた。それを天海和尚の赦免運動によって許されて京都に帰ったという。『明良洪範《めいりょうこうはん》』などの後世の随筆類には、通村が武家伝奏の立場にあり、後水尾院の譲位を知りながら幕府に対して不都合があったからだ、というが、それにしては譲位から六

年ものちにあらためて処断がなされるのは納得できない。前にも記したように後水尾院に鍼を打ってふるえがきたとき、院の足を懐に入れて暖めたという通村であるから（一二七ページ参照）、側近として幕府からにらまれてはいただろう。だから譲位の直後、名ざしで武家伝奏の解任要求が幕府から出たのである。譲位より通村幽閉までの間に二代将軍徳川秀忠の死があり、寛永十一年（一六三四）には一本立ちした三代将軍家光の上洛があった。寛永十一年の将軍上洛は幕末の将軍家茂の異常な上洛を除けば、江戸時代最後の上洛であり、扈従《こしょう》の者、いわゆる随行者が三十万七千人という最大、最華美の上洛でもあった。家光は京市中へ銀十二万枚という金をばらまき（一軒あたり百三十四匁余になったという）、仙洞の御料を七千石加増して一万石にするなど上洛の土産を気前よく振舞っている。むしろ中院通村が忌避された直接の原因は上洛前後に起ったのではないかと思えるが、判然とはしない。将軍上洛中に通村の姿をあまり見ないことは事実であるが。

翌年寛永十二年八月、中院通村が江戸に幽閉されたとき、後水尾院は五首の歌を贈っている。

八月中旬の頃中院大納言通村武家の勘当の事ありて武州にある頃つかはさる

思ふより月日経にけり一日だに見ぬは多くの秋にやはあらぬ

一日千秋の思いで通村の帰りを待つ、という後水尾院の歌である。他の四首は略す。いずれも通村の帰洛を待つ歌で幕府を糾弾するところは全くない。

後水尾院は幕府の道についても歌をもって賞揚する器用さを十分あわせ持っていた。歌は型にはまれば何でもすらりといえる便利さがある。かつて秀忠が上洛したときに、

まもるてふ五の常の道しあれば六十あまりの国もうごかず

と六十余州の平和をうたっているし、寛永十七年（一六四〇）の禁中造営にあたっては、

行く人のみな出ぬべき道ひろく今もおさまる国のかしこさ

という歌を作っている。題は「道に寄せる祝」。

こうした幕府を賞讃する歌をひろってゆくと、後水尾院にとって歌の道とはいかなるものであったのか、あらためて問われてくるであろう。〝道〟の歌は後水尾院の述懐にかかわるものが多い。しかし、この述懐も、後水尾院の思いをストレートに述べたものではな

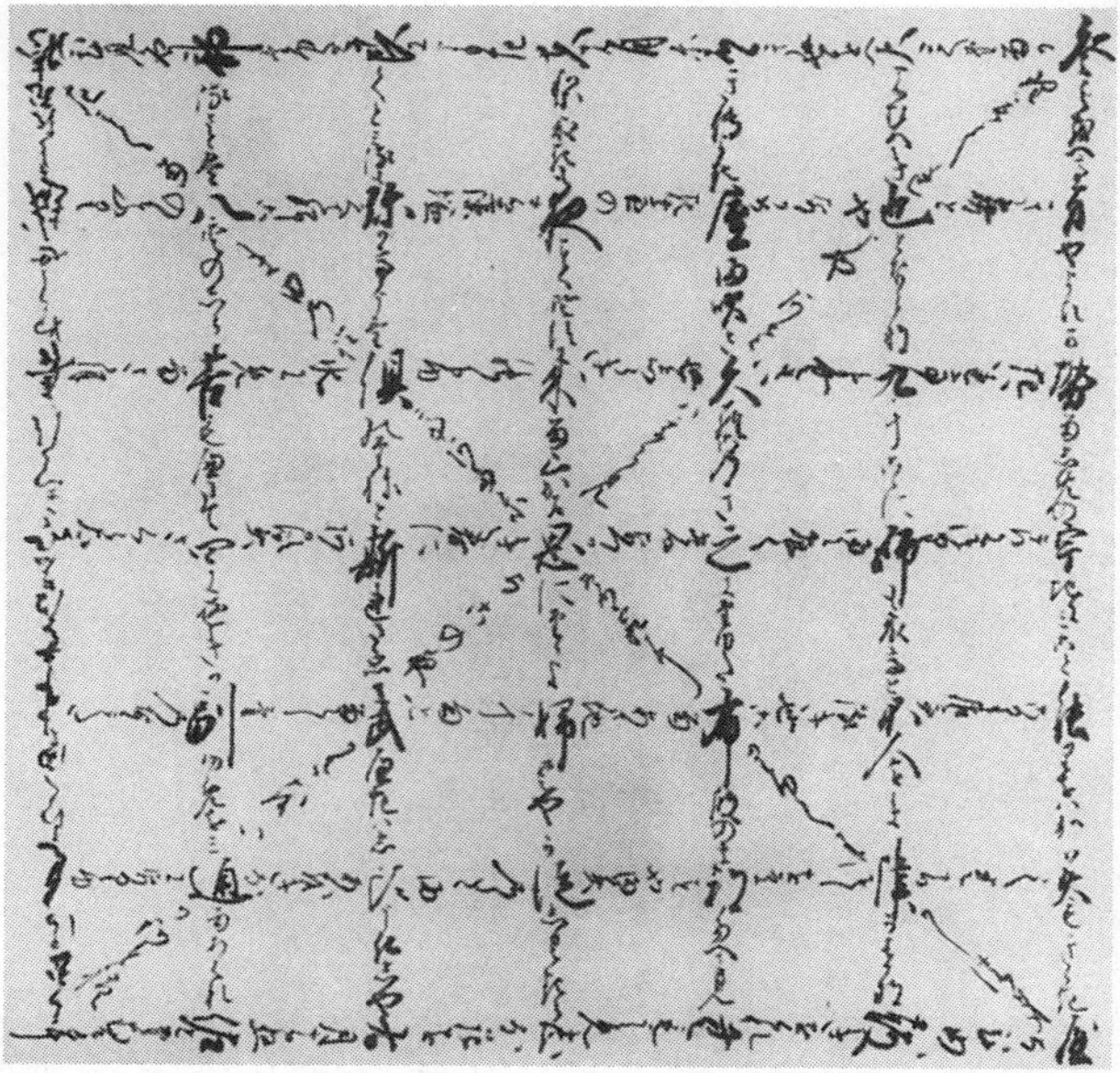

「蜘蛛手」（後水尾院筆懐紙）

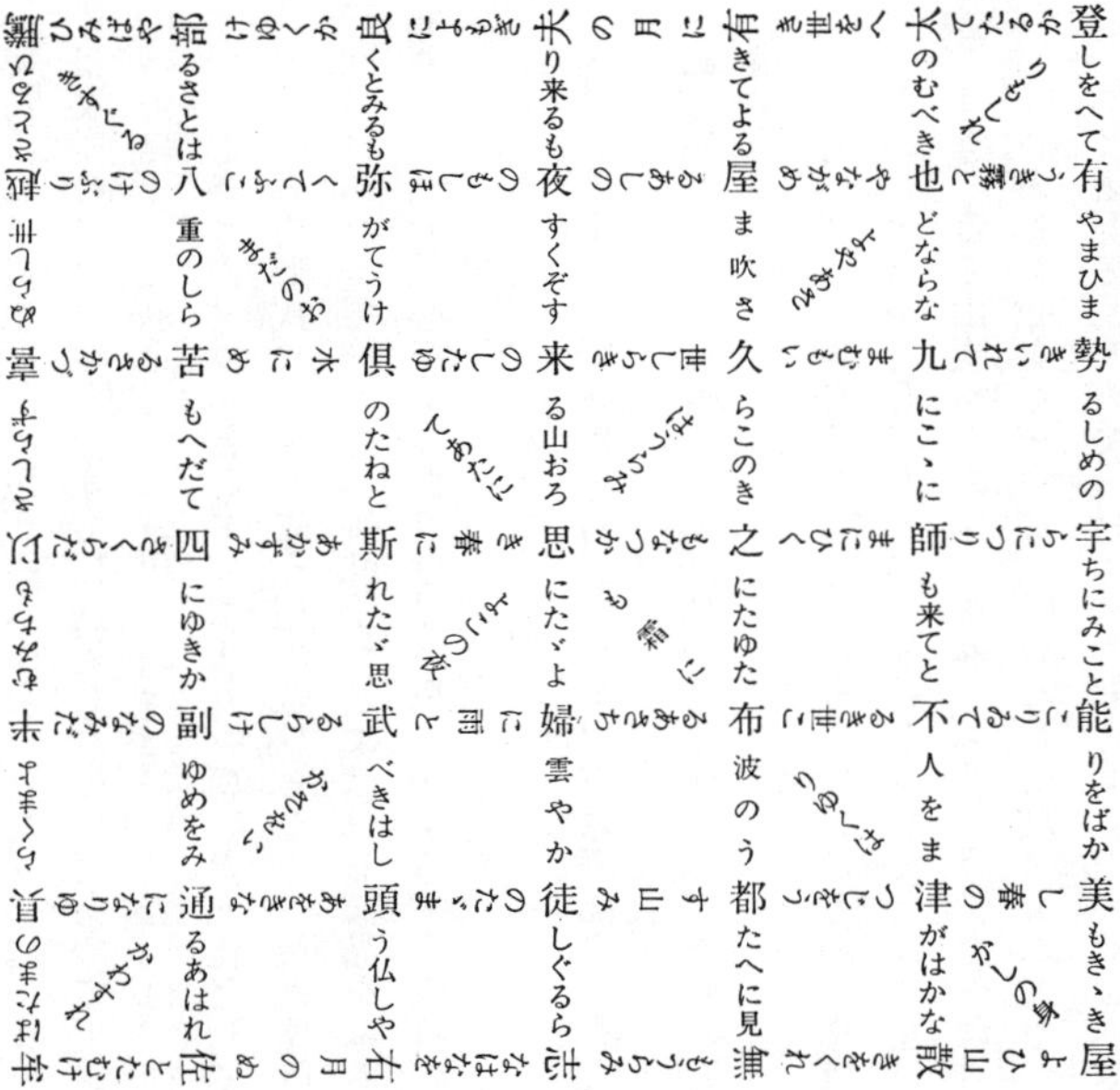

「蜘蛛手」

いであろう。後水尾院の思想を歌からひきだすのはあまりにも安易である。述べるべき思いは文学のスクリーンをすでに通過した世界であって、後水尾院にとって大切なのは思想内容ではなく和歌としての表現であったのだ。表現は、極端な場合には文字遊びの体をなすこともあった。歌道として、つまり「型」の文化として完成されたものであれば、それは容易に表現形式の技術を競う型の遊びとなる。後水尾院が徳川家康すなわち東照宮三十三回忌にあたって作った「蜘蛛手《くもで》」とよばれる作品をみると、後水尾院の歌の道の一面である言葉への執心をありありと見る思いがする。十六首の歌をくみあわせ、周囲の二十四文字、

登有勢宇能美屋散無志右佐牟具半以喜越騰部良夫有太（東照の宮三十三回忌を弔ふ歌）

をめぐらし、なかに五行の薬師仏《やくしぶつ》の文字が読みこまれるという離れ技である。

縦書の右より

年をへてうやまひませるしめのうちにみことのりをば神も聞ききや
たのむべきやどならなくにこゝにしも来てとふ人を待つがはかなさ
浮きて寄る山吹桜この岸にたゆたふ波のうつたへに見む
降り来るもやすくぞすぐる山おろしにたゞよふ雲やかつしぐるらし
らくと見るもやがてうけくのたねとしれたゞ思ふべきはしつう仏しやう

故里は八重の白雲へだてしに行きかふ夢を見つるあはれさ
むま玉の暗く迷はむ道もいさ知らず来ぬらし世をさとる人

横上より

問ひ見ばやふけゆくからに蓬生の月に浮世をへだてたるかと
うゝき霧とややながめやる芦の屋のもしほやくてふこやの烟を
せき入れて汲まむも幾世しら菊の下ゆく水にめぐるさかづき
浦に釣りしまにひくしもなつかしき春にしあかずみし桜鯛
残り居て古き世こふる浅茅生に雨と降るらしけふの涙は
見し春のつつじをうつす山水のたゞ松青き夏になり行く
やよひ山咲きおくれむもうらみじな花を卯月のぬさとたむけむ

斜の右より

鳥も知れやよや浅くは恨みじよこの夜深さをいつかわすれむ
時過ぐる山田のおくてあだにしも霜にふりゆく恥しの身や

東照宮三十三回忌奉納歌を作った翌年、慶安二年（一六四九）六月二十五日の聖廟法楽十首の終りに、

いかにせむいへば誠の道ならぬ道のねがひもたちがたき世は

という歌が詠まれている。この道の願いはいままで見てきた歌の道や世の中の道ではない。仏の道であろう。年は未詳だが寛永の末年ごろの歌に、

思へこの身をうけながら法の道ふみもみざらん人は人かは

がある。このころからときどき出てくるのは法《のり》の道、すなわち仏道を主題とした歌であった。後水尾院はしだいに仏道へと心を傾けていったのである。

法にいる道とを（遠）からじをこな（行）ひも物にまぎれぬ山をもとめば

浮世の俗事にまぎれていては法の道に到達するのは困難である。だから、一切の雑事から解放される入道こそ望まれる。

慶安四年（一六五一）五月六日、ついに後水尾院は入道した。突然の落飾である。法名は円浄《えんじょう》。

落飾という重大事が何の前ぶれなしに行なわれたあたりは、かつての譲位と同じであった。近衛尚嗣《ひさつぐ》はその日記に、

夜に入り、本院（後水尾院）御落飾と云々。俄《にわ》かの儀也。仍《すなわ》ち万事略儀を用いらるる。

（中略）近頃驚き入る。言語道断の事也。　（『尚嗣公記』）

と驚いている。

幕府は二重の衝撃をうけた。というのはその半月程前、四月二十日、三代将軍徳川家光が四十八歳にして歿していたからである。将軍他界の報は四月二十六日ごろ京都に届いている。家光の妹にあたる東福門院に弔意を述べる者、京都所司代板倉重宗へ挨拶に行く者などたちまち騒然としてくる。いまだそのショックがおさまらぬうちの五月六日の落飾であったから、幕府側が後水尾院の心底を測りかねたのも当然であろう。そうした懐疑心を露骨に綴った文章が『羅山林先生別集』におさめられている。林羅山の伝えるところによると、事実は次のとおりであった。

酒井忠勝へきた板倉重宗の書状によると、五月六日の夜半、官女右衛門佐《うえもんのすけ》から使がきて、この夜後水尾院がにわかに落飾したが、誰もそれを知る者はいないとのことであった。重宗は夜もふけているので明朝参るべしと使に答えた。これは先年の譲位と同じことで恣意専壇《断》はまことにけしからぬ。去月二十七、八日に方違《かたたが》えに白川へ御幸したいと後水尾院からの申し入れがあった。しかし自分は幕臣であって将軍が歿してまだ数日を過ぎたばかりで悲しみに胸がふさいでいる。やむを得ざればお供をするが、と答えたので御幸は中止されるということがあった。また、将軍他界につき贈位の勅使を誰にするかという議論が禁中でおこり、前内大臣西園寺実晴《さねはる》と決まったが、後水尾院から勅使の位が高すぎるとクレームがついた。しかし後光明天皇が、家光は朝廷の外戚でもあるからと西園寺実晴の派遣を決した。これらのことが後水尾院の不満となっているのであろうが、今後、ますます「自恣之事、随意之行」が増したらまことに困る。

ということである。これに対して酒井忠勝曰く、将軍他界後日を経ずして落飾となれば世の人は後水尾院が哀悼の意を表したものと思うであろう。事実は重宗のいうとおりでも、ここは重宗に意を含ませてことを荒だてずにすませたい、としている。

羅山は、こうした幕府側の配慮も知らぬ後水尾院のふるまいは「驕子之不レ順レ父、無二奈レ之何一」、ダダッ子が父親に反抗するようなものだと酷評した。さらに語をついで、こういう事情を考えると承久、元弘の乱も北条氏ばかりに罪があるとはいえまい、朝廷の罪も半ばしている、と書きついだ。

はたして板倉重宗の手紙をどこまで正確に羅山が要約しているのかわからないが、もし羅山の恣意があまり加わっていないとすれば、落飾の直接の原因は前将軍の服喪中に御幸を強行しようとしたことにあった。

こうしたトラブルはしばしばあったらしい。前出の『鳩巣小説』のなかに似た話がある。重宗が江戸へ下るよう幕府から命をうけた。しかし重宗は、後水尾院が気ままに御幸をいいだしたりするので自分が出府したらあとが困るであろうと言った。しかし仙洞附《せんとうづき》の高木伊勢守が必ずあとは引き受けるから出府するようにと勧めるので江戸に下ると、案の定、後水尾院が近々、五畿内の霊仏霊社を御幸したい、と申し込んできた。ひとまず江戸へ伺いを立ててからと返事すると、それには及ばず、仙洞様の御幸に何の申し分があるか、と逆鱗《げきりん》の様子である。伊勢守は、しからば御勝手次第。但し、伊勢守は関東（幕府）の御恩をこうむる者であるから、どうしても幕府の命をきかれぬとなれば御幸をさえぎり、恐れ入り候えども、「鳳輦《ほうれん》ニ向ヒ奉リ一矢《いっし》仕ルベク候。左候ハヾ、忽《たちま》チ天命ニ尽キ、眼モツブレ申スベク候。其段ハ関東ヘノ奉公ト存ジ奉リ候」といい放った。この言で仙洞の御幸はついに中止となったという。

こうした御幸をめぐる摩擦がのちに述べるように修学院造営の際にも問題になるのだが、羅山が説明するように後水尾院落飾の原因にも多少はかかわっていた可能性はある。

しかし、腹立ちまぎれに後水尾院が落飾したわけではない。中御門宣順《のぶより》の日記五月六日の条には落飾の戒師相国寺晫長老《たくちょうろう》（昕叔顕晫《きんしゅくけんたく》）、鹿苑寺章長老（鳳林承章）などの記事のあと、

御落飾之儀、数年御望と雖《いえど》も、大樹家光公如何之由申さるゝに依り、其儀無し。

とあり、衝動的に落飾したのではなく、以前から入道の希望が家光の反対で実現しなかったのだという。これも事実であろう。さきに慶安二年（一六四九）の歌に道の願いという語があったが、おそらく当時から仏道に入る願いが後水尾院の心をとらえていたのである。

反対していた将軍家光も歿し、いらざる反対のおこる前に突然の落飾となったのであろう。そしてさらにキッカケになったのが御幸の中止であったろう。

後水尾院の仏道への心の入れかたは寛永年間後半から急速に深まった。その理由の一つは、すでに辻善之助が『日本仏教史』のなかで説いているように、禅僧一糸文守《いっしぶんしゅ》との出逢いによるところが大きかった。

一糸文守は公家の岩倉具堯《ともたか》の第三子で、鹿苑寺の鳳林承章と同様、もともと禁中と深い縁に結ばれていた。若くして堺南宗寺で沢庵に参じ、紫衣事件で沢庵が出羽国に流されたときは師について奥州まで下っている。まもなく一人帰洛した一糸を後水尾院は、寛永八年（一六三一）に召し出し法要を問うたと一糸の年譜『仏頂国師年譜』にある。寛永十一年（一六三四）に丹波に桐江庵を建立した。のちに勅願寺となった法常寺の前身である。いつのころから後水尾院が一糸文守に傾倒したのか明らかではないが、その仲介者は近衛信尋であった。燈心文庫所蔵の近衛信尋の書状がある。

山中平安候歟《か》。寒天時節、別而無二心許一候。一包二ケ乍二軽少一送候。猶相応之事可レ承候也。
仙洞様如御□□中上候て、大□□事ニ候。誠是上洛相待計候。
臘（十二月）廿六日　（花押）
桐江

近衛信尋書状（一糸文守宛，燈心文庫蔵）

宛名の桐江は一糸文守。丹波の冬の厳しさを案じた信尋が薬を一糸に贈っている。追而書はよく読めないが、仙洞すなわち後水尾院があなたの上洛をお待ちしているというほどの意味であろう。燈心文庫主の林屋辰三郎氏によれば、この書状にみえる信尋の花押は一糸宛の書状にしかあらわれぬものであるといい、いかに信尋と一糸が緊密な縁を結んでいたかがうかがわれる。後水尾院としては一糸がいちいち丹波から出京するのを待ちきれなかったとみえ、寛永十五年（一六三八）京都西賀茂に禅庵を創建し一糸をここに住せしめた。これが霊源庵《れいげんあん》である。一糸和尚語録中の霊源入庵の頌《じゅ》によれば、庵の創建と入庵は上皇の崇仏愛憎の心にでたもので、同年仲冬（十一月）二日に入庵したとある。以後しばしば一糸は仙洞へ出向いたようだ。近衛信尋と後水尾院との往復文書のなかに、信尋は次のように記している。

わたくし仏法、此中以てのほか《（外）》さが《（下）》り候つるを、ゆだん《（油断）》いたし、すでに地獄へ入り候はんといたし候つる。先夜ゆきあたり候て工夫半ば（尤候）にて御ざ候。先夜の翌朝、一糸被参候て事のほか折檻御事にて候（明日碧巌よませ候。若しくは御聴聞候まじき哉）つる。いかさま近日しこう（伺候）いたし御物語申上候べく候。

信尋も禅に傾いていた。しかししばらく禅から離れていたのですでに地獄へ足を一歩ふみこんでいるような状態であったという。そこで先夜は公案を一生懸命透過すべくまたそれも半ばまでいった。その翌朝一糸がきたので工夫の一端を披露したのであろう。結果は未熟だと散々に叱られた。その様子は近日伺候して申しあげる。これに後水尾院はただちに返事を信尋の手紙の余白に書き入れて信尋に戻した。行間の細字が後水尾院の返事である。工夫半ば、というところに「尤候」と励まし、一糸云々のところには、明日仙洞へ一糸がきて圜悟克勤《えんごこくごん》の『碧巌録《へきがんろく》』を提唱するから聴聞するようにと書きいれた。この後水尾院の返事を読んで、おそらくすぐにまた書いたと思われる信尋の書状がある。

御講釈は寅時にこれあり候や（午刻計りと存じ候）。かならずしこういたし候べく候。定めて第一よりにて候はんとぞんじ候。いよ〳〵其分候や（処は面白き一糸次第と申し候き。第一にては候まじきと存候。全部聴聞の覚悟にてはこれなく候）。

明日一糸の講釈があるというので早速時間とテキストの場所を問いあわせたのに対し、昼ごろより講釈がはじまるが講釈の箇所は第一からではなく一糸が面白いと思うところを、ということになっている、と信尋からきた手紙の中に後水尾院は直接返事を書きこんで返したのである。まるで今日の電話のやりとりを聞くような手紙である。

さて三人の禅境を示すものに、後水尾院が禅語に対する和歌を作り、信尋がその歌を解説し、さらに後水尾院の和歌の末語の一字をとって一糸が偈《げ》を作るという一巻の書がある。その一例を次にあげる。

啐啄《そったく》同時眼
さやけしなかいご（ママ）をいづる鳥がねにやぶしもわかずあくる光は

いうまでもなく「啐啄同時眼」というのが禅語で、これに、さやけしなの歌を後水尾院がつけた。いわばこの歌が後水尾院の禅境を示す見解。かいごはかひご（卵）である。これに信尋は次の解説を記している。

題は会元、碧巌等にみえたり。鶏の羽毛成就の時、雌外より啐し、子内より啄して、同時に殻を破て出生する也。其ごとく、学者の機縁醇熟の時、師家の一棒一喝などの下にて、無明の殻を破て悟道する也。眼とは悟道端的の体をいふ也。歌の心は、さやけしなとは明なる心也。即明の字をさやかとよむ也。かいごをでる鳥がね（音）にとは、鶏はかいご（卵）をでるもの也。鶏鳴きて夜は明るものなり。やぶ（藪）しもわかずとは、林藪の草木生茂たる中もへだてなく、明光のさやかなる事也。やぶしのしの字は、休字とて和歌の詞に多事也。只藪といふ事也。日の光やぶしわかねばいそのかみふりにし里に花も咲けり。此歌もやぶの事也。さてかひごをでるとは、啐啄同時の事也。やぶしもわかずあくる光とは無明の殼を破て、さやかに夜の明たるやうなる悟道の事也。

なかなか明快な解説である。卵のなかでかえった雛は、自分の力だけでは卵の殼を破ることはできない。外から親鳥が殼を割ってやらねばならぬ。しかし、まだかえらぬうちに割ってしまえば、そこまで抱いて育ててきた努力は水泡に帰す。いわば内から破る力と、外から割る力が同時に加わったとき、真の悟りがひらけるのである。これが啐啄同時である。この後水尾院と信尋の協作に対して一糸は次の偈をもって答えた。

啐啄霊機不易量　頂門眼活始承当
暗中霊爍大千外　三隻摩醯失却光

この一糸の偈を解する能力は私にないので、このままにしておこう。なお歌の末尾の光の字を偈の末尾に用いている。

一糸の語録や後水尾院の歌集等にみえる両者の交流は深く、その周囲の人々をも一糸に結びつけてゆくことになった。後水尾院の皇女梅宮も一糸に深く傾倒した一人であった。一糸から梅宮に送られた二メートルになんなんとする長文の手紙はあまりにも著名であるのでもはや再説はしないが、これをみると、深い同情をもって一糸が梅宮に接していたこ

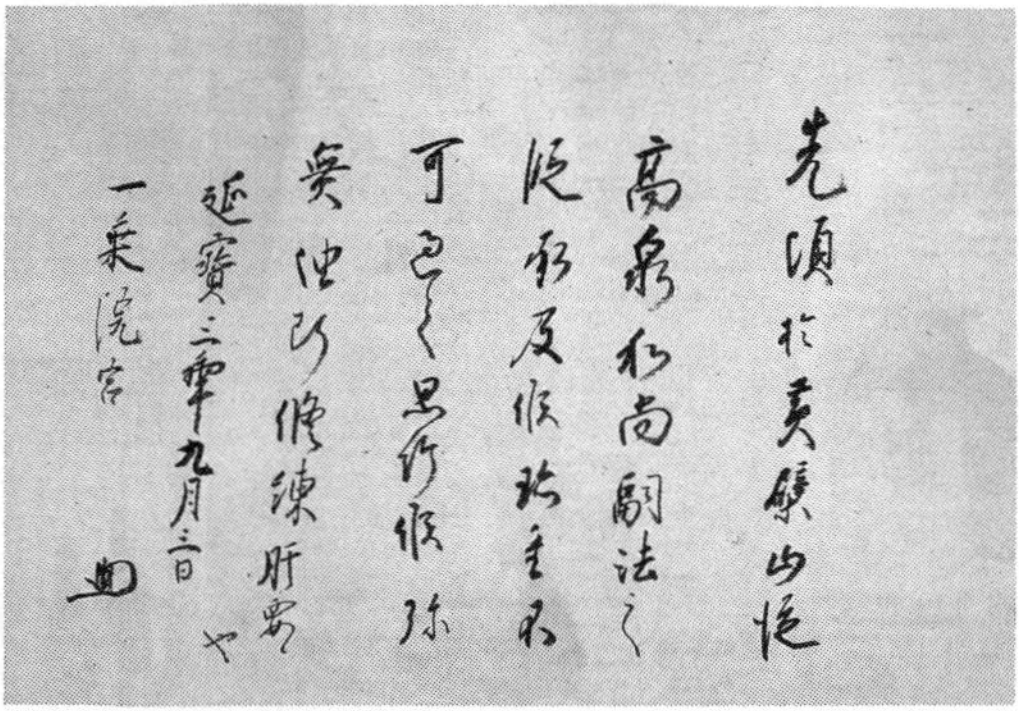

後水尾院書状　一乗院真敬法親王宛
真敬法親王が黄檗山万福寺の高泉性潡より嗣法を許されたことへの祝意とさらなる修練を勧める文で、院の黄檗宗への強い関心がうかがえる。

とがうかがわれる。梅宮は今や文智女王と名をかえ洛北修学院の地に円照寺を開き住していた。

後水尾院はのちに大和に移った文智女王に宛てた手紙にこう記した。

昨晩何かいわねばと思っていたが忘却してしまった。それをあけがた思い出したので手紙を認める。はじめのうちは住みなれた場所のこと、親族のことなどから思いが離れず仏事作善を怠ったりすることのないように。これが第一である。そのようなことをみるにつけても善心をおこし、善所におもむくようにと沢庵や一糸もいっていた。

……

もう一糸歿後の手紙だが、後水尾院にとって一糸の存在は己れの信仰のあかしだけではなく、国をへだてて住まねばならぬ娘との間を結ぶ紐帯でもあった。

正保三年（一六四六）三月十九日、三十九歳の若さで一糸は没した。後水尾院は法常寺、霊源寺の二寺を勅願寺とし、さらに死後三十年すぎた延宝三年（一六七五）には、仏頂国師号を贈ってその遺徳をしのんでいる。こうした後水尾院の禅への傾倒は一糸歿後も沢庵に結ばれ、さらに龍渓性潜《りゅうけいしょうせん》を通じて、明より日本に伝来したばかりの黄檗《おうばく》宗へとすすんだ。黄檗宗を開いた隠元《いんげん》の禅風をしたって隠元にも国師号を贈った。その後、隠元の法孫高泉性潡《こうせんせいとん》が来日すると、息子の真敬法親王が、これに深く帰依し、その法を嗣ぐことがあった。これを後水尾院が非常に喜んだ院の手紙が残っている。宗派とは関係なく（真敬法親王は奈良興福寺で法相宗）黄檗宗の普及を勧めている。黄檗山万福寺には、今日も後水尾院ゆかりのものが数多く伝えられている。このように、禅宗を頼むところは終生かわることがなかったのである。

6　修学院造営

1　洛北御幸

後光明天皇を失なって、残された後水尾院は耐えがたい淋しさを感じた。

後光明院御事ののち、此世の事はいよいよ御心に染み候事もなく候物から、なまじゐに、今少しご覧じ届けられたき事どもの、御妄執なほ残り候故、御養生に御ゆだんござなく候。

後水尾院はその心境を思いがけず素直に覚書のかたちの手紙に認《したた》めている。後光明院のおん事ののち、と覚書は書きはじめられている。あたかも第三者が天皇のことを書くように敬語を自らに用いるところが不思議だが、これは天皇や上皇だけに許される独特の文体である。いささか長文とはいえ、後水尾院の本音がよくうかがえる覚書だから全文省略なしに写しておこう。

天皇の崩御という事態があって、もはやこの世のことで院の心の空白を埋めてくれそう

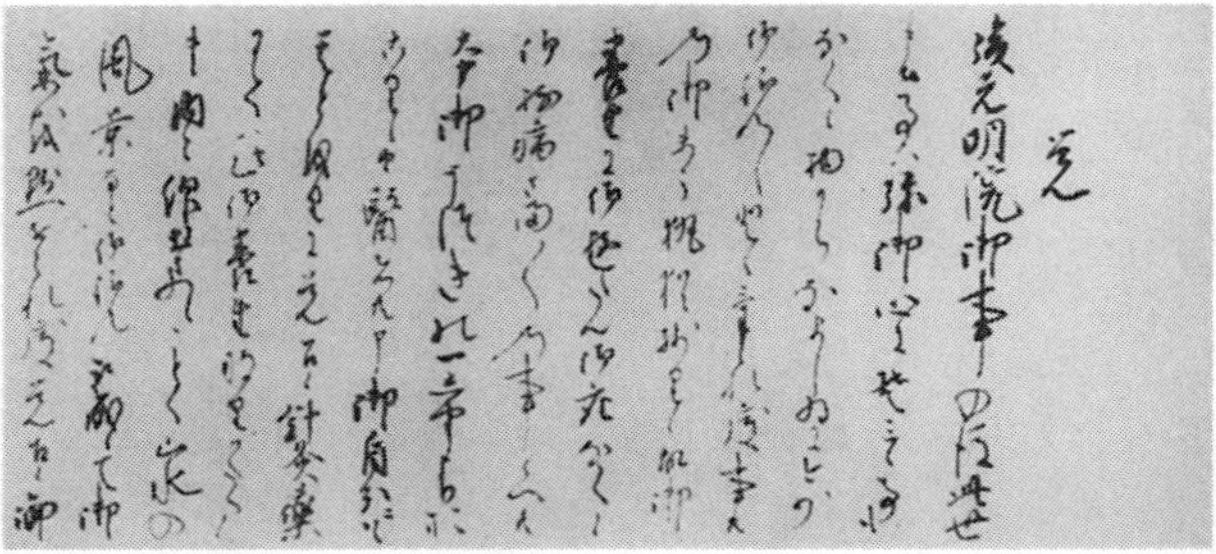

後水尾院覚書

なものはない。しかし、後光明天皇のあとを継ぐべき親王たちはすでに門跡寺院に入室がきまっていたりして、高貴宮《あてのみや》すなわちのちの霊元《れいげん》天皇は生まれて数ケ月の幼児である。高松宮家を継いで花町宮とよばれていた秀宮《ひでのみや》を急ぎ戻して即位せしめたのが後西《ごさい》天皇である。年齢は十八歳であったが十分の用意があったわけではない。ふたたび後水尾院が後見して朝儀がとどこおりなく勤まるように心をくばる必要があった。「なまじゐに、今少しご覧じ届けられたき事ども」とあるのは、若い天皇とその後継者の先き行きを見届けたいということであろう。そうであれば望みを失なったからといって隠居してしまうわけにはゆかない。妄執といわれれば確かにそうだが、落胆のなかで少しでも気をとりなおすための養生が必要であった。しかし後水尾院も還暦に近く、身体の衰えから逃れられない。覚書はつづく。

　御持病さまざまの事候へども、もと御うつき《（鬱気）》の一症よりおこり候由、医者ども申し、御自分にもその通りにおぼしめし候。針灸薬にては此の御養生なりがたく候まゝ、内々仰せ出され候ごとく、山水の風景などご覧なられ候て、御気を点ぜられたくおぼしめし候。

御所にとじこもっていれば鬱々としてくる。それが諸病の原因であるから、ときには外出して野山の風景を眺めて気分を振起したい。いよいよ覚書の本論に入るが、ではいったい後水尾院は誰にこの覚書と題する手紙を与えたのか。幕閣の中枢にあった大老酒井讃岐守忠勝《ただかつ》に宛てている。日ごろの幕府に対する感情とは別に、後水尾院は京都所司代板倉重宗と酒井忠勝は武士ながらよく信頼していたようだ。この覚書が何より酒井に対する信頼をあらわしている。この他にも、林羅山《らざん》が記しているところによれば、羅山は酒井忠勝の邸で後水尾院の宸翰を密かに見せられ、それには後水尾院の天海に対する悪口が認められてあったという。忠勝は羅山に口外してはならぬとそのとき命じている。忠勝は院がどこか気を許して接し得る武士であった。信頼があるとはいえ、後水尾院がこれほどまでに心底を見せて酒井忠勝に手紙を書いた目的は、京都所司代の一存では済まぬ御幸の自由を幕閣から保障させようという点にあった。

御幸の事、武家へ仰せ合せられ候へば、御警護を申付けられ、周防守（板倉重宗）あまたの人数引き具し供奉《ぐぶ》いたし候へば、京都にてはさ様の事めづらしく候故、宵、暁ともいはず、河原まで見物のもの群集候。今ほどかやうの事別して御本意ならずおぼしめし候。後光明院御事故は御しゅくあく《（宿悪）》の因縁もあらはれ候事にて候へば、何を御面目にとおぼしめし候まゝ、向後（これから）は外様の人には御対面もあるまじくおぼしめし候。御幸なども美麗の御行装にて御心おもしろげに御遊山翫水《ごゆさんがんすい》のやうなる御事は、人のおもひやりもいかがにおぼしめし候まゝ、御うつき《（鬱気）》強く御迷惑あそばし候折ふしは、誰と人の知り候はぬやうにあそばされ候て、御茶屋どものあたり、宮々の御寺などへ与風《ふと》ならせられたくおぼしめし候。

上皇であれ法皇であれ、御幸といえば所司代の警護がついて大がかりなことだ。人目にもたつ。しかし、後水尾院の心を傷つけていることの一つは、若くして逝った天皇の病気も他生の因縁によるとすれば、院自身の不徳のいたすところではないか、という自責の念である。このうえ、人目にたつような御幸などどうしてできようか。ただ悩みが鬱積したときに、山あいの茶屋とか、法親王の住する寺など何げなく訪ねてみたい、と後水尾院は訴える。それが武家との軋轢《あつれき》の原因となっては困る。かつて院自身の落飾も御幸を阻止されたからだと風聞されたではないか。

さだめて後日やがて沙汰候はんまゝ、その折ふし将軍家御耳へもたてられ候はで、家老の衆も聞付けられ候はぬ分にもてなされ候はゞ、何よりも何よりも御満足におぼしめし候べく候。将軍家御為すこしもあしざまなる御事に候はゞ仰出され候事も候まじく候へども、さら〳〵さ様の御事にてはござなく候。

後日になって報告すれば済むことだから、御幸のつど江戸へお伺いをたてて許可を取るのを止め、措置してもらえればありがたい。それが幕府にとって不都合なことならばともかく、けっしてそのようなことはないのだから。そもそも御幸の沿革を調べてみても今のような厳格なことはなかった。

御代々仙洞にうつらせおはしまし候て後は、処々の御幸その例かぞへつくされ候はぬ事候へども、つゐに武家へ仰合せられ候事も、御警護を申付けられ候事も見え申し候はず候。後土御門院、後柏原院、後奈良院、この三代は乱世にて禁中も微々になり、仙洞の御しつらひもとゝ《（整）》のひかね候故、御脱屣《ごだっし》（帝位を退くこと）なく候。その後、正親町《おおぎまち》院、太閤秀吉御ちそう《（馳走）》申され候て院にならせられ候へども御年七十をよばせられ候故、万事御忘却にて御幸などの沙汰もなく候。後陽成院は東照宮と御不和の事候つる故、万事御つゝしみの事候。その上御脱屣の後、程もなく候つる故、その御沙汰もなく候つる事候。

天皇の行幸であれば困難がつきまとうのは当然だが、譲位後の上皇であれば御幸はさほどむずかしいことではないはずだ。戦国時代の朝廷衰微の間は上皇となる余裕がなかったが正親町天皇（一五五七—八六在位）、後陽成天皇（一五八六—一六一一在位）はともに上皇となった。が、それぞれ特殊事情があって御幸は問題にならなかったという。

このたび大猷院《たいゆういん》殿（徳川家光）よろづ御入魂《じっこん》（親密）候はんとの御事にて仰合せられ候て、御いけんにまかせられ候ての御事候。旧き記録などのぞき申し候者は、御幸の御制止つよく候事は、いかゞしたる事ぞと却てあやしみ申し候事候まゝ、御幸はいかやうに候ても武家の御損益にはならざる御事候。ばか者など候てはとの御きづかひのよし候つれども、人の十人とも召具し候者の、ばか者に出あひ候など、の事は、京都にては、むかしより今にためしなき事候。その上、御なが袖（公家衆）には、てきかたきもなき事候へば、さ様のかたの御用心はかつて入り申し候はず候。又火事などの御きづかひも候やうに候つれども、御留主の御所などは別してさ様の用心もいたし候へば是又別儀なく候。

仙洞の存在そのものが後陽成院まで近世では例が少なかったところへ徳川氏の用心深さが御幸に対する厳格主義をつくってしまったという。しかし無法者がたとえあらわれたとしても公家に危害を加えるようなことはないのだから、警護に神経をとがらせることはない。火事の心配もかえって少ない。もっとも火事については後水尾院もあまり自信はなかったろう。後水尾院ほど御所の火災を経験した歴代天皇もないほどで、晩年こんな冗談をいっている。八十歳をこえる長寿の天皇はまことにめでたいことです、とある人が申しあげると、院はこう答えた。「常々思うことだが、八十をこえた天皇は孝光《ママ》天皇（陽成天皇の思いちがいであろう）と自分ぐらいなものだ。幸い自分は書道も多少はできるし和歌も相応に読む力がある。幸せ者で、その方たちもあやかるのがよいだろう。しかし御所の炎上は七回。これはいらぬことだ。」

覚書は最後に幕府の猜疑心を解こうとする。

この外に何かとまぎれも候て、太平記のやうなる事など出来候てはとの御きづかひも候やとおぼしめし合せられ候事も候へども、これは三千里の外の御事にて、御心を付けられ候も、ことおかしき御事ながら、さやうの事などおぼしめしもより候はゞ、天照大神、正八幡宮以下の冥慮にそむかせおはしまし候べく候。猶も御ふしん残り候はぬやうにとの御事候。さやうに候へば将軍家御心にかゝり候事、ゆめ〳〵なき御事にて候まゝ、右のとをり首尾よきやうに御才覚候て進上候やうに、ひとへにたのみおぼしめし候。この外、御身のうへの御望、一事としてもござ候はず候へば、かさねて、讃岐守《さぬきのかみ》をたのみ仰せられ候事も候まじく候まゝ、返す返す合点まゐり候やうに、よろしく申し候へとの御事に候。

『太平記』のような、というのは後醍醐天皇が吉野へ行幸して幕府の倒壊を企てたようなことはない、との意であろう。御幸の自由が認められるなら、ほかに何の望みもないと酒井讃岐守忠勝に訴えている。後水尾院の直筆で「政仁《ことひと》」の勅印を押したところにその決意のほどもうかがわれよう。

別表にもみえるように、後水尾院の遠方への御幸は、この前後から急速に増加している。この表からは禁中や新院御所、あるいは近衛家や宮家里坊への近所の御幸はすべて省いているが、これらを加えると、承応《じょうおう》（一六五二—五五）以後は実に頻繁に御幸が行なわれ、

後水尾院、洛北方面御幸関係略年譜（含桂殿）

寛永十八	七月 十四日	鳳林承章に命じて山荘の地を衣笠附近に探させる。
	七月 十八日	勧修寺経広と鳳林承章が山荘屋敷図面について相談する。
正保 四	十月 六日	後水尾院、東福門院を伴い洛北岩倉の長谷聖護院へ御幸。御内証お忍びの御幸、板倉防州先駆。
慶安 一	二月二十二日	院、東福門院、女三宮を伴い長谷へ御幸。二十五日還幸。板倉先駆。
	四月二十二日	院、東福門院、長谷へ御幸。田植を見る。
慶安 二	二月 十一日	院、東福門院、長谷へ御幸。十六日還幸。
	九月 十一日	院、明正上皇、東福門院、女三宮を伴い長谷御幸。十三日幡枝御殿御成り。十六日還幸。
慶安 四	三月 八日	院、明正上皇、東福門院を伴い長谷御幸。十日還幸。
承応 二	八月 十一日	院、東福門院、長谷御幸。十二日還幸。
	九月 十一日	院、東福門院、長谷御幸。十二日還幸。
承応 三	三月 十六日	院、東福門院、長谷御幸。十七日還幸。
	九月 六日	院、東福門院、長谷御幸。七日還幸。
承応 四（明暦一）	三月 十三日	院、東福門院、長谷御幸。途中修学院、円照寺にて振舞あり。
	九月二十七日	院、東福門院、長谷御幸。二十九日還幸。
明暦 二	三月二十五日	院、東福門院、長谷御幸。二十七日還幸。
	十二月二十五日	院、幡枝御幸の途中、修学院に立ちよる。
明暦 三	三月二十二日	院、東福門院、長谷、岩倉、幡枝御幸。実相院を訪ね、二十四日還幸か。
	九月 十六日	院、明正上皇、東福門院を伴い、長谷御幸。十七日還幸。
明暦 四（万治一）	三月 十二日	院、お忍びで八条宮桂殿へ御幸。

	四月　十一日	院、東福門院、長谷御幸。花見。
	四月二十七日	院、長谷御幸。
	九月二十一日	院、長谷御幸。
万治　二	二月　十四日	鳳林承章、修学院御殿の樹木を斡旋する。
	四月　一日	院、明正上皇、東福門院を伴い長谷御幸。翌日還幸。
	四月　十四日	院、修学院御殿において、法親王他を饗応する。
	五月　八日	修学院御殿八景詩を五山長老に命じる。
	五月　十一日	修学院御殿庭のために寒竹を鳳林承章献じる。
	六月　十四日	修学院御殿新八景詩を五山前住に命じる。
	十二月十六日	堯然法親王ら、修学院新八景和歌を作る。
万治　三	一月　四日	修学院御殿の御茶屋完成。
	五月　十二日	院、東福門院、修学院に御幸。
	八月二十九日	院、東福門院、長谷御幸。松茸狩。
万治　四（寛文一）	一月　十五日	仙洞御所火災により、岩倉へ遷幸。二月五日まで。
	八月　十五日	院、修学院に御幸。
寛文　二	三月二十八日	院、修学院に御幸。
	四月　十二日	院、修学院に御幸。
	四月二十六日	院、修学院に御幸。ついで曼殊院に御幸。
	十月　十八日	院、修学院にて口切の茶事。
寛文　三	三月　六日	院、八条宮桂殿に御幸。
	三月二十三日	院、明正上皇、東福門院を伴い修学院、岩倉へ御幸。
	四月　十六日	止々斎、洗詩台の勅筆の額できる。
	九月　十五日	院、修学院に法親王らを招く。
	十一月　十日	院、八条宮桂殿へ御幸。

寛文　四	三月　十六日	院、東福門院、岩倉、修学院に御幸。
	九月　十一日	院、明正上皇、後西上皇、東福門院とともに修学院へ御幸。後西上皇ははじめて。
	十二月　四日	院、修学院に御幸。修学院焼の窯開き。
	十二月　七日	修学院新八景の色紙焼失につき、あらためて五山衆献上。
寛文　五	九月　十二日	院、東福門院、明正院とともに岩倉へ御幸。
寛文　六	四月　十四日	院、東福門院とともに修学院へ御幸。
寛文　七	閏二月二十二日	院、岩倉へ御幸。
	三月　十二日	院、明正院、東福門院を伴い修学院に御幸。
	八月二十八日	院、明正院、東福門院を伴い岩倉へ御幸。
寛文　九	三月二十七日	院、修学院に御幸。
	四月　五日	院、東福門院を伴い岩倉に御幸。
	九月　十六日	院、東福門院を伴い岩倉へ御幸。
	十月　五日	院、明正院、東福門院を伴い修学院へ御幸。
寛文　十	九月二十二日	院、明正院、東福門院を伴い岩倉へ御幸。
寛文十一	二月　十一日	院、修学院へ御幸。
	三月　二日	院、近衛基熙室常子内親王らを伴い修学院に御幸。
	三月　九日	院、東福門院を伴い修学院へ御幸。
	四月　五日	院、明正院、東福門院を伴い岩倉へ御幸。
	五月　六日	院、妙法院宮を伴い修学院へ御幸。
	八月二十八日	院、修学院へ御幸。
	九月　十一日	院、明正院、東福門院を伴い岩倉、長谷へ御幸。
寛文十二	三月　十日	院、緋宮、円照寺文智女王らを伴い修学院へ御幸。
	三月　十八日	院、明正院、東福門院を伴い岩倉へ御幸。
	四月　十四日	院、明正院、東福門院を伴い修学院へ御幸。
	七月　九日	院、幡枝の地を近衛基熙に与える。

	八月　六日	院、修学院に御幸。
	八月　十九日	院、修学院に御幸。
	八月二十四日	院、修学院に御幸。
	八月二十八日	院、明正院、東福門院を伴い岩倉に御幸。
	九月　六日	院、修学院に御幸。
寛文十三	二月　十日	院、修学院に御幸。
	二月　十六日	院、修学院に御幸。
	三月　十三日	院、東福門院を伴い修学院へ御幸。
	三月二十二日	院、明正院、東福門院を伴い岩倉、長谷へ御幸。
	四月　十八日	院、緋宮らを伴い修学院へ御幸。
	八月　十九日	院、修学院に御幸。
	十月　二日	院、明正院、東福門院を伴い修学院に御幸。
延宝　二	二月二十二日	院、修学院に御幸。
	二月二十八日	院、東福門院を伴い修学院へ御幸。
	三月　七日	院、明正院、東福門院を伴い岩倉へ御幸。
	五月　十四日	院、常子内親王を伴い修学院へ御幸。
	九月　七日	院、修学院に御幸。
延宝　三	一月　十二日	院、方違えに修学院に御幸。
	三月　一日	院、修学院に御幸。
	三月二十八日	院、岩倉、長谷に御幸。
	四月　十一日	院、東福門院を伴い修学院へ御幸。
	四月　十八日	院、妙法院宮ら伴い修学院へ御幸。
延宝　四	二月　六日	院、修学院に御幸。
	二月　十二日	院、修学院に御幸。
	八月　十七日	院、緋宮らを伴い修学院へ御幸。

	九月　十七日	院、幡枝に御幸。
	九月二十一日	院、修学院に御幸。
	十月　九日	院、修学院に御幸。
延宝　五	二月　十七日	院、修学院に御幸。
	五月　六日	院、修学院に御幸。
	九月二十五日	院、修学院に御幸。
延宝　六	二月　十三日	院、修学院に御幸。
	五月二十六日	盗賊が入り隣雲亭焼失。
	九月　七日	院、修学院に御幸。
	九月二十八日	院、修学院に御幸。
	十月　十七日	院、修学院に御幸。
延宝　七	三月二十三日	院、修学院に御幸。隣雲亭新御茶屋できる。
	四月　九日	院、妙法院宮を伴い修学院へ御幸。

さきの覚書がほぼ実現されたことがわかる。しかし近所への御幸とこの遠方、ことに洛北への御幸とは趣きが全く異なっていた。

すでに洛北御幸の関心は後光明天皇の死よりよほど以前から後水尾院のなかに生まれていた。寛永十八年（一六四一）七月十四日の『隔蓂記《かくめいき》』の記事は後水尾院の関心が那辺にあったかを如実に語っている。洛北への御幸は山荘造営という目的をもった御幸であった。七月十四日、鹿苑寺鳳林承章を訪ねて小川坊城俊完《としさだ》と勧修寺経広《つねひろ》がやってきた。話というのは後水尾院が内々山荘の地を探していて、鹿苑寺内の風景やそのあたりを見てくるよう

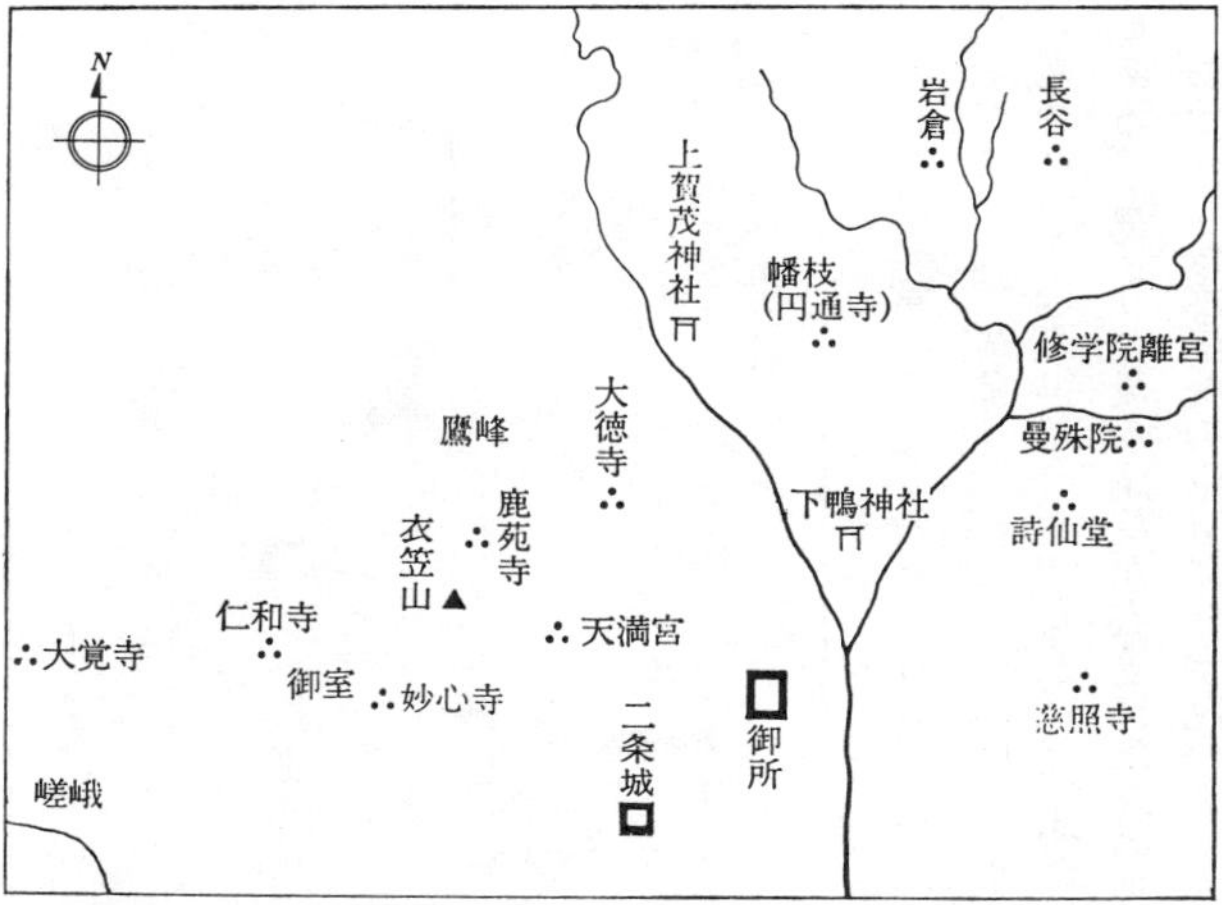

洛北方面概念図

と命ぜられたというのである。鳳林和尚もすでに一条兼遐から話をきいていて、早速、二人を誘って衣笠山のあたりをあちこち見立てて歩いた。十八日には勧修寺経広邸へ行って「仙洞御山居御屋敷之絵図」について話しあっている。小川坊城も訪ねたが不在。後水尾院の山荘案はかなり具体的に進行していたようだ。もちろん後水尾院は衣笠山の実景を知らない。鳳林和尚は出入りの絵師伊藤長兵衛を呼んで衣笠山の山麓の図を描かせ、仙洞（上皇）にたてまつっている。

この衣笠山山荘計画はその後の記事がないところをみるとどうやら沙汰止みになったようだ。別表でみるとおり、まだこの段階では後水尾院自身が出か

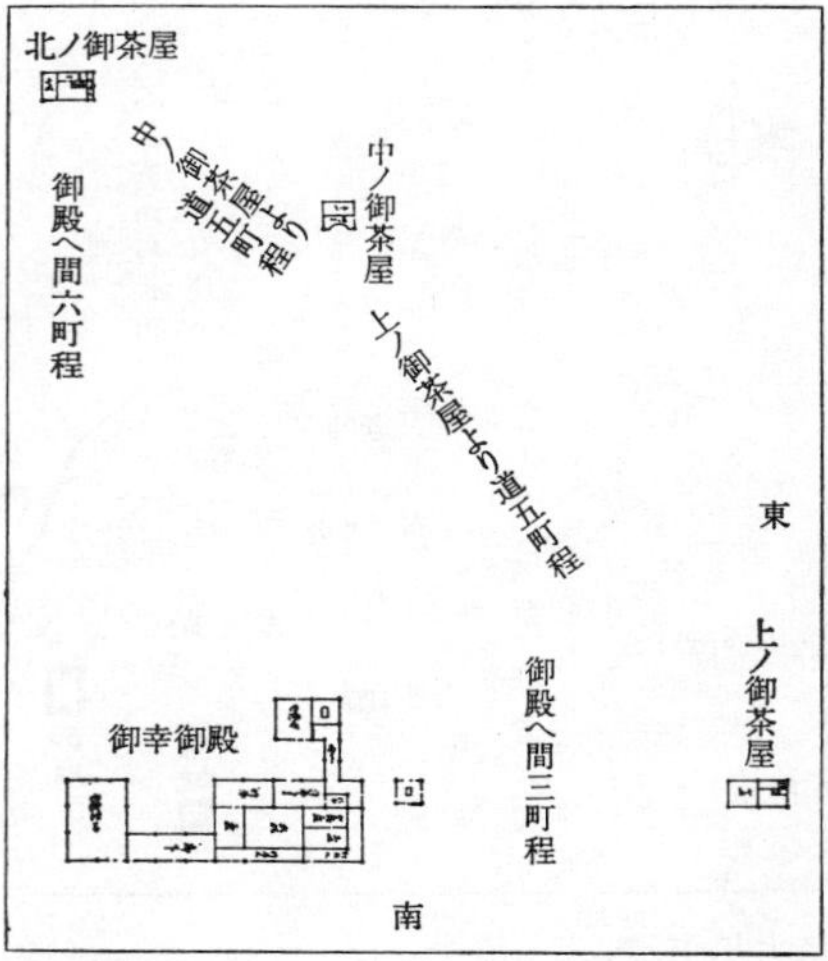

長谷御茶屋指図（正保４年10月）

けて候補地を物色するには至っていない。

のちの修学院選定という結果からみると、ほぼ同時期にその伏線が引かれていたことに気付く。梅宮の円照寺創建である。

さきにもふれたが、梅宮は出生の不幸を背負いながら、寛永八年（一六三一）七月二十二日に鷹司教平《のりひら》に嫁した。十三歳であった。しかしその結婚生活は不幸であったらしく、三年ほどで離別し、それが原因で教平も精神に異常をきたしたという（「道房公記」）。重なる不幸が梅宮を仏道へと向かわせることになった。寛永十七年（一六四〇）八月二十八日、二十二歳で一糸文守について得度し文智という号を得た。文智女王は翌年寛永十八年に修学院に寺一字を建立した。円照寺である。ちょうど後水尾院が衣笠に山荘の地を求めた年であった。

おそらく後水尾院の脳裏に修学院の名もかすめたにちがいない。推測の域を出ないが、衣笠山をあきらめた後水尾院は修学院の山荘を具体的に計画したのではないだろうか。それを思わせるのは文智女王宛の一糸文守の書状である。この書状は四千数百字に及ぶ長文で、綿々と文智女王の身上を案じた有名なものだが、文中、皇女桂宮《かつらのみや》が歿したことに言及しているので、歿年の寛永二十一年（正保元、一六四四）の書状と認められる。そのなかで一糸は「しゆがくじ（修学寺）には、とても御すみはてなさるまじきよし、すへ〱（末々）はそれがよくござ候はんかと存じ候」といい、親類の一人もいない所、せめて国一つ二つは離れた土地へ移るのがよいと勧めている。もちろんこの一糸の示唆の前提には文智女王が修学院を離れたいがどうしたものか、と一糸に相談した経緯があっただろう。寛永二十一年ごろには後水尾院が修学院を有力な山荘候補地として物色し、山荘の建設が始まれば隣接する文智女王の円照寺も人目にたち煩わしさがますことを懸念しての相談ではなかったかと思われる。事実、一糸の示唆通り文智女王はその後円照寺を大和添上《そえかみ》郡に移すことになるのである。

しかし、修学院の地も、ただちに山荘計画へとは進まなかったようだ。この一糸の書状から三年後、正保四年（一六四七）ごろから後水尾院は東福門院をともなって春秋に洛北へ御幸するのが習いとなっていた。ことにさきの酒井忠勝宛の覚書が執筆された承応三年（一六五四）ごろから頻繁になることはさきに記したとおりだ。その御幸の先は洛北の長《なが》谷《たに》である。長谷殿はもともと聖護院の山荘で、室町時代には足利義政が、よく訪れた。後水尾院の弟の道晃法親王が聖護院の門跡であったから、院としても利用しやすかったのだろう。当時の長谷殿は、指図（大工方の図面）によると数室よりなる小規模な御幸御殿があり、数町離れて中の御茶屋、さらに北の御茶屋があった。慶安元年（一六四八）二月の御幸に供奉した鳳林和尚の日記によると、供奉の公家衆の宿泊する施設がないので医者や女官を残して皆その日のうちに帰っているからごく手狭な御殿だったのである。このときの御幸は長谷に宿泊したが中心は岩倉御殿での催しにあったようだ。岩倉殿も長谷殿と似た構成で御幸御殿と山上の茶屋よりなっていたが規模は長谷より大きい。この御殿は女三宮昭子内親王の山荘として寛永年間に建てられたといい、建物は二条城の移築であった。

後水尾院と東福門院の一行は夜明けに京都を出て、途中上賀茂神社に寄り、朝飯のころに岩倉に着いた。板倉所司代の警護はなかなか厳重で、番所が建てられていた。一行は御殿で朝食を食べると後水尾院に従って山頂へ登った。道すがら所々に茶屋があっていろいろの催しを楽しみながらの登山であるが、山頂まで十町余り（一一〇〇メートルほど）あって和尚は杖を使って登っている。「山上之御茶屋、種々御飾道具、驚目者也」とあるから、上の茶屋では床飾りなどのしつらいがあったことがわかる。後水尾院は鳳林和尚と方々処々の山や谷、さらに風景をあれこれと「御穿鑿《ごせんさく》」になったという。この穿鑿はあえて山荘候補地の穿鑿と解することはないだろう。ただ山の名や谷の名、あるいは風景を論じたばかりであろう。のちの修学院離宮ほどではないが、すでにこのような立派な山荘が長谷や岩倉にあって、後水尾院の山荘造営の熱をあおっていたことがわかる。

何度か洛北と仙洞御所との間を往復するうち、修学院の地がだんだん後水尾院の山荘の構想と一致するようになった。いつ修学院を訪ね、草庵を建てたのか明らかでないが、史料にみえるところでは承応四年（明暦元、一六五五）三月十三日に長谷御幸の途中、修学院に立ち寄り円照寺の文智女王と朝粥《あさがゆ》をともにしたという記事が最初である。しかしこのとき文智女王が作った「洛北修学院有幽邃《ゆうすい》地」と題する詩の詞書には、「太上法皇曾つて勅して一宇を創《はじ》む。号して曰く隣雲亭、予の茅庵と相去ること遠からず。今ここに乙《いっ》未《び》（承応四年）之春、太上法皇太上皇后ここに幸す」とあって、後水尾院が円照寺から遠くないところに隣雲亭という建物をすでに建てていたことが記されている。はたして修学院の地を実見して後水尾院が建てたものか明らかではないが、隣雲亭といえば、いうまでもなく今日の修学院離宮上の茶屋の中心となる亭の名称であるから、少なくとも承応四年（明暦元年）以前に修学院の地が後水尾院の心のなかで決定されていたとみてよいだろう。『続史愚抄』明暦元年の項に、「今年、法皇、修学院離宮御経営畢《おわ》りて臨幸等ありと云ふ」とあるのは霊元天皇の『元陵御記』の享保十一年（一七二六）の記事によっている。同記には、

旧院（後水尾院）この山荘を経営ありて、はじめて御幸し給ひしは、明暦元年六十歳にならせ給ひし時なり。

とある。先に山荘ができていて、はじめて行ったのが明暦元年なら、さきの三月十三日に円照寺に立ち寄った記事に合致する。もっとも山荘といっても隣雲亭一宇にすぎなかったが。翌年明暦二年十二月二十五日の幡枝《はたえだ》の御幸のときも修学院に立ち寄った。『赤塚芸庵雑記』によると、

同二十五日（明暦二年十二月）岩倉御幸、これはいつも春秋の節御幸ありしが、今年牧野佐渡守、関東に下向してければ兎角《とかく》なく延引してけるに、諸司（所）代、一昨、上洛してければ俄に御幸あるべきとて、夫々守護してなし奉る。修学寺の上、四明山の麓に山荘作りましゝかば、此序にならせ給ひ、それより岩倉、幡枝に御幸なりて、四山雪色の詠などありて同じ暮還幸なり。

とあって、やはり山荘が少なくともこの明暦二年以前にある程度できていたように読める。規模はともかく、修学院離宮の造営は着々と後水尾院の心のなかで進行していたのであろう。明暦二年の暮、後水尾院がふたたび修学院を訪ねたときには、すでに円照寺は大和の地に移されて文智女王の姿はなかった。

2　修学院造営

後水尾院が修学院に山荘を造営してから約七十五年後、近衛家熙《いえひろ》は大覚寺門跡とともに

修学院を訪れている。邸に帰ってからいつもの話し相手である山科道安に、見てきた山荘の話をしたのであろう。その会話を道安は『槐記』のなかに記しておいた。家煕は山荘の作者を明快に断言している。

御亭《ごてい》をはじめ、御庭の一草一木に至るまで尽《ことごと》く後水尾院の御製なり。

道安が尋ねる。

それは何とてあの遠き処を、（離宮に）遊ばしけるにや。

家煕は次のように語った。

ふとあの山を御手に入てより、あの地勢山水を御考へにて雛形が出来て、草木をはじめ踏石捨石に至るまで、皆それ〴〵に土にて石形をこしらへ、その処に置て見て、恰好よきやうにあそばし、其の七八分も出来たる時分に、其の傍の女中に、庭巧者の人のこれある旨にて、ござつゝみの輿《こし》にのせ、平松可心、非蔵人某などを付られて見分に遣はさるゝこと度々なり。

伝聞であるから、どこまで真実か確かめようもないが、修学院離宮が後水尾院が心血をそそいだ創作であったと、公家のなかに伝えられていたことだけは事実である。伝承によれば一木一草に至るまで、後水尾院の創意にでるもので、ことに模型を作って造庭の工夫を重ねた。そしてある程度雛型ができたところで、女中の庭巧者を密かに修学院へ遣わして実地検分させたという。後水尾院の女房に庭巧者がいたというのも珍しいが、一緒に行った平松可心は西洞院時慶の末子で慶長十九年(一六一四)の生まれ、承応三年(一六五四)に出家して可心と称した人物で、公家の新家である交野《かたの》家の祖となった。それだけ後水尾院の信任もあつかった。またのちのことだが、寛文七年(一六六七)三月には近衛家で庭の山水を造るにつき、可心に万事任せたいので預かりたいと後水尾院に願い出ていて(『无上《むじょう》法院《ほういん》殿御日記』)、可心が庭造りに堪能であったことがうかがわれる。また非蔵人某も誰とはわからないが、あるいは前に登場した赤塚芸庵かもしれない。彼らが御幸の自由のない後水尾院にかわって修学院の地を見てきては後水尾院と談合を重ねたのであろう。

造営はかなり長期にわたった。『隔蓂記』によれば万治三年(一六六〇)一月四日に修学院御殿の茶屋が完成したと記している。上・中・下のどの茶屋が完成したのか、また、この茶屋完成以後にも工事は続いたものか史料がないけれど、少なくとも万治三年以降の完成であることは間違いない。すでに明暦元年(一六五五)以前に隣雲亭が建てられていたのだから、最低六年以上の工期を費していた。鳳林和尚も造営に協力した側近の一人で、前年の万治二年(一六五九)二月十四日には修学院御殿のための樹木を斡旋し、同じく五月十一日には修学院に植える寒竹を献上している。後水尾院の計画に従って諸方面からの献上品やら協力が行なわれたのであろう。

後水尾院は岩倉や幡枝の山荘を造営しながら修学院に創建する山荘のデザインに心を注いだであろう。山荘造営のうえで後水尾院の気になるのは、かねて名園の名が高い八条宮

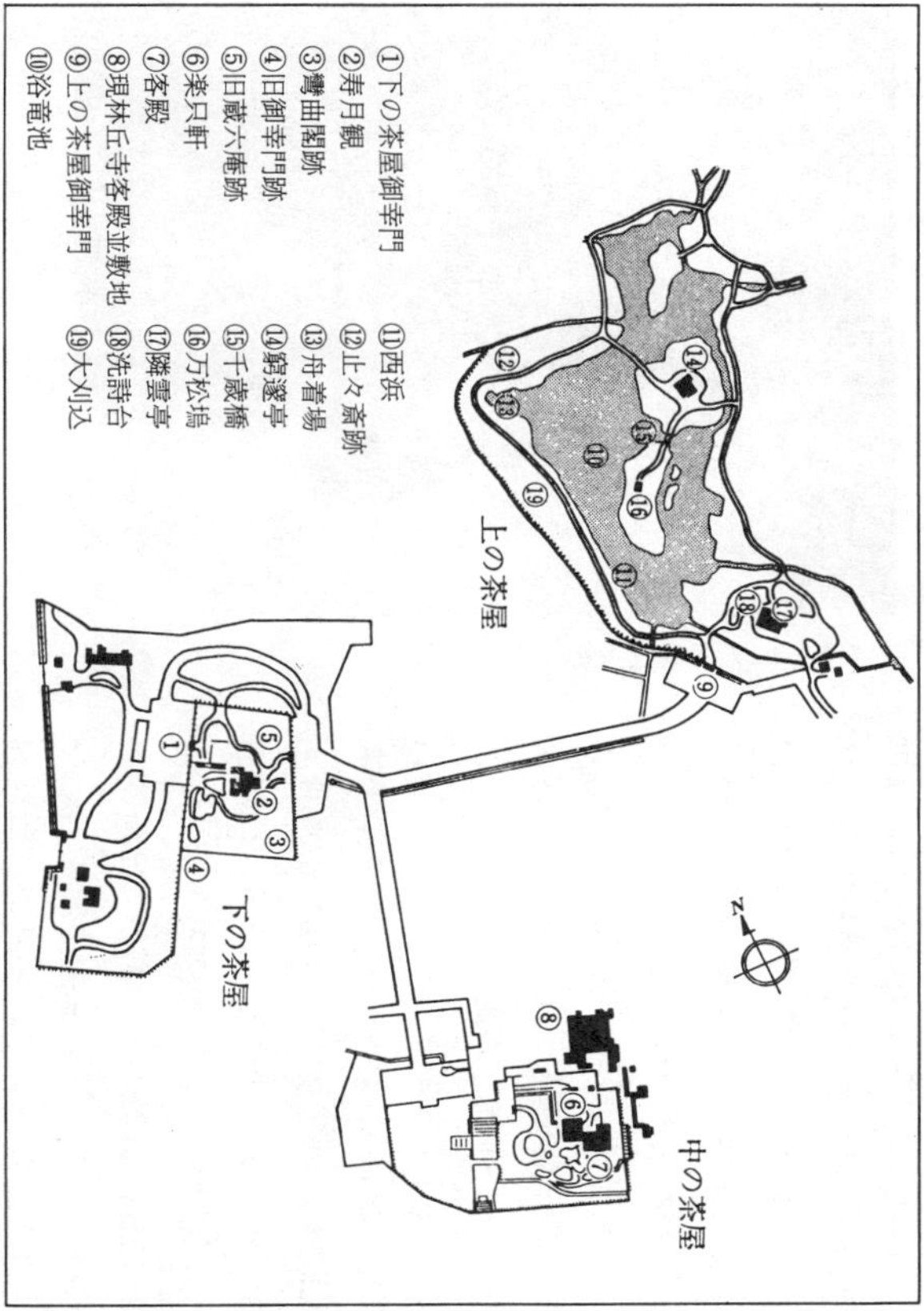
①下の茶屋御幸門
②寿月観
③彎曲閣跡
④旧御幸門跡
⑤旧蔵六庵跡
⑥楽只軒
⑦客殿
⑧現林丘寺客殿並敷地
⑨上の茶屋御幸門
⑩浴竜池
⑪西浜
⑫止々斎跡
⑬舟着場
⑭窮邃亭
⑮千歳橋
⑯万松塢
⑰隣雲亭
⑱洗詩台
⑲大刈込
上の茶屋
下の茶屋
中の茶屋
N

下の茶屋　寿月観（撮影　岩宮武二）

家の桂山荘である。すでに智仁親王はない。かつて譲位や和子入内をめぐって朝幕間の仲介に努力した智仁親王は、元和年間（一六一五―二四）に桂の里に茶屋を設け、しだいに山荘としての体裁をととのえていった。寛永元年（一六二四）に相国寺の僧昕《きん》叔《しゅく》顕《けん》晫《たく》が桂を訪れたときの文章によると、「亭上四面に山を見、天下の絶景也」（『鹿苑日録』）とある。今日いう桂離宮の原型がようやく完成されようとしていた。智仁親王は寛永六年（一六二九）に歿し、しばらく荒廃するが、二代智忠親王に至って中書院が完成し、今日の姿がなかばできあがった。後水尾院は桂の山荘を是非とも参考にしたいと考えたのであろう。修学院の造営が進む明暦四年（一六五八）三月十二日、お忍びで桂へ出かけている。後水尾院はこのお忍びの御幸を含めて三回桂を訪ねた。

修学院離宮の現状は数百年の星霜を経て、建物などの変化がなかったとはいえぬが、比較的よく旧態を残している。その構成上の特徴は上、中、下の三つの茶屋が小径《こみち》によって結ばれるという類例のない独創的な山荘の形式である。森蘊《おさむ》氏の『修学院離宮の復元的研究』によって山荘の旧状を述べておこう。現在、修学院を訪れると西に向かって正門が開かれているが、かつてはこの付近に建物が並び、後水尾院に扈従《こしょう》する人々や下働きの人々のための宿舎に当てられていたと思われる。下の茶屋への導入部は今の御幸門とちがって区画の西南の隅についていて、池の端をめぐって建物「寿月観《じゅげつかん》」に近づくという道筋であった。寿月観は上段の間三畳を含む十二畳の広間で数寄の書院ともよぶべき建物である。寿月観の北側にはかつて奏者所や控の間が続き、さらに別棟に蔵六庵という建物が隣接していた。今では蔵六庵はなく、その額だけが寿月観の次の間にかけられている。さて建物の裏手にまわって東門をでると、ふたたび目の前には田園の風景がひろがる。おそらく山荘造営のころにはすでに周辺の田畑は開墾されていたであろう。当時の禁裏が京都の町域と密着し、町人がかなり自由に出入りが可能であったように、山荘であればこそなおさら庶民の生活領域と混交していたのは当然であろう。後水尾院には、庶民の立ち働く田畑や山あいの茂みのなかを上の茶屋へ進むことはちっとも不自然ではなかったはずである。

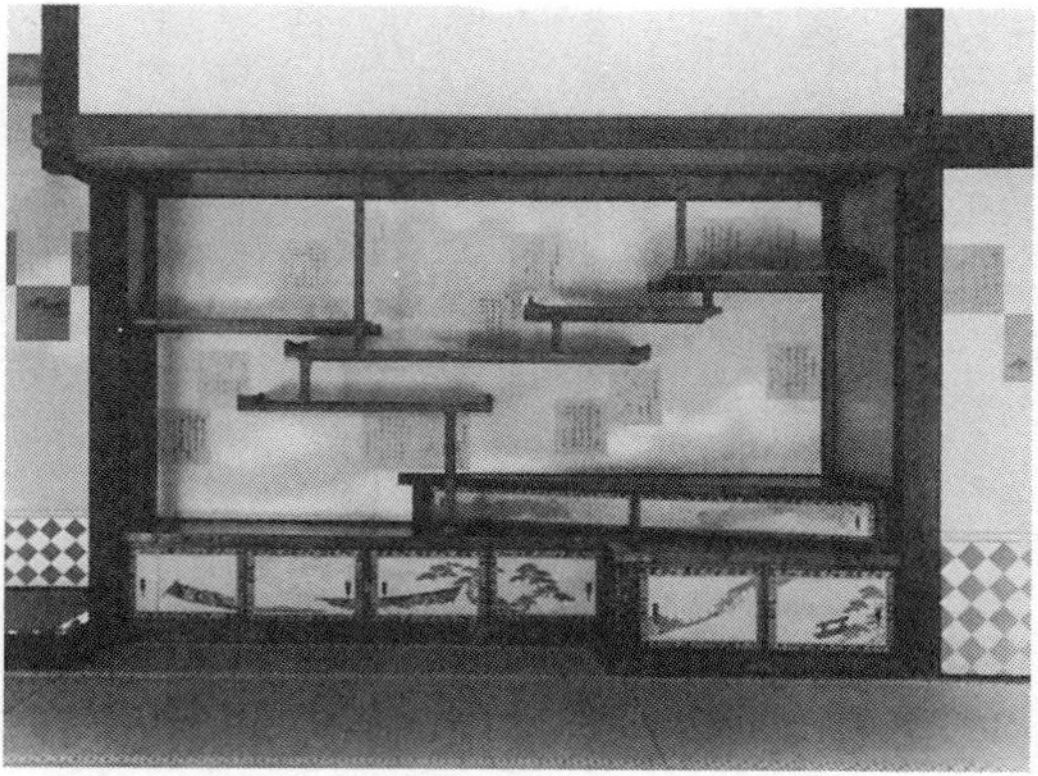

中の茶屋客殿，一の間　霞棚（撮影　岩宮武二）

現在の見学の順序からいえば下の茶屋をでると南へ向かって中の茶屋を見る。しかし万治年間に完成された段階ではまだ中の茶屋はかたちをなしていなかった。中の茶屋のなかでまず最初につくられたのは楽只軒《らくしけん》で寛文七、八年（一六六七、六八）ごろの造営とされている。後水尾院の皇女朱宮《あけのみや》（緋宮）が出家の希望をもっていたので、そのためにここに御所を建てて朱宮に贈ったのである。これが朱宮御所で、のちに林丘寺《りんきゅうじ》として発展したのである。延宝六年（一六七八）東福門院が歿して不用となった女院御所のうち、奥の対面所等の部屋が林丘寺に寄附され、今日みる客殿が完成された。俗に天下の三棚の一つといわれる霞棚は客殿の一の間の中央にあり、いかにも女院御所の対面所を思わせる意匠性に富んだ建物といえるだろう。中の茶屋を出

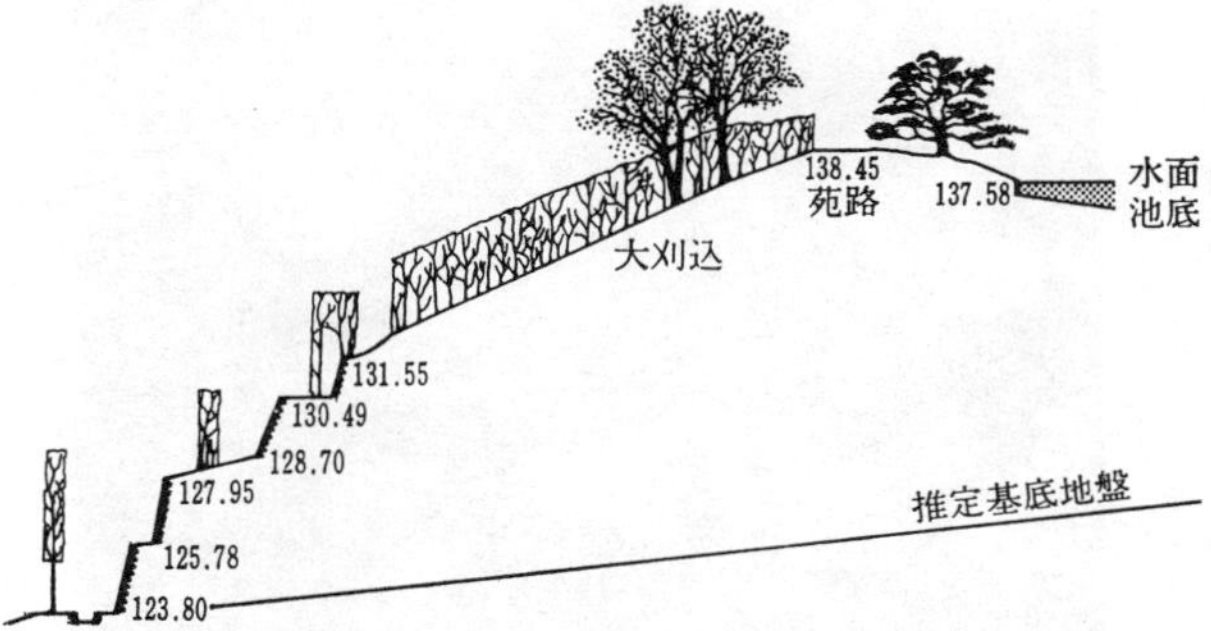

上の茶屋西浜（塘堤）断面図（森蘊氏原図，数字は標高メートル）

て下の茶屋の方へ戻ってから道は上の茶屋へと続く。享保十二年（一七二七）の絵図をみると、すでに順路には松の並木が植えられていた。上の茶屋は浴竜池という人工の大池を中心に壮大な規模を誇っている。その面積は約三万六〇〇〇平方メートルで、下、中の茶屋の約十倍もあり、海抜一四九メートルの最高位置に隣雲亭を置き、中の島に窮邃亭《きゅうすいてい》を、さらに今は失なわれているが止々《しし》斎《さい》などの建物が配されていた。浴竜池の西側は西浜とよばれるほぼ一直線の道がつけられ、その外側は有名な大刈込とよばれる植栽がおおっている。この部分は浴竜池をつくるための堰堤《えんてい》である。山麓から流れ落ちる水をため、さらに音羽川の水を引いて大池とするために、山際の部分の地形を造成した際の土を西側に盛って堤を築いた。断面図にみるように堤は四段の石垣をもって約八メートルの高さとし、さらにゆるいカーブで幅広い盛り

上の茶屋　隣雲亭（撮影　岩宮武二）

土をもって約七メートルの高度を得て、あわせて本来の地面より一五メートル近くの高さをもつ堰堤としている。当然、この堰堤は下の茶屋の方面からみれば異様な姿をみせることになるので、ここに数メートルの高さの植込みをつくり、すっかり堤をおおい、さらにその間に楓《かえで》などを植えた大刈込の独特の景観を工夫したのである。上の茶屋の建物には、修学院の建物名として最初にあらわれる隣雲亭が頂上にある。明暦以前の隣雲亭の位置と同じかどうかわからないが、少なくとも浴竜池が築かれてからの位置はほとんど変っていないだろう。前の大池、そのむこうの西浜の木立、西浜を越えて遠望される松ケ崎より岩倉方面の山々の風景は、後水尾院が眺めたのとあまりかわらぬ姿を今もわれわれに見せてくれるのである。

このような山麓を削り、大堰堤を築き、その一方では田園のなかに三つの茶屋を散在させるという構想はいったいどこから発想されたのであろうか。明快な解答はまだ出されていないようだ。筆者にもその用意はないが、後水尾院の独創的な構想に先行するいくつかの造営の要素は見いだせるのではないだろうか。その一つは山里の茶屋という数寄《すき》草庵の系譜であり、もう一つは大池と山麓を控えた霊域のイメージではなかったかと想像する。

安土桃山時代を通じて天下人はしばしば山里と称する茶屋をつくった。たとえば豊臣秀吉は大坂城内や名護屋《なごや》城に山里の茶屋をつくり、徳川秀忠も江戸城に山里の茶屋をつくった。その源流は山居の体を喜ぶ草庵の思想に発するにちがいないが、桃山から寛永にかけては、より開放的な遊びの空間として意図されていたのであろう。たとえば慶長三年（一五九八）に秀吉最後の饗宴となった醍醐《だいご》の花見が行なわれたが、そのとき設けられた茶屋の趣向は、野外の遊びと山里に散在する茶屋めぐりをあわせた遊興であった。『太閤記』によると、醍醐寺三宝院を「御成り御殿」として、醍醐の山麓に一番から八番までの茶屋がつくられた。たとえば松杉の大木、椎檜の老木数千本の茂る深山の趣きあるところに新庄雑斎が茶屋を建て、物さびた茶道具をもって茶を献ずる。十五、六町（約一・六キロ）も山を登ったところには増田右衛門尉が御座所や行水所まで用意した茶屋を設けてあった。長谷川宗仁の茶屋では操り人形の芸を見せ、八番目の茶屋では美女を揃えて茶屋遊び風の趣向が工夫されていた。醍醐の山麓を利用して、風情の異なる茶屋をあるいは山上に、あるいは川辺につくり、花見の遊びを堪能させたのが秀吉の茶屋の狙いであった。

後水尾院の洛北御幸もまた年表にみるとおり、春であれば花見、秋であれば紅葉狩りと茸狩りという、野山の遊びを目的とするものであった。そのなかでの茶屋の機能は、まさに秀吉の醍醐の花見の茶屋を小規模にしたものに近い。しかし後水尾院はその設営を臨時の楽しみとするのではなく恒久的な山荘として構想したのである。

修学院に山荘をつくる以前に、後水尾院はその習作ともいうべき造営を長谷や岩倉、あるいは幡枝の御殿において試みていた。すでにふれたように長谷殿は御幸御殿から六から八町余も離れたところに北・上・中の茶屋が建てられていたし、岩倉殿にも登山と下山に鳳林和尚（当時五十六歳）が四苦八苦するほどの急坂をもった上の茶屋がつくられていた。なるほど形態的にはすでに山里の茶屋形式の山荘ができていたようだが、しかし問題は長谷も岩倉も、後水尾院の山荘ができる以前に別の山荘があって、後水尾院の創意工夫が十分発揮できなかった点にある。すなわち長谷には聖護院の別荘があり、岩倉には女三宮の山荘があった。

洛北の山荘として三番目に後水尾院が試みたのが幡枝御殿である。現在の円通寺がその遺跡であるが、ここには慶安二年（一六四九）までに山荘が建設され、はじめて他の障害物なしに山荘と茶屋が後水尾院によって構想されたのである。

御幸の記録では慶安二年九月十三日にはじめて幡枝御殿が登場する。供奉した鳳林和尚が記すところによれば、御幸の趣旨は観月の会であった。一条兼遐、近衛信尋をはじめ鳳林和尚など九名（招きは十名であったが聖護院道晃法親王が欠席した）のメンバーで、「月契多秋」という題で和歌が詠まれ、饗膳が出されたのち後水尾院は山に登った。お供して登ると途中の茶屋でいろいろ話があり、やがて懐紙にさきの歌が清書された。夕やみがせまるころ、警固のため同行していた板倉重宗が呼ばれて、後水尾院の前に伺候すると、天盃が下され、さらに今宵の和歌懐紙十枚が重宗に与えられたという。重宗は狂喜して大酒宴となり、御前で歌をうたうやら、おどるやら、大変なご機嫌であった。やがて宴がおわると後水尾院は長谷の御殿に還御したという。

この記事からみると、まだ宿泊の設備は十分ではなかったかもしれぬが、山上の茶屋や観月のための広間などはすでにつくられていたことがわかる。あるいはこの観月のための部屋こそ、のちの修学院下の茶屋の寿月観の前身であったかもしれない。『赤塚芸庵雑記』をみると、従来あまり明瞭でない幡枝御殿のことが出ていて、寿月観という建物があったと記してある。明暦三年（一六五七）三月二十二日の条に、

岩倉御幸常の如し。幡枝の寿月観の東に新殿を営んで鷺聴亭と名づく。其の山の頂を剪《き》りて、小亭を築いて邇遐《じか》と名づく。これ四山遠方の景を近くする高楼なりし故なり。鷺聴の二字は孟挙の千字文の字を写して、其の罅漏《かろう》を補写し給ふばかりなり。邇遐の両字は全く宸翰を染め給ふこと必せり。

とあって三つの建物の名称が知られ、寿月観の名がすでにあったことがわかる。さらに次のような寿月観の額字のエピソードを記している。

寿月観の三字、承応年中の御幸に板倉周防守これを盗んで吾家の家珍と懐抱し去りしが、今年又其の字を芳染しまし〳〵て句点もとの如し。

後世、同じ額が二つあっては偽物論争でもおこしかねないから、寿月観の額についてはニ枚の額があることを記しておこうというのだ。これは尾ひれのついた伝説で、真相は板倉重宗が寿月観の宸翰をもらって喜んだというに過ぎぬようだ。そのことは『基長卿記』にみえるが、年代が三、四年ずれて正保五年（慶安元、一六四八）のこととしている。とまれ、寿月観の軒号は早くから後水尾院の心の中で山荘の一字に命名すべく用意されていたものであった。

いわば軒号とか、茶屋の配置とかを洛北の三つの山荘を経営する間に熟考し、習作的な試みをくりかえしながら後水尾院は修学院の構想をまとめていったのである。

修学院の山荘を、天下人の山里の茶屋や、花見などの茶屋遊びと比較したときに、もっとも印象を異にするのは浴竜池という大池の存在である。逆に考えれば、何故後水尾院が長谷や岩倉、幡枝の山荘に満足しなかったのかという疑問に対する答えもこの点にあろう。後水尾院は山荘に大池を必要としたのだ。平安時代以来、貴族の遊宴に池が必須であったとはいえ、これほどまでに雄大な池に臨む山荘を造営した後水尾院の意図はどこにあるのだろうか。さきに後水尾院の心中に大池と後背に山を控えた霊域のイメージがあったのではないか、と推定したが、その類型を考えてみると直ちに想起されるのは嵯峨大覚寺である。上嵯峨の山麓を北に、東に大沢池が広がる大覚寺こそ、かつて嵯峨天皇が山荘を営んだ嵯峨院のあとであり、修学院山荘造営の真の狙いは、嵯峨天皇における大覚寺を、将来修学院の地に建立することではなかったかと思える。

嵯峨天皇は在位中よりしばしば嵯峨院に行幸し、譲位後は歿するまで嵯峨院に過すことが多かった。やはり後水尾院も廷臣や五山の僧に修学院に題をとった詩歌の作成を命じているが、嵯峨天皇が詩を文人に作らせた故事もその源流に意識されていただろう。嵯峨上皇の歿後、その皇女で淳和《じゅんな》天皇の皇后であった正子は貞観十八年（八七六）に請いて、嵯峨院を大覚寺とあらため、嵯峨上皇の尊像、禅経等を納めて礼拝する仏地としたいと望んだ。そこで淳和天皇はその二宮恒寂法親王を開山として勅額を賜り、嵯峨院の山荘は仏祖をまつる霊地へとかわり、以来、禁中ともっとも深い結びつきをもつ寺として寺容を誇ってきたのである。

嵯峨院は明らかに後水尾院修学院のモデルであった。それであればこそ、後水尾院は修学院に異常なほどの情熱を傾けたのである。霊元天皇の『元陵御記』に、後水尾院がいかに頻繁に修学院を訪ねたかということを、「寛文十年の頃までは年にあるは二三度、あるは四五度の御幸にてありし、寛文十一年七十七歳の御時、年中に九度御幸し給ひし、それ

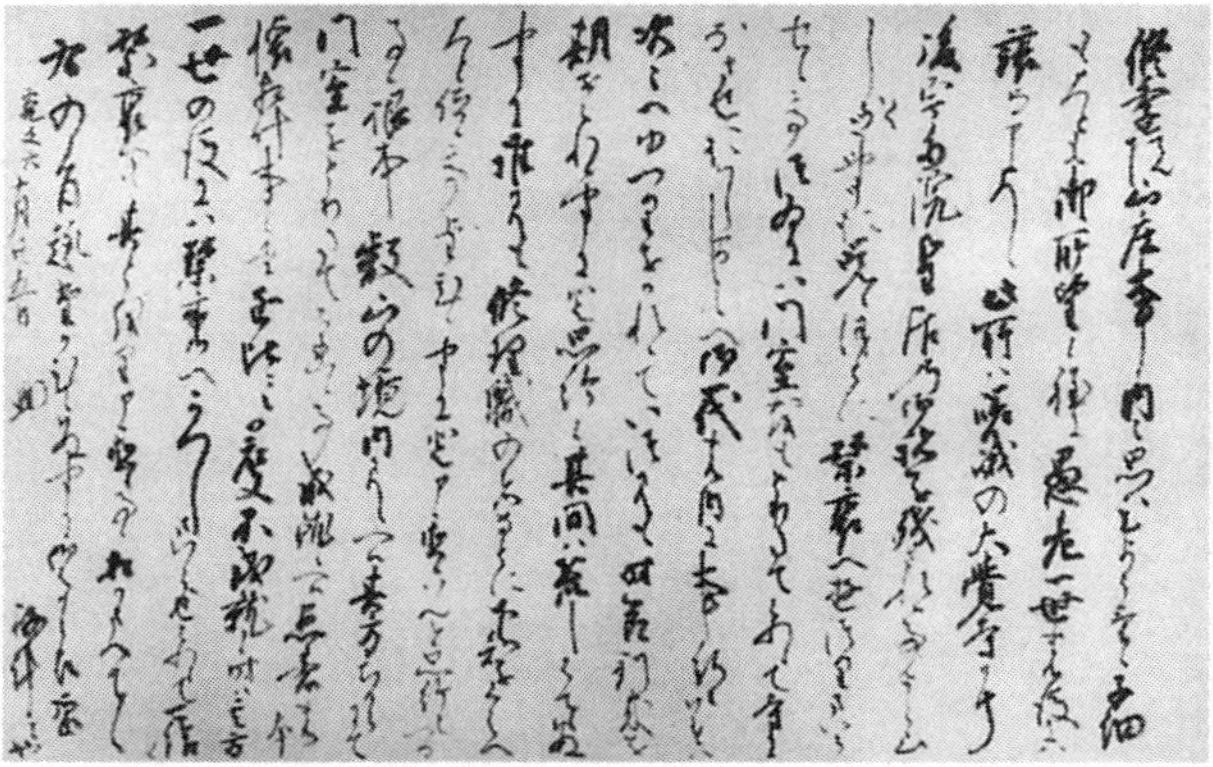

後水尾院置文（尊敬法親王宛，東山文庫蔵）

より年ごとにあまたたびの御幸にてありし」と記している。筆者の作った年表の数倍の御幸があったことになる。たまたま史料上確認された御幸のみが年表化できたので、同時代人の証言である霊元天皇の記すところが事実に近いだろう。何故後水尾院はこれほど修学院に御幸したのか。御幸を支える後水尾院の情熱とは何であったのかが問われねばならない。酒井忠勝に対し説明した後光明天皇歿後の鬱気を散ずるためという理由だけでは、この情熱は説明できない。やはり嵯峨上皇が後院を別に設けながら嵯峨院に執着したことを、後水尾院は追慕したからではなかっただろうか。

　さきに、後水尾院は修学院を嵯峨天皇における大覚寺たらしめようとしたのは明らかだった、と述べたが、それを証するのは後水尾院が皇子の尊敬《そんきょう》法親王に宛てた置文（遺言）である。

修学院山庄の事、内々思ひまうけ候子細も候へども、御所望候程に、愚老一世の後には譲与申し候べく候。此所は嵯峨の大覚寺に後宇多院皇居の御跡を残され候事、うらやましきやうに覚へ候ほどに、禁裏へゆづりまいらせ候て、つゐには門室をもとりたてられ候て、寺になさせおはしまし候へ。御一代の内に事行き候はずば、次々へゆづりをかれ候て、いつにても時節到来を期せられ候やうに思給ひ候。其の間は荒しはて候はぬやうに、誰にても修理職の者などに下知をくはへ候へと仰せ候てたび候やうにと申し置き候はんと思給ひ候つる事候。根本叡山の境内にて候へば、其方ちからにて門室をとりたてられ候事成就候へば、愚意の本懐相叶ふ事候条、若又成就ならざる時は、其方一世の後には禁裏へかへしまいらせられ候て給ふべく候。禁裏へも其のとをり申置候事候。相かまへて〳〵右の旨趣たがひ候はぬやうに御はからひ憑《たのみ》存ずばかりに候也。

寛文六

十月二十五日　　　　（花押）

後水尾院が修学院を譲らんとした尊敬法親王は寛永十一年（一六三四）に五番目の皇子

として生まれ、名を幸教《たかのり》といった。兄の後光明天皇の陰にかくれて目立たない。幼くして、しかるべき門跡寺院への入室が運命づけられていた。十一歳で青蓮院宮尊純法親王によって得度し尊敬と号した。明暦元年（一六五五）、二十二歳で天台座主《ざす》。ちょうど後水尾院が叡山領の一部を割いて修学院の山荘を造営しようとしたときの叡山の座主であったわけだ。後水尾院自身が修学院を門跡寺院とすることはできないから、嵯峨院をその子孫が大覚寺としたように、皇子に願いを託すよりほかにない。とすれば天台座主尊敬法親王こそ、もっともふさわしい。時に三十三歳。後水尾院の文面はなかなか厳しい遺言である。修学院を譲るについて嵯峨の大覚寺のごとく門跡寺院に発展させるように、もし一代でできないなら、何代にわたってもゆくゆくは門跡寺院としてほしい。その方一代でことが成就すれば、「本懐相叶ふ」ところだが、もし成就せざれば禁裏に返すように、と命じ、また機会の到来するのを待とうという決意である。

これに対して尊敬法親王は次のような答書を差し出している。

修学院御山荘ゆづりくださるべき由、忝《かたじけな》き次第に候。内々申上げ候とをりに、根本叡山の境内にて候へば、門室を建立いたし、寺領なども付け申し候やうに、随分さいかく仕り、仰せをうけ給候ごとく、大覚寺などの様に皇居の御名残あるやうにと存じ候……

と述べ、誓紙のような文章があとに続く。両者の手紙が一つに包まれて文庫に納められたのも後水尾院自身の命令であった。

寛文六年（一六六六）になぜこの手紙が書かれたのかは分らない。もっと早くから、修学院造営のときから修学院を嵯峨の大覚寺のようにしたいという考えがあったのではないか。それであればこそ、大沢の池に匹敵する浴竜池という人工池を谷間に現出させる必要があったのだ。背後に霊山、前に海という霊域のイメージは観音の補陀落《ふだらく》浄土を思わせる。

茶屋の建物の名称には仏典からとった名称が多い。たとえば下の茶屋の「蔵六庵」は『阿含経』からとった言葉といわれる。「止々斎」は後水尾院の好きな『法華経』の「止々不須説」からとっている。「楽只軒」や「窮邃」の出典も仏典にあろうといわれる。「林丘寺」は後水尾院の『禅学留書』のなかに、出典を引用しており、禅僧龍渓性潜からうけた禅籍の注釈から得た知識であったことがわかる。将来、後水尾院自身と東福門院の尊像が修学院において礼拝され、後生菩提をとむらってくれることが密かに期待されていたのである。

結論からいえばこの修学院に門跡寺院を建立する計画は実現しなかった。後水尾院の長寿は、生涯、あまりにも多くの肉親の死に立ち会うという悲劇をもたらした。修学院の後事を託した尊敬法親王は延宝元年（一六七三）、江戸・上野の東叡山《とうえいざん》寛永寺に遷《うつ》り、守《しゅ》澄《ちょう》法親王と名を改めたが、その七年後、後水尾院の崩御の三ケ月前の延宝八年（一六八〇）五月十六日に江戸で歿してしまった。譲るべき相手を失なった修学院はそのまま禁裏に所属することになり、後水尾院の計画は消えたのである。

3　山荘の風流

約八百年の昔、淳和皇太后が故院を弔って嵯峨院を大覚寺にしようと請願した文章のなかに、かつてそこが天皇の〝閑放の地〟であったという言葉がみえる。まさに修学院の山荘も、後水尾院閑放の地であった。すでに落飾し、たてまえとしては朝廷の実務を離れた法皇であり、念願どおり、案外気楽に修学院へ出かけることが可能となったのである。京都所司代も東福門院同伴のときは警備を厳重にしても、院一人であれば、お忍びとしてほとんど放っておくことになっていた。

鳳林和尚が後水尾院に随行してはじめて修学院の山荘を訪れたのは万治二年（一六五九）四月十四日のことであった。後水尾院から修学院の内の御殿で振舞をしてやろうといわれていて、妙法院堯然法親王、照高院の道晃法親王とともにまず小川坊城の邸に集まり、やがて修学院へ向かった。鳳林和尚の目に映った修学院山荘の風物は驚くべきものであった。「御庭の滝、風景、凡眼を驚かし、肝胆を徹するもの也」とある。御殿や茶屋にはさまざまの部屋飾りがあって、「二階之御亭、隣月亭、寿月観所々の御飾、目を驚かすもの也」と、今日も残る寿月観や隣雲亭（隣月は隣雲の誤りと解しておこう）の名が見える。床飾りの掛物は京極摂政良経の懐紙と日観のぶどうの絵であった。このあと、後水尾院とともに一同は山荘の南、雲母《きらら》坂の方へ出かけている。雲母坂の方面というのは、当時はまだ完成していなかった中の茶屋のあたりをさすのか明らかではないが、簡単な茶屋はあったのであろう、一同で俳諧を楽しんだ。鳳林和尚が、「卯の花や白きはげにも雲母坂」と禿《はげ》の字を隠して、それに「きらら」をきかせた発句をつくると、後水尾院は、「絵にもおよばぬ夏山の隈」と脇をつけた。三句を命ぜられたが、ついに誰もできなかったと鳳林和尚は日記に記している。

後水尾院はいろいろの人を招きながら、さらに山荘の充実につとめた。翌三年正月には茶屋が完成しているし、これにあわせて修学院八景の詩歌を五山の僧や廷臣に命じていて、詩がつくられたのは寿月観、彎曲閣、蔵六庵（以上は現在の下の茶屋の建物）、窮邃亭、隣雲亭、洗詩台、止々斎（以上は上の茶屋の建物）、菩提樹、浴竜池、万松塢《う》（以上は上の茶屋の庭園・池）であった。万治二年の五月から年末まで『隔蓂記』にはこの八景詩のことが頻出する。それだけ、後水尾院も、この山荘の美を文芸の世界にも残そうという意欲があったのだろう。ちょうど嵯峨天皇が巨勢《こせ》識人らに嵯峨院の詩を献じさせたのと同じ趣向である。

こえて寛文年間（一六六一—七三）になると修学院を訪れる人の数もふえてきた。それまでの公家や門跡などの限られた人ばかりではない。なんと、一般の僧侶や、寺に関係する町の人々など、あたかも今日の離宮見学と同じような団体の見学まで行なわれていた。これも寛永文化の名残りであって、公家・町人社会が未だ隔絶していなかったことの証左でもあろう。『隔蓂記』寛文二年（一六六二）四月二十一日の条を見ると、どうやら前々から依頼していた見学の許可がおりたらしい。「明日、修学院之御屋敷・仙洞離宮之御池、おのおの拝見、ないない申し上げ明日参らるべき旨、予案内者として修学院へ赴く。」こうした願いに対しては、許可証となるべき〝見物之割符〟が出されるシステムができあがっていたとみえ、鳳林和尚も〝割符〟を受けとっている。翌二十二日は相国寺衆は大体のこらず同伴、北野社家の日ごろ連歌などで顔見知りのメンバーも、鹿苑寺の寺侍などももちろん一緒である。その他画家の父子や町の人々、総勢八十人ほどの大きな団体になった。御殿・御茶屋・亭を見学して、前もってことわってあったので池の舟も飾りつけてあって三隻に分乗し、持参の弁当を開いて一日の宴遊を楽しんでいる。翌日見物の割符を無事に返上してこの見物行は終った。

この日の記録にもみえるように、修学院の見物には一応の型があった。御殿・御茶屋の見物、さらに浴竜池での舟遊び、さらに茶や食事の饗応というのが、一般的であったようだ。後水尾院の皇女で近衛基熙《もとひろ》に嫁していた級宮《しなのみや》（品宮）常子内親王（无上法院）はしばしば修学院山荘に遊んでいて、寛文七年（一六六七）閏二月六日の条には少し早い春を修学院に楽しんでいる様子がみえる。まず下の茶屋の寿月観の庭の土筆《つくし》採りがある。今も寿月観の前に白砂を敷いた小さな庭がある。そのむこうに渓流をはさんでかつては彎曲閣が建てられていた。きっと、この渓流端の傾斜地に生えた土筆でも採ったのだろう。それより上の池に赴く。田の畦《あぜ》づたいに土筆など採りながらとあるから、今のような松の並木はまだなかったであろうが、田のなかを通って上の茶屋へ行った。隣雲亭には登らず、西浜を行って止々斎から舟に乗っている。今も止々斎跡の近くに舟乗り場がある。舟から窮邃亭や隣雲亭を眺めて堤にあがり寿月観に帰っている。寿月観では基熙がいて平松可心らとともに夕食をとった。

同じ『无上法院殿御日記』の寛文十一年（一六七一）三月二日には後水尾院のお伴をして下の茶屋より上の茶屋へ行き、止々斎で昼食をとっている。「所々、葉まじりに桜さき、山ぶきも少有り、山にはつつじさき、みごとのうつくしさ、いふばかりなし」という風情であった。この時はすでに中の茶屋にあたる朱宮の茶屋が完成しており、ここにも立ち寄っている。

このような山荘の遊びのパターンは修学院にかぎらず、後水尾院が好んだ風流の一つであった。後水尾院はさきにもふれたように前後三回にわたって八条宮の桂山荘を訪れているが、寛文三年（一六六三）三月六日の桂御幸をこれもまた鳳林和尚の記すところによってみると、和尚は早々に桂に到着し、玄関より書院に移り、あちこちを見物し、やがて一同が揃ったところで庭に出ている。例によって鳳林和尚は讃嘆の辞を記す。「処々之佳景、

舟遊び（相応寺屏風より，徳川美術館蔵）

桜木奇石、方地百里絶言語佳境、御茶屋処々之飾、御菓子驚凡眼者也。」書院で切麦《きりむぎ》（索麵）などを食べたのち、増水している桂川に舟を出しているのは驚く。さすがに舟が自由にならないというので桂川の舟遊びは早めにきりあげて山荘の池に舟を浮べることになった。法皇、朱宮、級宮以下法親王たち。すなわち後水尾院は娘や息子たちにかこまれて舟遊びに興じ、舟のなかでは菓子がふるまわれ、たぶん舟を降り、茶屋へ移ってのことであろうが茶がたてられている。

　これらの宴遊記録をみて気付くことは、宴遊のなかで池の舟遊びと茶の湯が重要な役割をはたしていることだ。鳳林和尚の引率する団体の見物でも三隻の舟を使って舟からの見物をしているし、さらに桂では菓子を舟で食べて、茶屋に上って茶を喫するという順序であった。寛文二年（一六六二）十月十八日の修学院での後水尾院の口切りの茶では、夕方から舟に乗り、開飛亭に移ってここで後段と濃茶がふるまわれている。このような茶の湯と舟遊びというささか不思議な組みあわせはどんな意味をもっていたのであろうか。

浴竜池は平安時代以来の貴族庭園の伝統をよく伝えるものであった。池泉舟遊式ともいうべき舟遊びに主眼のある庭園である。しかも庭園の各所には亭や軒が建てられてその間を小径で結び、各亭からの景色の変化もまた重要な観賞のポイントになっている。こうした形式は鎌倉時代以降に発展した池泉廻遊式庭園の条件でもある。両者の性格は相かねるものが多いのだが、江戸時代以降、大池での舟遊びがしだいに姿を消し、かつての舟遊びの興趣が忘れられ、池泉廻遊式庭園とのみ考えられがちである。舟遊びは江戸時代初期にたくさん描かれた遊楽図屛風類をみると必ずその一場面に登場するように、近世初頭には王朝文化復興のなかで盛んに流行をみたといってよいだろう。かつて松田修氏は遊楽図における舟遊びを補陀落渡海になぞらえたことがあったが、なるほど、日常的な生活の場から切り離された池中は別世界であり、池を渡ることによって観音浄土のユートピアともいうべき非日常的な芸能世界へ身を投ずることが可能であったといえよう。いわば池は日常世界と非日常の芸能世界とを切断する結界《けっかい》の役割りをはたしていたということになる。

茶の湯もまた結界を必要とする芸能世界であった。千利休によって完成されたわび茶の流行は、後水尾院の時代にあらためて大きな文化の潮流となる。この茶の湯という遊びは、利休によって大いに精神的な緊張感をともなう厳格な儀礼性を要求されることになったが、そうした儀礼性はすでに利休以前から茶の湯にそなわっていた。つまり日本人が古代よりもっていた「宴」という神人共食的な饗応の伝統に茶の湯もくみこまれたために、茶の湯は主客ともに清めの儀式を強いられるような聖性を含んでいたのである。いわば聖なる場で非日常的な行為がもとめられるためには、日常的な世界との間に厳しい結界が設けられなければならない。茶の湯ではその結界が「露地」であり、「にじり口」であった。武家や町衆に流行した茶はこのような露地やにじり口をともなう市中の山居的な狭隘な場——茶室——に実現されたのである。しかし後水尾院をはじめとする公家の茶の湯はまた別の結界を設けた。それが浴竜池のような池の結界ではなかったか。

寛永二十年（一六四三）三月二十六日、鳳林和尚が後水尾院に仙洞御所で茶を献じたことがあった。少し詳しく当日の様子を次に引用しよう。

二十六日は朝から青天白日のよい天気。まず茶屋で懐石を後水尾院にさしあげた。部屋飾りは亀山天皇の宸翰をかけ、立花の達人である高雄上人をわざわざ招いて花を入れさせている。やがて膳がおわる。いわゆる茶会の形式からいうとここまでが前段（初座）である。初座では膳の前に炭手前《すみてまえ》が行なわれて、後に茶をたてるころに湯が具合よく沸くように客前で炭を炉につぐ作法がある。さて膳がすむと菓子がでる。菓子を食べおわると客は座をたつ。この休憩を中立《なかだち》という。いったん客は庭に出て待つうちに亭主は座をあらためいよいよ茶をたてる準備をするのだが、この仙洞での茶会ではそのまま、用意してあった舟に乗って舟遊びとなった。ここで思いだされるのは、さきに引用した桂山荘における後水尾院の舟遊びである。やはり書院で切麦など軽い食事をすませたのち、池の舟中で菓子を食べ、茶屋にあがって茶となっていた。仙洞の茶会では菓子をどこで食べたかわからないが、あるいは舟遊びのなかで食べた可能性もある。いずれにしても茶会の中立にあたるときに舟遊びが行なわれていることがわかる。

さて舟はどこに着いたのであろうか。仙洞御所の図（二二八―九ページ参照）をみると、南北に細長い池がうがたれていて、御殿と池をはさんで向い側に茶屋があった。「御舟より御茶屋にならせられ、すなはち御茶を相催さる」とある。池を舟でめぐって、再び茶屋にあがった。濃茶のあとあらためて菓子やらいろいろ出て薄茶が重ねられたのであろう。ここまでが茶会でいう後座である。わび茶であればここで茶会がおわるのだが、後水尾院たちの公家の茶には必ず後段という酒宴が続けられた。日記の記事はつづく。

秉燭《へいしょく》（日暮れ）の後、漸く後段を出す。御盃出し、御酒を奉る。すなはちおのおの謡声を発し、乱酒。

だんだん暗くなって灯を点じたのち、ようやく点心風の軽い食事を出し酒宴となった。謡をそれぞれうたい、乱雑な雰囲気となってきた。後水尾院はご機嫌で鳳林和尚は天盃を四回も頂戴するという破格のもてなしを受ける。

仙洞御機嫌能く、竜顔、笑みを含められるにより予の万悦浅からざるもの也。

ついに後水尾院は酔いつぶれる。院は、今宵は庚申《こうしん》、いささか羽目をはずしてもよかろうという。夜ふけて午前二時ごろにようやく茶屋から御殿に戻られた。

この遊宴はいささか異常に長い宴であった。後水尾院自身が今日は庚申待ちの宵（眠ると体内の三尸《さんし》の虫が害をなすといわれる）であるから特別だと弁解している。しかし、そればかりでなく、常には許されぬ天盃や院自身の沈酔とか、いわゆる無礼講になったのは、やはり宴の開かれた場が日常的な御殿ではなく、池を渡った別世界の茶屋であったからではなかっただろうか。

ほぼ同時代の建築である西本願寺の飛雲閣をみると、まさにはじめから閣の入口は池中の舟だけに開かれている。池の端から舟による彼岸への渡海によって、会所あり風呂あり、さらに展望台まである飛雲閣に到着する。内部ではさまざまな接待があり、酒や茶や美膳が用意され、盤の遊戯、舞・踊・楊弓、相撲等々の遊びが池を渡ってくる人々をユートピアへ誘いこんだのである。このような遊楽図屏風的な世界からあまり距たらない所に後水尾院の遊宴、ことに茶の湯の世界もあったといえよう。

後水尾院の茶の湯好きもまた深いものがあった。後水尾院の茶会は『隔蓂記』だけでも三十四回以上の詳しい記述があり、またさきの鳳林和尚の会のように人々が後水尾院に献じた茶会の記録をあわせるとかなりの数にのぼる。廷臣の茶会は別にして、後水尾院の茶会をみると、特徴があるのは掛物で宸翰は四度登場するが、そのうち三回が後鳥羽上皇であった。歌集をみると後鳥羽上皇を慕う和歌が幾首も見いだせる。たとえば、

波風を嶋のほかまでおさめてや世を思ふ道に春もきぬらむ

という歌がある。寛永八年（一六三一）二月、後鳥羽上皇が流された隠岐島へ奉納する二十首の歌の一つである。嵯峨天皇にはじまり、清和、後鳥羽、後醍醐とつづく皇統の系譜が後水尾院の文化を形成せしめる骨格をなしていたといえよう。後鳥羽上皇以上に多用されたのは藤原定家《ていか》で、江戸時代初頭の定家ブームがこうしたところにもあらわれている。

後水尾院が茶を誰から学んだという記録はない。しかし、当時の公家の茶に一番大きな影響を与えたのは金森宗和《かなもりそうわ》であった。後水尾院も間接ではあったが宗和を信頼する一人であった。

金森宗和は天正十二年（一五八四）、飛驒《ひだ》高山城主金森出雲守可重《ありしげ》の嫡子重近として生まれた。しかし、慶長十九年（一六一四）大坂冬の陣に際して父子の間で意見の衝突が生じ、ついに重近は母をともなって京都へ出奔。大徳寺の伝双紹印《でんそうじょういん》から宗和の道号を得て牢人生活に入った。金森家は代々茶の道に詳しく名物茶器も所持する家であったから、出奔する以前から金森重近は茶人として著名であったかもしれない。ともあれ、京都御所八幡町というから禁裏のすぐ西側に住する牢人茶人として新しい人生を元和偃武《げんなえんぶ》とともには

じめたのであった。茶道史の通説では宗和の好みを〝姫宗和〟という。公家好みの上品でしかも華やかさをもった優雅さを宗和の茶の特徴とみてきたのである。

金森宗和の茶を愛したのは近衛信尋や一条兼遐であった。信尋の書状のなかには宗和が頻出する。さきに後水尾院の椿を宗和が所望しているので頒けてやってほしいと信尋が斡旋した書状を紹介したが、その他に宗和に道具を選ばせたりした茶に関する書状も少なくない。陽明文庫に収蔵される後水尾院の手紙に「金林（森）宗和とやらん内者、古筆あつめ候者の手鑑、其外にも短冊も切も所持申し候分、み申し度く候」とあって、両者の深い縁を思わせる。

公家の茶で宗和が人気があったのは、宗和が竹の花入の名人であったことである。のちのことだが近衛予楽院家煕の茶会記をみると、おびただしい数の宗和の竹花入が登場し、公家たちがいかに大事にしたかがうかがえるのだが、『隔蓂記』にも宗和の竹花入の記事は多い。鳳林和尚は再三宗和に竹花入を依頼している。たとえば慶安三年（一六五〇）三月十六日には材料の竹を宗和に送り、二十日に花入は完成して和尚のもとへ届けられている。和尚は宗和の花入を贈答にも用い（慶安四年十二月十九日）、明暦二年（一六五六）十月二十七日には公家の風早実種《かざはやさねたね》に宗和花入を贈っている。それは近日予定されている後水尾院への献茶会のためであった。当然、後水尾院も宗和の竹花入を見ることも多かったであろう。寛文三年（一六六三）四月五日の後西上皇御所への後水尾院の御幸には、宗和の花入がやはり床に飾られているし、一条兼遐の茶会にも宗和の花入が用いられている。それほどに宗和の好みが公家たちに合致したのであろう。

宗和の茶というものを考えるときに落すことができないのは、近世前期の陶芸史を輝かしいものにした京焼の世界、ことに野々村仁清《にんせい》の焼物である。生歿年不詳の仁清という陶工は錦手《にしきで》といわれるような色彩あざやかな陶器を生みだし、非凡の造形力にものをいわせて彫塑的な作品まで生んだ天才的な人物である。その仁清が仁和寺のかたわらに窯《かま》を開き御室焼とよばれる新しい陶芸をはじめたとき、その支持者となったのが金森宗和であった。宗和の茶会記をみると、あたかも御室焼のショーウィンドーのように、茶道具から懐石道具まで御室焼であふれんばかりであった。宗和の茶にふれ、御室焼に魅せられる公家、武家、町人があらわれるのは当然であろう。後水尾院もまたその一人であった。

修学院焼　冠形大耳付水指（滴翠美術館蔵）

寛文四年（一六六四）十二月四日に、後水尾院の修学院で焼きものが焼きあげられた。世にいう修学院焼である。いま修学院焼といわれる遺品をみると初期京焼独特の優美さと色彩をもつものが多い。そのスタイルは、仁清の焼物と共通するところが強く感じられる。

『隔蓂記』寛文七年（一六六七）十二月九日の条によれば、後水尾院が命じた修学院焼五種を鳳林は拝領しており、翌年正月十一日には後水尾院が修学院の焼物をいくつも部屋に飾って人々に優劣をつけさせ配分している。ついに後水尾院の山荘の風流は一会の遊興のみならず、新しい陶芸をも含みこむものへと展開したのである。

7　法皇登霞《とうか》

1　東福門院

洛北の山荘を訪ねる後水尾院のあとには、必ずといってよいほど東福門院の姿があった。晩年の円満は二人の前半生を思えば、まことに稀有なこととしか評せない。入内から後水尾院の譲位に至る朝幕の確執は、想像に絶する苦しみを東福門院にもたらしたであろうが、そうした困難をはねかえすだけの大きさが東福門院にはあった。それが武家の血というものであったのだろう。

女御とよばれていた入内当時から、東福門院のむずかしい立場を支えていたのは、もちろんその経済力である。化粧料一万石といわれる内容は必ずしも確認できないが、もしそれが事実なら、入内当時、禁裏御領全体とほとんど同額の公式的な収入（臨時の収入が実質的には大きかったろう）が女御御所にはあったことになる。東福門院のいささか派手な好みは、生来のものであったにしろ、こうした環境のなかで育てられた面もあったのであろう。

東福門院の派手好みは京の評判であったという。女院歿後五十年ごろの見聞記にはこんな噂があった（『中村氏筆記』）。お虎という女性は遠山久太夫の妻で、夫と離別後、三万両を持って京に上り、その生活は贅沢をきわめた。烏丸光広の妻は細川家の女で、この女性も豪勢であった。それに女院を加えて「三所ニテ、京中ノ小袖模様モナニモ、イロ〳〵仕リ候」という。つまりニューファッションの源がこの三人であったというのである。

たしかに東福門院の衣裳好きは、その注文書からもうかがわれる。当時京都有数の呉服商であった雁金屋《かりがねや》尾形家の史料には女院からの注文が残されている。まず入内後四年目の元和九年（一六二三）をみると、和子自身の着用分と贈答用も含め、また仕立てられたものと生地とを合わせて六十二点、代金七貫八百六十四匁となっている。同じ年の徳川秀忠将軍大奥の江戸からの注文は総額三十六貫六百三十一匁で、東福門院はその約五分の一ということになる。これだけでは多いとも少ないともいいがたいが、東福門院の注文が六十二点と、相当量あったことだけは確かである。

『近世世事談』に、

　寛永のころ女院の御所にて好ませられ、おほくの絹を染させられ、宮女、官女、下《しも》つかたまでに賜る。この染、京田舎にはやりて御所《ごしょ》染といふ。

とあり、東福門院の注文する染物が手本となって御所染なる流行が生まれたという。御所染の特徴はよくわからない。しかし東福門院の求めた小袖等の絵柄はやはり派手なものであった。東福門院が歿する延宝六年（一六七八）の注文帳がやはり雁金屋の史料にある。たとえばその第一頁をみると、

女院御所様御めし（召）
二月二十七日
一、銀五百目　御地上々りうもん（竜紋）のりんず（綸子）
御染縫　壱端

とあって、竜紋の下地に染と刺繡をほどこした贅沢な着物であった。その絵柄が次に記されている。地は白で、左の袖下より右の袖下まで波島をとり、肩の方に島を二つ、波の下には菱鹿子《ひしかのこ》と赤紅鹿子を入れ、左の身より、右の脇まで滝を流し、島をおいて右の方は滝を二筋。滝は幅五寸のうち水筋を五つから二つまでとして下に桔梗《ききょう》鹿子。滝の間は浅黄絞り、その他波や島をだんだんに立たせ赤紅鹿子を配し、二寸七分ずつの菊をいろいろに金糸で刺繡し、菊の数は全部で九十一。七十歳をこえた東福門院の着料としてはかなり派手好みにちがいない。琳派の祖尾形光琳《こうりん》の生まれた雁金屋であるから、この紋様もたぶん琳派風のものだったのであろう。

東福門院木像（光雲寺蔵）

この延宝六年の注文帳は東福門院の死によって九月までしかないが（六月に歿したのであるから一部遺物となっている）、それでも総計すると二百点にのぼり、総額は九四貫五八一匁である。六〇匁一石で計算すれば、約一五八〇石。厖大な衣裳料であったことがわかる。

東福門院の派手さには反発もあった反面、羨望の目でみられることも多かったであろう。公家社会よりもかえって禁中の外の世界で東福門院をうけいれる部分があったようにも思える。寺社に対して数多くの寄進を行ない、かつての豊臣秀頼に匹敵するような寺院の創建、再興に力をかしたのも、禁中以外での東福門院の仕事であった。幕府政策の一環といえばそれまでだが、人々の東福門院の経済力に対する期待は大きかっただろう。寛永三年（一六二六）の家光上洛は幕府の力を京都の庶民に強く印象づけるもので、幕府と東福門院のイメージが重なったとき、かえって東福門院は庶民のスターでさえあった。さきにも記した町方における御所染などの流行が、東福門院を起点にしていたというのも、その一つである。また寛永三年十一月十三日、東福門院に皇子が誕生すると、町の人々の祝いの踊りが洛中から中宮御所へとくりひろげられた。

千代も八千代もあをげや〳〵、小松の枝さしそへて、竹の末葉の末々までもめでたき御代には下戸もないものじや、上戸おどりは面白や

と歌声がつづいたという。東福門院は、むしろ庶民にこそうけいれられていたのである。

東福門院の御所も寛永サロンの一つとして賑わいをみせていた。東福門院は、後水尾院の歌学の影響もあって、和歌を好んだ。女院御所では頻繁に歌会が開かれたが、寛永十年（一六三三）九月二十日の会などは比較的大きな規模の会であろう。昼前ぐらいから公家衆が女院御所に集まった。三条、高松、伏見、八条、鷹司等々、主だった公家はほとんど全員である。六十人をこえた。早速に短冊がくばられ各自したためる。つづいて饗膳があって夜になって各短冊の読みあげとなった。このときの和歌は『賜葉拾葉』という叢書のなかに「東福門院百首」としてたまたま写しとられている。それによれば第一首は立春の題で、一条兼遐《かねとう》によって詠まれ、以下人によっては二首載せられる者もあり、京都所司代

板倉重宗も歌会に加わっていた。

女院御所は芸能の楽しまれる場でもあった。ことに晩年にはその記事が多いが、比較的早い時期では正保元年（一六四四）七月二十一日に行なわれた女中踊りがある。御所の庭で踊りの女中が八十六人もくりだしての賑やかなもので、遊楽図屏風などに残されている女性の輪踊りだったのであろう。つづいて「盲婦」三人が三味線をひき、また二十五人の踊り女が登場したという。この記録は鹿苑寺《ろくおん》の鳳林《ほうりん》和尚が残している。鳳林和尚を女院御所へともなったのは後水尾院である。学問や芸能を通じて東福門院は後水尾院とも、また禁中全体ともすっかり溶けこんだのだろう。

後水尾院と東福門院の仲が円満であっただけではない。東福門院は三十七人にのぼる子供たちのよき母親でもあった。ことに後光明天皇（一六四三—五四在位）、後西天皇（一六五四—六三在位）、霊元天皇（一六六三—八七在位）の三人の親王を自分の子として即位させたことは、すぐれた配慮であった。東福門院自身から生まれた二人の親王は早逝し、明正天皇（一六二九—四三在位）一人が女帝として即位しただけで、その後に誕生した親王たちはすべて他の女房から生まれている。後光明天皇は京極局、後西天皇は逢春門院、霊元天皇は新広義門院を実の母としているが、これらの女房たちには全く経済力はない。もし禁中最大の経済的実力者東福門院と反発しあうことになったら無用の摩擦がおきるだけであろう。そこで東福門院は、親王が即位するにあたって我が子として扱い、経済的にバックアップしたのである。こうした配慮は親王に対してばかりではない。たとえば寛永十九年に加賀前田家より利常の娘富姫《ふうひめ》が八条宮智忠《としただ》親王のもとへ嫁したときも、東福門院は自分の養女として輿入れをさせている。それがのちに後水尾院の親王幸宮（のち穏仁《やすひと》親王）が八条宮家の養子となるときの東福門院の配慮の伏線ともなる。また内親王に対しても、その配慮はきめ細かく行き届いていた。ことに東福門院入内に際して最大の難関となったおよつ御寮人の娘梅宮に対して深切なるものがあった。

後水尾院が修学院山荘造営にあたって、梅宮すなわち文智女王の円照寺を大和国に移したことはさきに記したとおりである（二四三ページ参照）。円照寺はまず大和国古市《ふるいち》の八島に置かれ、その後添上郡山村に移された。古市はその昔、村田珠光の茶の弟子古市澄胤《ちょういん》が蟠踞《ばんきょ》した地であり、当時は藤堂家の領知であった。もっぱら幕府の代表として朝廷との交渉にあたってきた藤堂家であれば、文智女王を迎えるにも好都合であったろう。八島の円照寺に文智女王が住したのは明暦二年（一六五六）四月五日より寛文九年（一六六九）十一月十二日までの十三年間であった。この日をもって同じ大和国ではあるが添上郡山村へと円照寺は移ったのである。

八島の円照寺は、絵図に描かれるところをみると、山門らしいものもなくわずか四棟の建物が描かれているにすぎず、寺院としての体裁が十分とととのっていなかったものと思える。そこであらたに添上郡山村に寺領を寄進し、大楽寺千坊の跡地という由緒ある地に、しかるべき伽藍《がらん》をそなえた寺院を建立する必要があったのだろう。この計画をすすめたのは東福門院であった。円照寺に所蔵される文書のなかには東福門院の円照寺に対する配慮を証する史料が数多く残されている。たとえばある文書は「円照寺様御寺領の事」として、円照寺からの願いでなくとも「御知行の事末代までの事」であるから、心をこめて手配するようにと京都所司代に命じており、それが「女院御所様」つまり東福門院の希望であると記されている。

四代将軍徳川家綱《いえつな》は円照寺への寺領寄進を約した。寛文七年（一六六七）十一月五日付の書状に、

一筆申しまいらせ候。時ぶん柄、世も冷へ候へども、そこ程いよ〳〵御そく才《（息災）》に御座候よし、おい〳〵うけたまはりめでたく存じたてまつり候。はたまた円照寺領の事、ひとひ仰せ下され候。奇特なる御とりをこないのよし、うけたまはりをよび候まゝ、寺領寄附いたすべきむね仰せつたへらるべく候。……

いへ綱

とある。宛名は女院の侍女であるが、実質的にはもちろん東福門院宛である。これをうけて東福門院は、ただちに文智女王に寺領内定を報告している。

翌年、東福門院はさらに細かな指示を京都所司代板倉内膳正重矩《ないぜんのしょうしげのり》に与えた（「円照寺所蔵文書」）。

一、円照寺様御知行所山村の内、御寺地山の事。二百石のわりの外に御屋敷の分、別に進ぜられ、残りの山御蔵入、円照寺様郡山百姓とも支配いたし、その内御寺地へつゞき候まわり、円照寺様御百姓支配いたし候やうにとの御事。

新寺領は二百石と決定した。しかしその他に寺院境内の分は二百石の領知以外に計算して寄進するように。年貢を集めるだけではなく、寺領内の百姓支配まで委任するよう指示している。第二項は次のとおり。

一、東の方に大やく原とて御屋敷へつゞきたる山御座候。この山、御屋敷の外に成り候へば御屋敷見下しいかがに候。御屋敷の内へ入候やうにとの事。

寺中を見おろすようなことがあってはならないから、あらかじめ周辺の山々も寺領の内に加えておくようにという指示である。しかし、考えてみると、一度も山村を訪れたことのない東福門院に寺の周囲の山の様子などわかるはずはない。とすれば東福門院自身の判断で京都所司代に指示したのではなく、円照寺の文智女王から事情をきいて指示したのではないだろうか。いわば文智女王側と幕府との間に立って、東福門院自身の配慮として寺の希望をかなえてやったにちがいない。三人の親王の立場が有利なように、東福門院自身の子として即位させたのと同様の東福門院の配慮であった。しばらくして東福門院はさらに円照寺領の加増も実現している。

将軍様は御機嫌よくしていらっしゃるので御安心下さい。そちらの御所様も相かわることなきよし、結構に存じます。さて女院様の願いのとおり円照寺殿の御加領は承認されましたのでお知らせします。

この書状は酒井雅楽頭《うたのかみ》忠精以下幕閣が連署し、東福門院の女官宛に認められていて、円照寺の加領決定が東福門院の斡旋によるものであることを証している。加増領は百石でやはり東福門院の娘である三宮昭子内親王の領知から円照寺領へ寄進した分であった。

こうした東福門院の好意に対して文智女王の感謝の気持はもちろん厚かった。文智女王のある手紙の文中に、

女院御所様御機嫌よくおはしまし候て、かず〳〵めでたさ悦入りまいらせ候。扠《さて》は山村やしき山の事、この程わたり参らせ候。ひとへに女院御所様御かげと、さて〳〵かたじけなさ申しつくしがたく、あさからずおもひ参らせ候。……

とあるのもそのあらわれであった。

より直截に文智女王の東福門院に対する感情を表しているのは、文智女王の一篇の詩である。

思碧潭
君在洛陽我嶺南　屢難飛錫侍清談
思看宮裡凭欄日　玉兎移輪浸碧潭

この自作の詩に文智女王は詳細な自註をほどこしている。それに従って現代語に移してみよう。

女院様を慕うにつけて御所の
碧潭の額を思うの詩

女院様あなたは都にいまして私ははるか国をへだてた南の地におります。さいさい、あなたをおたずねすることもならず、お側で清きお話に加わることもできません。

女院様あなたのお姿をはるかに思いやると、御殿のちょうど碧潭の額の下で欄干によってお伴したときのことを思いだします。

山の端よりさし出た月は、その円《まど》かな姿を水に映し、あたかも額の文字どおり碧潭に浸っているようでした。清らかで心ひかれるさまは、女院様あなたのゆかしさそのものでした。

かつて東福門院の入内によって母およつ御寮人は後水尾天皇の側から引きはなされ、兄の賀茂宮は皇統の一族からその名を抹消された。それらのことをみてきた梅宮文智女王である。東福門院その人に怨みはなくとも心打ちとけぬ時もあったであろう。もはやあれから半世紀。今では陰となりひなたとなって文智女王をたすける東福門院のやさしさが身にしみるばかりであった。

東福門院と文智女王の親しみは仲介するものがいたはずである。その一人がかつて東福門院の侍女であり、のちに文智女王に帰依して尼僧として近侍した文海尼《ぶんかいに》であった。文海尼は上賀茂の社家松下家の出身。母はかつて梅宮の幼いころにその乳母をつとめていて、因縁は浅くない。寛永七年（一六三〇）の生まれであるから東福門院の侍女相模《さがみ》として仕えたのは少なくとも寛永末年以後のことであろう。しかし東福門院は相模を大いに信用していた。二十二歳で出家し文海と名を得て仏道の学問に親しんだのちも、東福門院が文海尼を招いて法談を聴聞したこともあった。文智女王が出京しえぬときは、文海がかわって京都と奈良を往復して、仲介の役をはたしたのである。東福門院が歿するとき、文海尼だけを招いたことが、そのもっともよき証であった。

延宝六年（一六七八）六月十五日。にわかに東福門院の病状あらたまって臨終を迎えた。やはり後水尾院の親王の一人で興福寺一乗院に入っていた真敬法親王の日記には、東福門院の臨終が次のように記されている。

午下刻（一時ごろ）、大事の時に及び、女院仰せいだされる。御本尊を拝し、その後御前の女中等相近づくべからず、円照寺宮使文海尼ばかり相近づき申せ。静かに臨終これあるべき由、直に中納言局に御仰の由也。

東福門院は臨終に文海尼ただ一人招いて、生前の派手好みとは正反対の静かな最期を迎えたいと希望したのである。

東福門院の病重し、という報によって、親王や内親王たちはぞくぞくと女院御所と仙洞御所へと集まった。文智女王は朝から女院の近くにいた。明正上皇、後西上皇も女院御所をたずねた。昼ごろ危急の報があって廊下づたいに後水尾院以下、側近くへ見舞ったが少しもちなおしたので一度御所へ戻った。午後四時すぎ、ふたたび危急の報があってただちに後水尾院は女院の寝所に入った。そのとき、すでに東福門院の息は絶えていた。

親王の一人妙法院の堯恕《ぎょうじょ》法親王の日記には、

法皇御愁傷、以ての外の躰也。

と記されている。東福門院は七十二歳。後水尾院は八十三歳。この日、元和六年（一六二〇）の入内からほとんど六十年に及ぶ二人の生活が終ったのである。

2　後水尾院葬送記

後水尾院は東福門院のあとを追うように、その二年後、延宝八年（一六八〇）八月十九日に崩御した。その最晩年にはかえって長寿の淋しさがときとして後水尾院をおそったであろう。二十五人いた兄弟姉妹のうち、存命者は後水尾院のほか大聖寺永崇女王、梶井宮慈胤《じいん》法親王のたった二人。四歳年少の弟で仲のよかった近衛信尋は、すでに三十一年前に歿している。今日陽明文庫に残る百数十通の後水尾院との勘返状（往復書状）をみると、両者の往来の繁きことが手にとるようにわかる。信尋から禁中の踊りは何時に始まりますか、と問うと、すぐその手紙の行間に未刻に始まるから伺候《しこう》するように待っている、と後水尾院は返事を書きこんで返している。養父三藐院《さんみゃくいん》とともに一代の能筆をうたわれ、佐野紹益《じょうえき》と島原名妓吉野太夫を争ったという粋な伝説まで残した応山近衛信尋であった。信尋の息子尚嗣《ひさつぐ》には後水尾院と東福門院の女二宮が嫁し、さらにその継嗣近衛基熈《もとひろ》の室には、またも後水尾院の娘常子内親王が嫁している。つまり後水尾院からみると弟の信尋、娘聟の尚嗣、さらに娘聟の基熈と、近衛家は三代にわたって院と深い血のつながりをもつことになった。そして後水尾院の最晩年、もっとも院の心をなごませてくれたのは基熈室の常子内親王、のちの无上法院《むじょうほういん》であった。『无上法院殿御日記』を繙くと、ほとんど毎日必ずといってよいほど法皇御所からの届けものが記録されており、後水尾院の御幸といえば、しばしば随行を命ぜられていたことが記されている。

近衛信尋と同じように後水尾院との間におびただしい勘返状を残したのは、十歳年下で一条家に入った弟兼遐《かねとう》である。寛永六年（一六二九）関白、つづいて摂政となり、寛永十一年に辞しているが正保四年（一六四七）にふたたび摂政となっている。『公卿補任』によれば寛永十八年より兼遐を改めて昭良《あきよし》と名乗っており、慶安五年（一六五二）入道して恵《え》観《かん》と称した。改名した頃から、西賀茂に山荘を造営している。今ではその数寄屋だけが鎌倉に移築されて残っていて恵観山荘という。桂離宮や修学院離宮と近い好みがみてとれる、優雅な意匠に飾られた数寄屋である。かつて、近松門左衛門も一条恵観の侍であったといい、恵観山荘の杉戸絵に人形操りが描かれるのも、偶然の暗合とはいえおもしろい。近松の浄瑠璃に登場する天皇や公家のイメージは、こうした世界で形成されたものかもしれない。ちょうど後水尾院が洛北の山荘を構想したころ、恵観は一足先にこの西賀茂山荘を造営したことになる。その一条恵観も八年前、寛文十二年（一六七二）に歿していた。

後水尾院の最晩年までつきそったのは聖護院の道晃《どうこう》法親王であった。十七歳年下の皇弟は、ことに御幸のときのよき話し相手であったようだ。しかし道晃法親王も前年延宝七年（一六七九）に歿した。先立つ兄弟姉妹を思い、帰らぬ人となった顔を指を折って思いだす日々もあっただろう。

後水尾院の淋しさはその数多い子供たちのなかにも、父に先立って逝ったものの少なくないことである。幼くして歿したものはやむをえぬとしても、三十七人の子供のうち既に鬼籍に入っているものが二十四人いた。岩倉御幸の楽しみは岩倉御殿に住む女三宮を御幸に伴うところにあったのに、その三宮も五年前に歿してしまった。修学院の後事を託した守澄法親王はこの五月に歿している。

後水尾院晩年の慶事といえば延宝三年（一六七五）の八十の賀の祝いである。幕府からも祝いが寄せられ、十一月十四日には禁中で祝いの宴が開かれている。後水尾院の十男にあたる妙法院堯恕法親王にもあらかじめ賀宴出欠の案内があり、さらに、天台座主として、九十の賀が迎えられるように祈禱の依頼がきた。しかし、何故かその日記には「内々法皇御内意たるにより」とあって十四日の賀宴には欠席している。後水尾院がどうして堯恕法親王を遠慮させたのかわからない。堯恕法親王の日記には伝聞として、明正上皇以下姫宮方が伺候し、銀製の杖が後水尾院に贈られたことが記されている。このときの後水尾院の歌に、贈りものをふまえて、

つくからに千年の坂も踏みわけて君が越ゆべき道しるべせむ

とある。無事であるべき賀宴であったが、出席の予定のなかった関白と大臣がにわかに召しだされたことも記され、いささか平穏を欠く感があるのはどうしたことか。堯恕法親王

は賀宴のことにつづけて、

今度、仮殿其の上諸事、武家の沙汰たるにより御意に任せられざる事のみか。無念々々。

とある。二年前の寛文十三年五月八日の大火によって内裏以下仙洞御所・女院御所、新院御所等すべて焼失し、いまだ新築中であった。上棟式が十一月十六日、八十賀宴の二日後であったから仮殿での不便さを嘆いての文言である。しかし武家のやることだから、という口吻にはいささか棘《とげ》がある。翌年になって、公家諸家より幕府に対して禄高の加増を出願しており、その理由に困窮と度重なる火災によって借金が増えていることをあげている。かつての幕府と朝廷の蜜月時代が終って、経済的な問題をめぐって反幕的な感情が動きだしたのであろうか。

ところでこの日記の筆者堯恕法親王は、兄後光明天皇に似て俊敏熾烈なところのある親王であった。『槐記』には堯恕法親王すなわち獅子吼院《ししくいん》を評して次のように記している。

近代ノ親王家ニ、獅子吼院ホドノ人ハアルベシトモ覚エズ。英才ノ上ニ骨ヲ折ラレシ故ニ天台一宗ニ於テハ、中興トモ謂ツベキ也。

ところが、この人は硬派というか、和歌と茶の湯が大嫌いであった。妙法院の先代堯然法親王は和歌の道も茶道も名人とされ、多くの秘伝書や名器・名物を所持していたのだが、法嗣の堯恕法親王はその歌道書を一からげにして後水尾院に献じてしまったという。また先代以来の名物茶壺に茶ならぬ浅草海苔を入れておいたともいい、破天荒の人物であった。八十賀宴に後水尾院が堯恕法親王を遠慮させたのも、この性格と反幕的行動が気になったためであったかもしれない。

堯恕法親王はしかし決して不風流な人ではなかった。俳諧を好み、立花の名人ともいわれた。ことに後水尾院が堯恕法親王を愛したのはその画才であった。やはり『槐記』に、

後水尾院ノ御影ハ、御グシヲ妙法院ノ堯恕親王ノアソバシテ、御衣紋ヲ探幽ニカ、サレシ由、御製集ニ見エタリ。

と記し、世間では画像がすべて狩野探幽だと誤解しているとも書き添えられている。事実は『槐記』に記すとおりで、それは堯恕法親王の日記に明らかであった。寛文四年（一六六四）五月四日の条をみると、

四日　法皇御寿像、清書せしめるの間、則ち持参し畢ぬ。御衣紋等ハ狩野法印探幽に書かしむべきの旨仰せ也。よって御面像を書き畢ぬ。万歳万歳万々歳。

とあって顔だけ堯恕法親王が描きその他は探幽ということがわかる。『隔蓂記』同年六月二日の条によれば、鳳林和尚が後水尾院に召しだされて狩野探幽の描くのに同座せしめられている。鳳林和尚は、あらかじめ後水尾院から寿像について注文を聞かされ、これを探幽にとりついでいる。茵《しとね》のうえに末広扇を置き、法体で坐しているところを探幽が描いたというが、現在残される後水尾院像がすべてこの形となっている。堯恕法親王に描かせた

後水尾院画像（部分，泉涌寺蔵）

のは、その画技がすぐれていたこともさることながら、法皇の素顔を地下の絵師にさらすわけにはゆかなかったからであろう。だから顔だけが親王の筆になる必然性があったし、衣紋を描くにも鳳林和尚を介してでなければ、後水尾院の指示を探幽は直接受けられなかったのである。

　堯恕法親王の描く寿像はすこぶる評判がよかったらしく、寛文七年には般舟《はんじゅ》三昧院《ざんまいいん》へ納まったのち泉涌寺でも望んできたのでもう一幅描くようにいわれ、二月二十日に清書して献上している。こうした寿像はさらに転写され、今でも二十幅ほどの後水尾院像が残されているというから、実際描かれた数は相当多かったであろう。後水尾院の親王、内親王の住する門跡寺院が多かったこと、後水尾院が施主となる寺社への寄進が多かったことが、大量の後水尾院寿像製作の背景にあったのであろう。堯恕法親王が自ら描くところの後水尾院像にふたたびまみえたのは、後水尾院崩御後の月忌に般舟院をおとずれたとき、延宝八年のことであった。

八十の賀をすぎてもなお元気であった後水尾院も延宝五年（一六七七）に晩年の愛妃新広義門院を失ない、翌年東福門院を失なってからは、しだいに衰えをみせてきた。延宝五年に口内炎ができ、また下痢に悩まされ、延宝七年には風邪をひいた。たぶんこれといった症状はなくとも、高齢でもあり老衰の度は加わっていたのであろう。八年八月六日、暑気あたりから、にわかに気分が悪くなった。近衛基熙の室常子内親王が記すところでは、戌刻（午後八時）ごろ法皇は気分が悪いといわれて、皆おどろいて集まったがしばらくして落ち着いた。暑気あたりに疲れがでたのであろう、ということになった。何分にも高齢だから心配である。医者が脈をみた結果は、急に何かおこる気遣いはない、とのことであった。

しかしこのショックがきっかけになって、後水尾院の食事は細くなる一方で、機嫌はかわらないものの、日に日に弱っていった。ついに十八日の朝から衰弱が激しくなり、十九日早朝（『无上法院殿御日記』には丑の刻〔午前二時〕、『堯恕法親王日記』には寅の刻〔午前四時〕とある）崩御した。何の苦しみもなく「御りんじゆ、たゞしくをはり給ふ」という、老衰による大往生であった。歴代の天皇のなかでも昭和天皇につぐ最長寿の八十五歳であった。

堯恕法親王は納棺の様子を克明に記している。まず崩御ののち後水尾院の体は文智女王と朱宮の手で沐浴され、北首西面に安置され、枕もとに酢を入れた鉢が置かれた。暑気が激しいから臭気をとるためである。屏風の絵を外にして引きまわし、なかの机に本尊と香炉を置いた。

『後水尾院御葬送記』によると上段に徽宗《きそう》皇帝の三尊仏が掛けられ、屏風には不動の像が掛けられた。翌日納棺である。厚さ二寸の板でつくられた棺が運ばれ、例のないことだが暑さのため棺の内外に「チャン」をかけた。チャンとは桐油に松脂をまぜた瀝青《れきせい》のこと。灰を下に敷きふとんにつつみ納め石灰と燈芯をつめる。堯恕法親王は密かに舎利を枕のあたりにしのばせた。父皇へのたむけである。さて蓋を大釘で打って納棺は終った。

葬礼は翌閏八月八日泉涌寺で執行された。焼香の導師は後水尾院とかねて密契のあった前住天圭《てんけい》和尚である。月卿雲客七十三人、その他法中、俗中、居並んで参じた。残された人々によって五部大乗経が手分けされて書写されることになった。後水尾院の菩提を弔うためである。真敬法親王は書写ののち夢をみた。今法皇が西方極楽に往生される、と告げる声があって、七枚の白幡が空中を西に飛び去る夢である。この夢を描いた絵が円照寺に残されている。

諡号は遺詔により後水尾院とされた。『基量卿記《もとかず》』には、遺勅によって後水尾院としたが、水尾帝とは清和天皇のことで、定めて御素意があったことだろう、としている。『葬送記』には治世が同じ十八年間で法皇として長く在ったことなど似ていることから称されたのだとしているが、まさに「御素意」のほどが、あったのであろう。さきに記したように、兄をしりぞけたことに関係するのかどうか、それは謎である。

辞世は、

ゆきゆきて思へばかなし末とほくみえしたか根も花のしら雲

若くして逝った後光明天皇とならんで月輪陵に葬られたことは、後水尾院にとって大いなる慰めであったろう。

後水尾天皇年譜

年号	西暦	年齢	事項
慶長元	一五九六	一	六月四日、後水尾天皇誕生。後陽成天皇第三皇子。名は政仁（ただひと。即位後、ことひとに改める）
三	一五九八	三	十月、父後陽成天皇は弟八条宮智仁親王に譲位を希望するが、周囲の反対により止む
五	一六〇〇	五	九月十五日、関ケ原の合戦で徳川家康軍が勝利をおさめる。十二月二十一日、政仁に親王の宣下があった
八	一六〇三	八	二月十二日、徳川家康が征夷大将軍に任じられ、江戸に幕府が開かれた
十四	一六〇九	十四	七月、後陽成天皇官女と若公家との乱行が発覚し、死罪、流罪の処罰が幕府の手で執行された
十五	一六一〇	十五	十二月二十三日、政仁親王元服。この前後、後陽成天皇の譲位をめぐって朝幕間緊張
十六	一六一一	十六	四月十二日、土御門内裏において後水尾天皇即位
十八	一六一三	十八	六月十六日、徳川家康は公家衆法度、紫衣法度を公布。この年の暮、新内裏が完成した
元和元	一六一五	二十	五月七日、大坂落城し豊臣氏滅びる。七月十七日、「禁中弁公家中諸法度」を関白・家康・秀忠連署で公布
二	一六一六	二十一	四月十七日、徳川家康、駿府で歿し、久能山に葬られる
三	一六一七	二十二	八月二十六日、後陽成院崩御。譲位後、後水尾天皇と不和が続いたが、臨終のとき対面が実現した
五	一六一九	二十四	六月二十日、およつ御寮人に梅宮が誕生。前年の賀茂宮の誕生問題に続き、徳川和子入内は暗礁にのりあげる。九月十八日、幕府は四辻季継、高倉嗣良ら公家を流罪

			に処す
六	一六二〇	二十五	六月十八日、徳川和子入内。その以前、後水尾天皇の母近衛前子は中和門院と称す
七	一六二一	二十六	二月八日、中院通村が『源氏物語』を進講。六月、良恕法親王より能書七ケ条の口訣をうける
九	一六二三	二十八	六月八日、将軍徳川秀忠上洛。一万石を禁裏に増献。十一月十九日、女一宮（後の明正天皇）誕生
寛永元	一六二四	二十九	四月二十九日、板倉勝重歿。十一月二十八日、女御和子中宮に冊立。中宮附の武士もおって任命される
二	一六二五	三十	十二月十四日、八条宮智仁親王から古今伝授をうける
三	一六二六	三十一	八月二日、前将軍秀忠に続いて将軍徳川家光上洛。九月六日、二条城へ行幸。幕府より銀三万両献ず
六	一六二九	三十四	七月二十五日、紫衣事件の結果、沢庵宗彭ら配流。十月十日、徳川家光の乳母春日局参内。十一月八日、後水尾天皇にわかに譲位。同九日、中宮は東福門院とあらためる。この年禁中で立花が流行
七	一六三〇	三十五	七月三日、後水尾院母中和門院歿。五十三歳。九月十二日、明正天皇即位
九	一六三二	三十七	正月二十四日、前将軍徳川秀忠歿。五十四歳。七月、沢庵らの罪が許され江戸に帰る
十一	一六三四	三十九	七月、将軍家光上洛、参内す。閏七月、院御領を七千石増献し一万石とする
十四	一六三七	四十二	二月三日、本阿弥光悦歿。十一月、九州島原でキリシタン一揆がおこった
十八	一六四一	四十六	七月十四日、鹿苑寺鳳林和尚に命じて衣笠山辺に山荘にふさわしい地を選定させた
十九	一六四二	四十七	十二月十五日、素鵞宮に親王宣下があった。名は紹仁（つぐひと）
二十	一六四三	四十八	十月二十一日、同月三日、明正天皇譲位により紹仁親王即位し後光明天皇となる
正保三	一六四六	五十一	三月十九日、後水尾院や梅宮の信仰あつかった一糸文守歿。三十九歳。
慶安元	一六四八	五十三	四月十三日、徳川家康三十三回忌により和歌を作る。このころより洛北への御幸多くなる

二	一六四九	五十四	十月十一日、弟の近衛信尋（応山）歿す。五十一歳
四	一六五一	五十六	四月二十日、徳川家光歿。四十八歳。五月六日、後水尾院落飾し法皇となる。法諱は円浄
承応二	一六五三	五十八	二月、朝山意林庵、後光明天皇の招きにより『中庸』を講じた。六月二十三日、禁裏火災にあう
三	一六五四	五十九	九月二十日、後光明天皇歿。二十二歳
明暦元	一六五五	六十	三月十三日、洛北御幸の途次、修学院の円照寺に住す文智女王をたずねる。修学院山荘の構想なるか。
二	一六五六	六十一	正月二十三日、後西天皇即位。十二月一日、前京都所司代板倉重宗歿。七十歳。同月十六日、金森宗和歿。七十三歳
万治三	一六六〇	六十五	修学院山荘ほぼ完成
寛文元	一六六一	六十六	正月十五日、禁裏、仙洞御所すべて炎上。岩倉御殿へ移従。二月十八日仮御所（一条邸）へ御幸
三	一六六三	六十八	正月二十六日、後西天皇譲位。四月二十七日、霊元天皇即位
四	一六六四	六十九	五月四日、堯恕法親王、法皇の宸影を描き、衣紋は狩野探幽が描く
延宝元	一六七三	七十八	四月三日、後水尾院の帰依をうけた中国僧隠元歿。八十歳。五月八日、禁裏、仙洞以下御所すべて焼失
三	一六七五	八十	十一月十四日、近衛家の仮内裏で八十の賀をうける
六	一六七八	八十三	六月十五日、東福門院和子歿。七十二歳。文智女王その死をみとる
八	一六八〇	八十五	八月十九日、後水尾院崩御。さる六日暑気にあたり、以後食欲を失い、老衰。午前四時臨終 閏八月八日、泉涌寺において葬礼。月輪陵に葬られる。遺詔によって後水尾院と諡号された

後水尾天皇の略系譜

- 106 **正親町天皇**
  後奈良天皇皇子
  母吉徳門院万里小路栄子
  方仁
  文禄二(一五九三)崩77
  - **誠仁《サネヒト》親王(陽光太上天皇)**
    母准三宮万里小路房子
    天正十四(一五八六)崩35
    - 107 **後陽成天皇**
      母新上東門院勧修寺晴子
      和仁・周仁
      元和三(一六一七)崩47
      - 覚深親王　良仁(仁和寺)　正保五(一六四八)61
      - 承快親王　幸勝(梶井)　慶長十四(一六〇九)19
      - 清子内親王　女三宮(鷹司信尚室)　延宝二(一六七四)83
      - 文高女王　恵仙(大聖寺東御所)　正保元(一六四四)50
      - 108 **後水尾天皇**　母中和門院近衛前子　三宮、政仁　円浄　延宝八(一六八〇)崩85
        - 賀茂宮　母およつ御寮人　元和八年(一六二二)5
        - 文智女王　梅宮(鷹司教平室のち円照寺開基)母およつ御寮人　元禄十(一六九七)79
        - 109 **明正天皇**　母東福門院徳川和子　女一宮、興子　元禄九(一六九六)崩74
        - 女二宮(近衛尚嗣室)母東福門院　慶安四(一六五一)27
        - 高仁親王　旡品　母東福門院　寛永五年(一六二八)3
        - 皇子　母東福門院　寛永五年(一六二八)1
        - 昭子内親王　女三宮(岩倉御所)　母東福門院　延宝三(一六七五)47
        - 理昌女王　八重宮(宝鏡寺)母逢春門院　明暦二(一六五六)26
        - 賀子内親王　女五宮(二条光平室)母東福門院　元禄九(一六九六)65
        - 110 **後光明天皇**　母京極局　壬生院藤光子　素鵞宮　紹仁　承応三(一六五四)崩22
        - 皇子　母逢春門院　寛永十(一六三三)1
        - 菊宮　母東福門院　寛永十一(一六三四)2
        - 玄瑤内親王　緋宮　光子(林丘寺開基)母逢春門院　享保十二(一七二七)94
        - 守澄親王　尊敬(青蓮院、寛永寺)母京極局　延宝八(一六八〇)47(輪王寺)
        - 皇女　母帥局　寛永十三(一六三六)歳不詳
        - 新宮　母帥局　寛永十四(一六三七)3
        - 性承親王　豊宮(仁和寺)母帥局　延宝六(一六七八)42
        - 元昌女王　滋宮(大聖寺)母京極局　寛文二(一六六二)26
      - 尊英女王(光照院)　慶長十六(一六一一)14
      - 信尹(三藐院)嗣　二宮(近衛信尋　応山)　慶安二(一六四九)51
      - 尊性親王　五宮(大覚寺)　慶安四(一六五一)50
      - 堯然親王　六宮(妙法院)　寛文元(一六六一)60
      - 好仁親王　七宮(高松宮初代)　寛永十五(一六三八)36
    - 智仁親王
      六宮(八条宮初代)
      寛永六(一六二九)51
      - 智忠親王
        若宮　多古麻呂
        (八条宮二代)
        寛文二(一六六二)44
      - 良尚親王(曼殊院)
        元禄六(一六九三)72

- 良純親王
  八宮（知恩院）
  寛文九（一六六九）66
- 内基嗣
  九宮（一条兼遐　昭良　恵観）
  寛文十二（一六七二）68
- 貞子内親王
  女五宮　斎宮（二条康道室）
  延宝三（一六七五）70
- 尊覚親王
  十宮（一乗院）
  寛文元（一六六一）54
- 永崇女王
  アテノ宮（大聖寺）
  元禄三（一六九〇）82
- 道晃親王
  吉宮（聖護院・照高院）
  延宝七（一六七九）68
- 道周親王
  足宮（照高院）
  寛永十一（一六三四）22
- 尊清女王
  サイノ宮（光照院）
  寛文九（一六六九）57
- 慈胤親王
  清宮（梶井）
  元禄十二（一六九九）83
- 尊蓮女王（光照院）
  寛永九（一六三二）14

母逢春門院藤隆子

111
- **後西天皇**　良仁（高松宮二代　花町宮のち践祚）
  貞享二（一六八五）崩49
- 宗澄女王　谷宮（霊鑑寺）母京極局　延宝六（一六七八）40
- 性真親王　寛宮（大覚寺）母逢春門院　元禄九（一六九六）58
- 摩佐宮　母逢春門院　寛永十七（一六四〇）1
- 堯恕親王　照宮（妙法院）母新広義門院　元禄八（一六九五）56
- 蕙（桂）宮　母京極局　正保元（一六四四）4
- 理忠女王　柏宮（宝鏡寺）母逢春門院　元禄二（一六八九）49
- 常子内親王　級宮（近衛基熙室）母新広義門院
  元禄十五（一七〇二）61
- 穏仁親王　幸宮（八条宮三代）母逢春門院　寛文五（一六六五）23
- 皇女　母新広義門院　正保二（一六四五）2
- 尊光親王　栄宮（知恩院）母権中納言局　延宝八（一六八〇）36
- 皇子　母新広義門院　正保四（一六四七）、歳不詳
- 道寛親王　聴宮（聖護院）母逢春門院　延宝四（一六七六）30
- 真敬親王　登美宮（一乗院）母新広義門院　宝永三（一七〇六）58
- 尊証親王　玲瓏宮（青蓮院）母新広義門院　元禄七（一六九四）44
- 盛胤親王　英宮（梶井）母権中納言局　延宝八（一六八〇）30

母新広義門院藤国子

112
- **霊元天皇**　高貴宮　識仁、素浄　享保十七（一七三二）崩79
- 文察女王　睦宮（光照院・円照寺）母権中納言局
  天和三（一六八三）30
- 永亨女王　珠宮（大聖寺）母新広義門院　貞享三（一六八六）30

参考文献

一、史料について

後水尾院の著作は、主要なものが『列聖全集』（同編纂会、一九一五年—）に活字化されている。そのほかは写本として東山文庫、内閣文庫等々に収蔵されているものを利用した。特に歌集は次の本がよい。

吉沢義則編『後水尾院御集』一九三〇年刊、仙寿院、ぐろりあそさえて印行

文書類については『大日本史料』『宸翰英華』に収められているものの他は、陽明文庫蔵「近衛信尋消息並後水尾天皇宸翰御返書」をはじめ各家の史料によった。同時代の文書・記録・編纂物等については、厖大な量になるのでその一、一については述べない。本文中に史料名、あるいは史料名が類推できるように記述した。従って『国書総目録』で検索すれば典拠は明らかになる。

二、後水尾天皇に関する著作論文

辻善之助「江戸時代朝幕関係」『日本文化史』第五巻　江戸時代上、春秋社、一九五〇年

同「後水尾天皇の御信仰」『日本仏教史』第八巻　近世之二、岩波書店、一九六一年
辻善之助にはこのほかにも個別論文で後水尾院に関するものがあり、従来の研究のなかで、もっとも基本的な、またすぐれた研究を残している。その他の著作で特に参考にしたものを次に三点だけあげる。
中村直勝『後水尾天皇御紀』、大覚寺、一九五一年
同「後水尾天皇とその御代」『中村直勝著作集』第十一巻、淡交社、一九七八年
根津美術館『後水尾天皇とその周辺』、根津美術館、一九六五年
後水尾院に関する個別論文も数多い。本文中に論及したり、特に参考にしたものの一部を次にあげる。
三浦周行「文芸復興期の儒風」『史林』三巻一、二号、一九一八年
桜井秀「風俗史上より見たる後水尾上皇と東福門院」『風俗史の研究』、宝文館、一九二九年
服部敏良「江戸時代著名人の病気」『江戸時代医学史の研究』、吉川弘文館、一九七八年
洞富雄「譲位と灸治」『日本歴史』、一九七八年五月号

三、周辺の人物についての著作

武田恒夫『東福門院』、平凡社、一九八〇年

朝尾直弘「『元和六年案紙』について」『京都大学文学部研究紀要』十六号、一九七六年
末永雅雄『文智女王』、円照寺、一九五五年
羽倉敬尚『赤塚芸庵雑記』、神道史学会、一九七〇年
三浦周行「後光明天皇と朝山意林庵」『歴史と人物』、東亜堂書房、一九一六年
中村孝也『徳川家康文書の研究』中、下巻、日本学術振興会、一九五九年

四、後水尾天皇とその時代の文化についての著作

森蘊『修学院離宮の復元的研究』、奈良国立文化財研究所、一九五四年
同『修学院離宮』、創元社、一九五五年
藤岡通夫『京都御所』、彰国社、一九五六年
平井聖編『中井家文書の研究』一―七巻、中央公論美術出版、一九七六―八五年
久恒秀治『桂離宮』、新潮社、一九六二年
山根有三編『いけばなの文化史』一、二巻、『図説いけばな大系』二、三巻、角川書店、一九七〇年
森末義彰「近世初頭の京都における椿愛好」『白百合女子大学研究紀要』六号、一九七〇年
林屋辰三郎「寛永文化論」『中世文化の基調』、東京大学出版会、一九五三年

松田修「絵空事の悦楽の園幻想」『日本屛風絵集成』第十四巻、講談社、一九七七年
熊倉功夫「寛永文化と知識人層」会田雄次・中村賢二郎編『知識人層と社会』、京都大学人文科学研究所、一九七八年
同「近世初頭における都市文化の一様相」中村賢二郎編『前近代における都市と社会層』、京都大学人文科学研究所、一九八〇年（以上二点はのちに熊倉功夫『寛永文化の研究』吉川弘文館、一九八八年に所収）
本書出版後の主要な参考文献（数多くあるので、ここではその一部を記した。詳しくは久保貴子氏の著書の参考文献欄をご覧いただきたい）
『後水尾天皇実録』三巻（藤井讓治・吉岡真之監修、ゆまに書房、二〇〇五年）
橋本政宣『近世公家社会の研究』吉川弘文館、二〇〇二年
藤井讓治「八月二日付徳川秀忠仮名消息をめぐって」『史料が語る日本の近世』吉川弘文館、二〇〇二年
久保貴子『後水尾天皇』ミネルヴァ書房、二〇〇八年

寛永文化論と私
――あとがきにかえて――

手元に一枚の葉書がある。インクの色があせているのは十五年前に受けとったものだからだ。発信人は林屋辰三郎先生。(私的には先生とよばせていただきたい。学問的にはすべて氏で統一しているのは本文中と同じである。)まだ一面識もない学生が抜刷を送ったその返事である。私が生まれてはじめて論文らしきものを書いたのは、『史潮』一〇一号に載った、「寛永文化の継承者――『洛陽名所集』の著者とその父――」という、今となっては満身創痍の読むに耐えぬ論文だが、当時はこれこそ林屋「寛永文化論」批判第一号と気負って、先生に送ったのだった。その返事が件の葉書である。文面もさることながら、葉書をいただいたこと自体に発奮して、寛永文化研究を一つのテーマにしようと決心したのだから、今にして思えば、この葉書が本書の誕生する遠因であった。

ここで寛永文化論について、ざっとふれておこう。

後水尾院の時代の文化を、特に「寛永文化」と命名したのは林屋辰三郎氏である。私は、学生時代に氏の論文集『中世文化の基調』(一九五三年刊)を読んで、まさに目から鱗が落ちるというか、歴史がありありと見えてくるような思いがしたものだ。そのなかに「寛永文化論」という一篇があった。論旨を要約するなら次のとおりである。

従来の文化史の理解には「安土桃山文化」という概念があり、その次は「元禄文化」となる。そのために十七世紀前半の、ちょうど後水尾院の時代は文化史としては前の「桃山文化」の一部に組みこむか、あるいは後の「元禄文化」の一現象として論ずることになる。たとえば本阿弥光悦の作品は桃山文化に、その下絵を描いている俵屋宗達はその継承者である尾形光琳と一緒に元禄文化へ、という次第だ。しかし十七世紀前半の文化はそれなりにまとまっていて、しかも、桃山文化とも元禄文化とも異なった性格をもつのではないか。

これが林屋氏の寛永文化論の出発点である。氏がそこで注目したのは、一つは京都島原の角屋の意匠であり、もう一つは当時発見された一条兼遐《かねとう》の後水尾院宛の書状であった。

一、宗達屏風下絵付け申し候間、御目に懸け候。三双の内楊梅之屏風は、はや薄《(箔)》置き申し候由、申し越し候。（只今禁中文庫に罷り在る事候条、是より申すべく候。）

（中略）

兼遐

（回章）

おせん丸殿

この手紙は兼遐から後水尾院の侍女に宛てて出され、後水尾院がただちに返事を行間に書きこんで返したものの一通。括弧内が後水尾院の返事である。

従来俵屋宗達は名ばかり高くてその人物の相貌は全くわからなかったのだが、ここに宗達の確実な史料が得られたことで、この書状は注目された。さらに林屋氏は、町衆の宗達の画業が後水尾院の宮廷文化と結びついていることをとりあげ、近世初期の文化すなわち寛永文化のにない手を後水尾院を中心とする公家社会と京都上層町衆に求めたのである。「寛永文化」という視点の新しさ、方法の清新さ、いずれをとっても魅力的な論文であった。

しかしここで問題なのは宮廷と上層町衆を結びつけた精神的紐帯は何だったのか、という点である。林屋氏は、両者に共通する激しい反幕府感情である、とした。はたしてそうだろうか。

反幕府感情の持ち主であるはずの上層町衆が、しばしば幕府の代官として幕府制度のなかに組みいれられているのは、さきの氏の立論と矛盾をきたさないだろうか。寛永文化を象徴する小堀遠州や本阿弥光悦、さらに後水尾院について検討を重ねてゆくうちに、寛永文化を根づかせ、大輪の花を開かせたその鍵を、単に反幕感情でとらえてゆくことに疑問が深まってきた。おそらく、林屋氏が反幕府＝反権力こそ文化創造の根幹でなければならないと考えた昭和二十年代後半と、反権力を志向せずとも文化の創造はあり得るとし、個の営みとしての文化を考えようとした昭和三十年代末の私の発想との間には、十数年間の歴史学における問題意識の変化があったにちがいない。

はじめにあげた林屋氏からの葉書には、最初の「寛永文化論」は十五年前の論文で、現在の考えとは異なっている、新しい考えは『国民の歴史　寛永鎖国』のなかに述べてある、と記してあった。そこでの氏の修正意見は、寛永文化のなかでの幕府の位置を低く評価してはならないので、菊と葵、すなわち宮廷と幕府の二つの中心をもった楕円形の文化圏が寛永文化の姿である、という。林家の儒学や日光東照宮に象徴される幕府の文化を評価されたことは大いに賛成だが、しかし、やはり両者が対立的にとらえられている点にかわりはない。むしろ、両者を統一的にとらえられないか、というのが私の考えであった。

その例として私は本文中に、板倉京都所司代の文化的な役割について論じた。私にいわせれば、本阿弥光悦も、松永貞徳も、町衆ではないが京都文化人の一人であった安楽庵策伝も、京都で幕府を代表する板倉重宗の重要なブレーンですらあった。彼らは所司代に協力していたのである。しかし、協力したからといって彼らの文化が否定されるものでもないし、低く評価されるものでもない。徳川家康が本阿弥光悦を召し出そうとした意図は発言力のある上層町衆を幕府側にひきつけるためだったが、その家康の意をうけて板倉勝重により、鷹ケ峯の地拝領という具体的な処遇が実現したとき、光悦はそこに幕府の意図とは別に文化人村をつくった。そして法華のユートピア建設を試みた。鷹ケ峯拝領は光悦芸術の展開において支えにこそなれ、障害になることはなかったであろう。つまり、幕府の施策は光悦の芸術の環境をつくったのである。このように板倉京都所司代父子は幕府の都市政策の一環として上層町衆を幕府機構のうちにとりこみ、その経済的基盤を確保することによって、結果として町衆文化の環境づくりをしたのだ。それは宮廷文化についても同じことだったと考えてよい。たび重なる禁裏御領の加増と仙洞領、女院領は、それなりに禁裏の経済的基盤をたしかなものにした。禁裏、仙洞御所さらに修学院離宮などの造営にはめざましいものがあり、その背後には常に幕府の経済力があった。

こんなエピソードを近衛家熙は『槐記』のなかで語っている。禁裏が失火で炎上したあと、ふたたび造営が成り、見事な殿舎が完成した。できあがった建物の検分にきた板倉重宗は紫宸殿の聖賢の間の絵を見てこういった。ここに描かれている人々はいかなる人か。答えていわく、これは中国の忠臣、聖賢といわれる人々で、天皇にもみせ、その人々の徳を顕彰するためである。板倉重宗、なるほどとこれをきいて、それならば権現様徳川家康もそのなかに描き入れたいものだ、といって大笑いしたという。板倉重宗の笑いに、傲岸不遜の響きだけをききとる必要はないと思う。寛永文化の明るさ、といえば大袈裟だが、公武の軋轢から抜けだして、寛永文化の花開いたときの平和の笑い声も、そのなかにきき分けられると思う。

「あとがき」の領分をこえて、うっかり楽屋裏を延々と開陳してしまったが、努力の足りぬわりに長い年月のかかった小著の意図の一面を以上のような点から了解していただければ幸いである。

実をいえば十五年前に全く面識のなかった林屋先生にはじめて接するようになったのは、先生の在職する京都大学人文科学研究所に昭和四十六年から助手として勤めるようになってからである。入所して三年目だったと思うが、林屋先生の紹介でみえたのが、本書編集を担当して下さった廣田一さんである。人文研の引越し中だったので京大本部構内の薄ぐらい建物に研究室があった。ここで、後水尾院が書きたい、とおずおず廣田さんに申し出たのをはっきり憶えている。それから八年もたってしまった。一応仕上げたところで、これから史料を集めなおし書き改めたい衝動に駆られるが、このうえ、そんな我がままも許されない。

拙い小著ではあるが、これまたいちいちお名前をあげられないほど多くの方々のお力添えによってこの本はできた。ことに故森末義彰先生、菊地勇次郎先生、多田侑史先生の主宰された資勝卿記研究会から得たものが大きい。史料の閲覧については宮内庁書陵部の市野千鶴子さん、陽明文庫の名和修さんをはじめ、たくさんの方のお世話になった。資料の御提供をいただいた所蔵者、関係機関の御好意とあわせて厚く御礼申しあげる。編集室の廣田一氏、及川武宣氏には大変お世話になった。

最後に私事ながら、この九月で古稀を迎える母に本書を献じたい。

昭和五十七年九月

著者

同時代ライブラリー版に寄せて

思いがけず十二年前の本が復活することになった。陳腐なものいいであるが、いささか照れくさい感がある。初版のあとがきに、もう一度書きあらためたい、などと書いておきながら十年間ほうっておいたのだから、未熟さの単なるいいわけに過ぎなかったことが露顕してしまった。

その後、後水尾天皇に関する多くの文献を目にした。本田慧子氏のお仕事（これは初版の際、見ていなければいけなかったのだが）をはじめ、母利美和氏、田中暁龍氏、さらに国文学の鈴木健一氏の業績など、実証的なすぐれた研究がある。関連する分野はさらに多くの研究がある。しかし、今回、これらをとり入れて書き直してはいない。それは私の能力をこえたことであるのと、本書は本書で一つの後水尾天皇物語として読んでいただくほうが良いと思ったからである。

しかし初版が出たとき、たくさんの方からご指摘いただいた誤り、ご注意の点はできるかぎり訂正した。ことに神戸市立博物館の成沢勝嗣氏から「須磨寺所蔵の二点の敦盛像についての論文を頂戴し、山本友我・泰順父子合作の絵の存在を教えていただき、早速、今回の版に図版として掲載できて、ありがたいことであった。一方、谷崎昭男氏からは、「東福門院を別にすれば、それに艶やかな彩りを添えるべき女性たちの姿をサロンに見ない。それが近世という時代のもつ表現であるとしても、その点はやはり寂しいと、そんなことも感想のひとつとして云っておく」(「読書雑記」)と評されたのは耳が痛かった。再版するときは逢春門院以下の女性たちについて書きたしたいと思いつつ、結局、史料が見つからなくて腰がくだけた。宮尾登美子さんが『東福門院の涙』を連載中、「後水尾天皇の女性たちは分からないの」とたずねられたが、小説の材料になりそうな挿話は伝わっていない。これは心残りの点である。

また「後水尾院」というタイトルは分りにくい、という感想もきいた。まるでお寺か病院の名前みたいに思われるよ、という。というわけで、最近の天皇ブームに便乗して「後水尾天皇」と改題した。

初版には思いがけぬ反響もあった。昭和六十三年の春、佐原真氏や石毛直道氏など数人で、当時の皇太子殿下を囲む座談の会に出席した。東宮御所の一室で座談会がすんだあと、持参した『後水尾院』を殿下にさしあげた。その年の暮、天皇陛下の病状が進んで大変な頃であったが、皇太子殿下が朝日新聞のアンケートに答えられた記事が載り、その中に思いがけぬことに、最近読んで印象に残った本の三冊のうちの一冊に本書があげられていた。おそらく、史上、もっとも長命を保たれた昭和天皇と第二位の後水尾天皇を比較されて印象が深かったのかもしれない。せっかく取りあげていただいたが、本は品切れ絶版で、新しい読者の需要にこたえられなかった。

私自身のあゆみからいえば、本書の基礎になっている論文を整理して一書にまとめることがさしあたっての懸案であった。それをはたしたのが初版出版から六年後の昭和六十三年に出した『寛永文化の研究』（吉川弘文館）で、いわば本書の史料・索引編のような書物である。

今は少し他の問題に関心があって寛永文化研究は一休み中である。もともと私の研究は人物に興味があって、制度とか経済には興味があまりない。自分に伝記作者の能力があるとは思わないが、寛永文化のなかには面白い人物がたくさんいるので、本阿弥光悦や千宗旦の研究を通してやがて寛永文化研究を再開したいと思っている。

近年、天皇研究が盛んである。しかし、その多くは天皇制研究で、天皇の研究にはなっていない。またメタファーとしての天皇、シンボルとしての天皇、王権論等々の議論も盛んだが、個々の天皇の文化的な営みを明らかにする仕事は決して多くはない。評伝としての本書も、その点で存在価値があろうかと思う。

初版を出版したとき、すでに森末義彰先生はなくなられていたが、その後、資勝卿記研究会のメンバーであった菊地勇次郎先生、鈴木棠三先生も鬼籍に入られた。まさに十年一昔である。しかし、恩師芳賀幸四郎先生、西山松之助先生はともに八十をこえられてますますお元気である。かえって私のほうが気弱になってお叱りを受けている。朝日評伝選の一冊として出版したときのあとがきに記した方々にあらためて御礼申しあげるとともに、今回、同時代ライブラリーとの縁を結んで下さった石毛直道氏に感謝申しあげる。また初版出版時にちょうど古稀で、手描きの更紗で三十部の特装本を作ってくれた母も元気でいてくれるのはありがたいことである。

平成五年十一月

熊倉功夫

中公文庫版あとがき

同じ本のあとがきを三度書くことになるとは思わなかった。ほとんど三〇年前、三八歳だった私は、今思うと人生の旬を迎えていた。

担当してくれた朝日新聞社の書籍編集部の廣田一氏が最初に渡した一節分の原稿を、あらかた元の文章が残らぬほど真赤に修正の筆を加えて返してきた時のショックは、今も忘れられない。しかし私の方にも、それをはね返す元気があった。すっかり書きかえて渡すと、また朱筆入りの原稿が返ってくる。第一節の戦いがすんで第二節に進むとまた朱筆。廣田氏の修正にうなずくところが多かっただけに、こちらも真剣だった。結果として本がよくなったというだけでなく、編集者と著者の関係という点でとてもよい勉強をさせてもらった。その意味で私にとって思い出深い本だけに、厚かましく三度目の出版をお許しいただいた次第である。

二度目の「同時代ライブラリー」出版後の十七年間に、さらに多くの後水尾院関係の書物や論文が増加した。十七年前のあとがきで、後水尾院の女性たちについての記述がないことを反省する弁を述べたが、再版後に久保貴子氏の『東福門院』（吉川弘文館）と『後水尾天皇』(ミネルヴァ書房)が出版されて十分補われたので、もはやつけ加えることはない。

今回の復刊にあたって特殊な用語について注釈を加え、誤記を正したほか、一ヶ所補注を加えた。ことに黄檗宗との関係についてはたまたま後水尾院の宸翰を入手したので図版として挿入しておいた(二二七ページ)。また松澤克行氏からは新史料の提供をいただいた。旧著をここに復刊できたことについて、以前にお名前をあげさせて頂いた方がたに加えて、中央公論新社の登張正史氏はじめ校閲部ならびに関係各位にあつく御礼を申しあげる。

二〇一〇年十月

本作品は一九八二年一〇月に朝日新聞社から『後水尾院』として刊行され、一九九四年一月に『後水尾天皇』として岩波同時代ライブラリーに収録された。今回、文庫収録にあたり、岩波版を定本にして加筆修正を施した。

DTP　嵐下英治

中公文庫

後水尾天皇《ごみずのおてんのう》

2010年11月25日　初版発行
2019年12月5日　3刷発行

著　者　熊倉《くまくら》 功夫《いさお》

発行者　松田 陽三

発行所　中央公論新社
〒100-8152　東京都千代田区大手町1-7-1
電話　販売 03-5299-1730　編集 03-5299-1890
URL http://www.chuko.co.jp/

DTP　嵐下英治
印　刷　三晃印刷
製　本　小泉製本

Published by CHUOKORON-SHINSHA, INC.
Printed in Japan　ISBN978-4-12-205404-2 C1121

各書目の下段の数字はISBNコードです。978－4－12が省略してあります。

中公文庫既刊より

く-18-1
小堀遠州茶友録
熊倉功夫
華やかな寛永文化を背景に将軍、大名、公家、僧侶、町衆など各界50人との茶の湯を通した交流を描く。稀代のマルチアーティストの実像に迫る好著。
204953-6

キ-3-1
日本との出会い
ドナルド・キーン
篠田一士訳
ラフカディオ・ハーン以来最大の日本文学者といわれる著者が、日本文壇の巨匠たちとの心温まる交遊を通じて描く稀有の自叙伝。〈解説〉吉田健一
200224-1

し-6-22
古代日本と朝鮮 座談会
司馬遼太郎
上田正昭
金達寿 編
日本列島に渡来した古来・今来の朝鮮の人々は在来文化に新しい文化と技術を混入していった。東アジアの大流動時代の日本と朝鮮の交流の密度を探る。
200934-9

し-6-23
日本の渡来文化 座談会
司馬遼太郎
上田正昭
金達寿 編
文化の伝播には人間の交渉がある。朝鮮半島からいくたびも渡来してきた人々の実存を確かめ、そのいぶきにふれることにより渡来文化の重みを考える。
200960-8

へ-4-1
鉄砲を捨てた日本人 日本史に学ぶ軍縮
ノエル・ペリン
川勝平太訳
十六世紀後半の日本は西欧のいかなる国にもまさって鉄砲の生産・使用国であったにも拘わらず、江戸時代を通じて刀剣の世界に舞い戻ったのはなぜか。
201800-6

う-16-3
日本人の「あの世」観
梅原猛
アイヌと沖縄の文化の中に日本の精神文化の原形を探り、人類の文明の在り方を根本的に問い直す、知的刺激に満ちた日本文化論集。〈解説〉久野昭
201973-7

し-6-35
歴史の中の日本
司馬遼太郎
司馬文学の魅力を明かすエッセイ集。明晰な歴史観と豊かな創造力で、激動する歴史の流れと、多彩な人間像をとらえ、現代人の問題として解き明かす。
202103-7

し-6-42
世界のなかの日本 十六世紀まで遡って見る
司馬遼太郎
ドナルド・キーン
近松や勝海舟、夏目漱石たち江戸・明治人のことばと文学、モラルと思想、世界との関りから日本人の特質を説き、世界の一員としての日本を考えてゆく。
202510-3

し-6-46
日本人と日本文化〈対談〉
司馬遼太郎
ドナルド・キーン
日本文化の誕生から日本人のモラルや美意識にいたる〈双方の体温で感じとった日本文化〉を縦横に語りあいながら、世界的視野で日本人の姿を見定める。
202664-3

し-6-52
日本語と日本人〈対談集〉
司馬遼太郎
井上ひさし、大野晋、徳川宗賢、多田道太郎、赤尾兜子、松原正毅氏との絶妙の語り合いで、〈実にややこしい言葉〉日本語と日本文化の大きな秘密に迫る。
202794-7

あ-5-3
「日本文化論」の変容 戦後日本の文化とアイデンティティー
青木保
「日本独自性神話」をつくり出した、その論議の移り変わりを、戦後の流れのなかで把えなおした力作。吉野作造賞を受賞したロングセラーの文庫化。
203399-3

キ-3-11
日本語の美
ドナルド・キーン
愛してやまない〝第二の祖国〟日本。その特質を内と外から独自の視点で捉え、卓抜な日本語とユーモアで綴る味わい深い日本文化論。〈解説〉大岡信
203572-0

と-12-3
日本語の論理
外山滋比古
非論理的といわれている日本語の構造を、多くの素材を駆使して例証し、欧米の言語と比較しながら、日本人と日本人のものの考え方、文化像に説き及ぶ。
201469-5

と-12-8
ことばの教養
外山滋比古
日本人にとっても複雑になった日本語。時代や社会、人間関係によって変化する、話し・書き・聞き・読む言語生活を通してことばと暮しを考える好エッセイ。
205064-8

と-12-10
少年記
外山滋比古
五銭で買った「レントゲン」、父からの候文の手紙、教練でとった通信簿の「でんしんぼう」、恩師と食べたまんじゅうの涙——思い出すままに綴った少年記。
205466-0

各書目の下段の数字はＩＳＢＮコードです。978－4－12が省略してあります。

と-12-11
自分の頭で考える 外山滋比古
過去の前例が通用しない時代、知識偏重はむしろマイナス。必要なのは、強くてしなやかな本物の思考力です。人生が豊かになるヒントが詰まったエッセイ。
205758-6

ま-17-12
日本史を読む 丸谷才一 山崎正和
37冊の本を起点に、古代から近代までの流れを語り合う。想像力を駆使して大胆な仮説をたてる、談論風発、実に面白い刺戟的な日本および日本人論。
203771-7

キ-3-10
日本人の美意識 ドナルド・キーン 金関寿夫 訳
芭蕉の句「枯枝に烏」の烏は単数か複数か、その曖昧性に潜む日本の美学。ユニークな一休の肖像画、日清戦争の文化的影響など、独創的な日本論。
203400-6

お-10-6
日本語はいかにして成立したか 大野 晋
日本語はどこから来たのか？ 神話から日本文化の重層的成立を明らかにし、文化の進展に伴う日本語の展開と漢字の輸入から仮名遣の確立までを説く。
204007-6

タ-6-1
忘れられた日本 ブルーノ・タウト 篠田英雄 編訳
世界的建築家による三年間の日本滞在見聞記。桂離宮、伊勢神宮など建築物から禅、床の間など日本人の心象・季節感まで幅広く語る論考集。〈解説〉斉藤 理
204877-5

き-35-1
日本語の思考法 木下是雄
情報化・国際化の時代に、日本語はどうあるべきか。『理科系の作文技術』の著者が、われわれの言葉を見直し、あるべき姿を指南する、実践的な日本語論。
205124-9

か-70-1
フロイスの見た戦国日本 川崎桃太
フロイスの『日本史』のダイジェスト版。信長、秀吉を始めとする人物論を中心に、風俗、文化、芸術等をテーマとした記述を抜き出し、簡潔な解説を付けた。
204655-9

う-16-4
地獄の思想 日本精神の一系譜 梅原 猛
生の暗さを凝視する地獄の思想が、人間への深い洞察と生命への真摯な態度を教え、日本人の魂の深みを形成した。日本文学分析の名著。〈解説〉小潟昭夫
204861-4